◎ 本书由中南财经政法大学武汉学院资助出版

大学生自我管理能力影响机制评价

INFLUENCE MECHANISM EVALUATION ON STUDENTS' SELF-MANAGEMENT ABILITY

叶 宁◎著

知识产权出版社
全国百佳图书出版单位

图书在版编目（CIP）数据

大学生自我管理能力影响机制评价/叶宁著.—北京：知识产权出版社，2015.1
ISBN 978-7-5130-2971-1

Ⅰ.①大… Ⅱ.①叶… Ⅲ.①大学生-自我管理-研究 Ⅳ.①G645.5

中国版本图书馆CIP数据核字（2014）第205357号

内容提要

本书采用定性与定量相结合的分析方法，通过调查获取的真实数据建立大学生自我管理能力的测量量表，对其自我管理能力构成要素间的因果关系、相关关系进行深入分析，对研究结果的效度、信度进行客观的测量；运用SPSS软件中的因子分析，全面探究对大学生自我管理能力量表指标的变化起支配作用的潜在因子；将大学生自我管理能力因子影响机制分析中的AMOS结构方程模型的标准化回归路径系数应用于层次分析法的定性判别指标改造，把定性判别指标与定量的标准化回归路径系数相结合，系统地剖析大学生自我管理能力的相关影响因素及影响机制；分别从大学生长期人生全面发展、短期在校阶段能力发展以及兼顾长短期自我管理能力发展三个视角进行大学生自我管理能力的综合评价；并以此为基础有的放矢地提出培养当代中国大学生自我管理能力的若干对策建议。

责任编辑：张水华　　　　责任出版：孙婷婷

大学生自我管理能力影响机制评价
叶　宁　著

出版发行：知识产权出版社 有限责任公司	网　　址：http://www.ipph.cn
社　　址：北京市海淀区马甸南村1号	邮　　编：100088
责编电话：010-82000860 转 8389	责编邮箱：miss.shuihua99@163.com
发行电话：010-82000860 转 8101/8102	发行传真：010-82000893/82005070/82000270
印　　刷：北京中献拓方科技发展有限公司	经　　销：各大网上书店、新华书店及相关专业书店
开　　本：787mm×1092mm　1/16	印　　张：18
版　　次：2015年1月第1版	印　　次：2015年1月第1次印刷
字　　数：290千字	定　　价：49.00元
ISBN 978-7-5130-2971-1	

出版权专有　侵权必究
如有印装质量问题，本社负责调换。

前　言

自我管理能力是知识经济时代人才必须具备的核心竞争能力。社会对将作为知识劳动者的大学生们的自我管理能力要求已日益提高。全面培养并尽快提升当代大学生的自我管理能力，是他们日后征战职场成就事业、走向成功为社会作出贡献的必经路径，对其一生的发展都具有举足轻重的作用。只有全面、深入地对他们的自我管理能力现状、影响因素及机制进行客观的测评与分析，才能针对性地提出培养大学生自我管理能力的正确途径与有效方法。为此，特编写本书。

管理是为了高效地实现预期目标，以人为中心进行的计划、组织、协调、控制、决策、创新等活动，它与人类活动共生并相随，无时不在。世界上的每个人其实都是管理者，至少是自我的管理者。按照管理范畴，可将管理分为社会管理、组织管理、自我管理（个人管理），三者缺一不可。管理若离开自我管理，将是无源之水，无本之木（刘平青，2011）。因为，"自我管理"既是管理的基础，又是有效管理的逻辑出发点（思元，2008）。奥雷利奥·佩西在他1981年提交的人类未来研究报告《未来的一百年》中指出："学会如何管理世界，必须首先学会如何管理我们自己。"所谓"管理我们自己"即指整个人类的自我管理。中国古人所提"修身、齐家、治国、平天下"的管理思想中，"身"即自我，意为必须先有效地管理好自己，它强调的正是自我管理。

自我管理是个体通过主动地设定目标、采取行动、监控和评估自身的绩效并作出相应调节等一系列的行为来完成目标、塑造自己命运的过程。自我管理能力是指个体依靠主观能动性按照社会目标，有意识、有目的地对自己的思想、行为进行转化控制的能力。只有具备较强的自我管理能力，才能使个体高效且正确地达到自我认知、自我组织、自我约束、自我激励、自我评价、自我完善、自我实现、自我成就、自我超越。因此，自我管理能力是决定人们成就与命运的关键，在迈入知识经济的当代更是如此。

人类进入20世纪以来，劳动力的结构已经出现了空前的变化——由从事不需要技能的体力劳动者为主转变为知识劳动者为主，不少国家中知识劳动者已达到或超过劳动者总数的40%。根据我国第六次人口普查数据进行计算分析，2010年年底，我国城市受过大学专科及其以上教育的人数约为83 309 537人（其中，60岁以上者为4 643 835人），我国城市就业人数约192 062 766人，我国城市受过正规教育的知识劳动者约占城市就业人数的43.38%（若剔除60岁以上者，该比例约为40.96%）；我国2011年至2013年的城镇新增就业人数分别为1227万、1188万、1310万，共计3725万人；❶ 我国2011年至2013年的高校毕业生人数分别为660万、680万、699万，共计2039万人；❷ 近三年高校毕业生总数占城镇新增就业人员总数的比例已高达54.74%。从2001年至2014年的14年间，中国高等院校毕业生总数已达6564万人。伴随高等教育事业的迅速发展，我国劳动力由体力劳动者为主向知识劳动者为主的转变正在加速进行。

知识劳动者是个非常特殊的群体，他们拥有自己的生产资料——储存于自己大脑中的知识。而知识这种伴随人而流动的资源已成为当今最重要的资源，它已迫使易于获得的生产要素——土地、劳动力和资本退居次要位置。从这个崭新的意义来讲，知识就意味着效用，知识就意味着获得社会和经济成果的手段。当知识作为基础资源，就必然推动管理革命。现代的管理就是要用知识供给来发现现存知识如何能被最佳地用来产生结果，要用知识来有计划地进行创新，要让人力资源产生生产率，使管理者从"对下属的工作负责的人"、"员工工作业绩的责任人"转变成为"应用知识并取得绩效的责任人"（彼得·德鲁克著、沈国华译，2003）。作为知识这种生产要素所有者的知识劳动者们，不生产任何具有效能的物质产品，

---

❶ 资料引自国家统计局2013年度数据。
❷ 资料引自教育在线（http://www.eol.cn/html/c/2014gxbys/）的数据。

而是生产知识、创意和信息,他们的工作时间、工作地点并不完全固定,他们已经成为各项工作任务实施中的实际决策人。其工作业绩和效率已很难用严密琐碎的传统管理措施与方法进行管理,而须他们发挥主观能动性自我约束、自我激励、自我调控去实现,因此,在知识经济的背景下,知识劳动者人人都必须是管理者。当代大学生作为未来的知识劳动者,需明确自己所处时代与工业社会的主要区别之一是从业者变换岗位的频率已显著提高,"跳槽"已成为当今社会职场中的普遍现象,要想使自己在激烈竞争的职场中保持较强的竞争力和较高的效能,不断取得进步和成功,就必须由自己个人承担起自我发展和职业定位的责任,做好自我管理。所谓"适者生存"中的"适",即指具备符合当今时代要求的自我管理能力。成功只属于那些善于自我管理的人。

一方面,社会经济进步和人的全面发展要求知识劳动者具有较强的自我管理能力;另一方面,我国的高等教育长期过度专注于专业教育,偏重构建学生的专业知识体系,而忽略学生的隐性知识教育,疏于学生作为未来职业人赖以生存和发展所必需的专业以外的最基本的关键能力——自我管理能力的培养。这一矛盾已非常尖锐突出。唯有尽快提升大学生的自我管理能力才能解决好矛盾。

培养与提高大学生自我管理能力的正确路径与有效方法的选择,应建立在客观、准确认识其自我管理能力现状的基础上。针对国内学界在定量测度和评价当代大学生自我管理能力研究上的不足,笔者通过建立大学生自我管理能力的测量量表,对其自我管理能力构成要素间的因果关系、相关关系进行辨别,对研究结果的效度、信度进行准确的测量;运用 SPSS 软件中的因子分析,探析对大学生自我管理能力量表指标的变化起支配作用的潜在因子;将大学生自我管理能力因子影响机制分析中的 AMOS 结构方程模型的标准化回归路径系数应用于层次分析法的定性判别指标改造,定性判别指标与定量的标准化回归路径系数相结合,深入、系统地剖析大学生自我管理能力的相关影响因素及影响机制;分别从大学生长期人生全面发展、短期在校阶段能力发展以及兼顾长短期自我管理能力发展三个视角进行大学生自我管理能力综合评价;并以此为基础有的放失地提出提高大学生自我管理能力的正确途径与方法。以期帮助当代中国大学生真正明确"我"究竟是什么样的人,"我"最想成为什么样的人,"我"最强的才能与天赋是什么,"我"最适合干的职业是什么,"我"怎样为自己设置最正确、最合适的人生目标,"我"最需要增强与补充的能力、品格是什么,"我"最需要完善、改进的方面是哪些等重要问题;使大学生能主动且有效地全面培养和提升自我管理能力,以高效的自我管理者身份步入成功者的行列。

目 录

前 言 ……………………………………………………………………… 1

第一章 自我管理能力的相关理论 ……………………………………… 1
    第一节 自我管理及其特征 ………………………………………… 1
    第二节 自我管理能力及其构成 ………………………………… 13
    第三节 大学生自我管理的重要意义 …………………………… 29

第二章 大学生自我管理能力问卷调查与因子分析 ………………… 46
    第一节 量表中的大学生自我管理能力构成要素 ……………… 46
    第二节 大学生自我管理能力：量表测量与问卷编制 ………… 48
    第三节 大学生自我管理能力问卷的因子分析 ………………… 56

第三章 客观环境因子对相关因素作用的影响机制 ………………… 63
    第一节 客观环境因子对自我激励能力影响的结构方程模型 … 63
    第二节 客观环境因子对时间管理能力影响的结构方程模型 … 73
    第三节 客观环境因子对规划控制能力影响的结构方程模型 … 82
    第四节 客观环境因子对决策沟通学习能力影响的结构方程模型
        ……………………………………………………………… 93
    第五节 客观环境因子对职业选择能力影响的结构方程模型 … 104

第四章 自我激励能力对相关因素作用的影响机制 ………………… 115
    第一节 自我激励能力对时间管理能力影响的结构方程模型 … 115
    第二节 自我激励能力对规划控制能力影响的结构方程模型 … 124
    第三节 自我激励能力对决策沟通学习能力影响的结构方程模型
        ……………………………………………………………… 131

第四节　自我激励能力对职业选择能力影响的结构方程模型 …… 141

第五章　规划控制能力对相关因素作用的影响机制 …… 151
第一节　规划控制能力对时间管理能力的结构方程模型 …… 151
第二节　规划控制能力与决策沟通学习能力的结构方程模型 …… 160
第三节　规划控制能力对职业选择能力的结构方程模型 …… 171

第六章　时间管理能力对相关因素作用的影响机制 …… 180
第一节　时间管理能力对职业选择能力的结构方程模型 …… 180
第二节　时间管理能力对决策沟通学习能力影响的结构方程模型 …… 192

第七章　职业选择能力对相关因素作用的影响机制 …… 206
第一节　职业选择能力对决策沟通学习能力影响的结构方程模型模型 …… 206
第二节　模型的影响机制分析 …… 210
第三节　模型的检验 …… 214

第八章　多因素交互下的大学生自我管理能力影响机制 …… 218
第一节　模型的构建 …… 218
第二节　模型的影响机制分析 …… 223
第三节　模型的检验与修正 …… 233

第九章　大学生自我管理能力评价与培养建议 …… 238
第一节　大学生自我管理能力评价的递阶层次模型 …… 238
第二节　大学生自我管理能力递阶层次模型比较判别矩阵构建 …… 240
第三节　大学生自我管理能力递阶层次模型的层次单排序 …… 249
第四节　大学生自我管理能力递阶层次模型的层次总排序 …… 255
第五节　大学生自我管理能力递阶层次模型的一致性检验 …… 262
第六节　结论与建议 …… 267

参考文献 …… 272

第一章 自我管理能力的相关理论

本章拟对自我管理与自我管理能力的内涵、外延及其特征进行理论分析;深入系统地探究当代大学生最重要的自我管理能力要素的构成;从社会进步、管理变革和人的全面发展的视角阐述提高当代大学生自我管理能力的时代背景及重要意义。

第一节 自我管理及其特征

一、自我管理的定义

管理是关于人类的管理。❶ 有人类活动就有管理,它无处不在,无时不在。管理自始就包括自我管理。自我管理的理论是彼得·德鲁克先生在1954年提出的。他认为,所谓自我管理,就是指个体对自己本身,对自己的目标、思想、心理和行动等表现进行的管理。自己把自己组织起来,自己约束自己,自己激励自己,自己管理自己。

从不同的学科门类的研究角度,可将自我管理的定义主要分为以下几种。

(一)心理学范畴的自我管理定义

以人的心理现象为研究对象的心理学,通过探析、测试人的行为和心理活动的规律及特征来研究自我管理,强调自我管理是一种良好适应的心理品质。研究的主要因素是自我意识、自我控制、自我适应、自我调节、自我激励与自我反馈。主要分为精神分析心理学的自我管理研究和非精神

---

❶ 彼得·德鲁克:《德鲁克管理思想精要》,李维安等译,机械工业出版社2009年版,第7页。

分析心理学的自我管理研究两类（李家龙，2011）。

以弗洛伊德为代表的精神心理学派认为，人格结构由本我、自我、超我三部分组成。本我，即原我，指原始的自己，包含生存所需的基本欲望、冲动和生命力，是一切心理能量之源。本我按快乐原则行事，不理会社会道德、外在行为规范，唯一的要求是获得快乐，避免痛苦。其目标是求得个体的舒适、生存及繁殖，是无意识的，不被个体所觉察。自我，原意指自己，是自己可意识到的执行思考、感觉、判断或记忆的部分。其机能是寻求"本我"冲动得以满足，而同时保护整个机体不受伤害，它遵循现实原则，为本我服务。超我，是人格结构中代表理想的部分，是个体在成长过程中，通过内化道德规范、内化社会及文化环境的价值观念形成的。其机能主要是监督、批判及管束自己的行为，特点在于追求完美。超我是非现实的且大部分是无意识的，它要求自我按社会可接受的方式去满足本我，遵循的是"道德原则"。

本我、自我、超我既有区别又有联系。主要区别是：本我代表遗传因素，是人的生物本能；自我主要由个人经验和社会环境所决定，也就是偶然的、同时代的事件所决定；超我则代表外部世界的理想，本质上是从他人身上和外部世界继承的，受父母及父母的替代影响。它们的主要联系是：自我和超我是在本我基础上发展起来的衍生物；自我是人格结构的中枢系统，是人们行为和动机的控制器和调节器，不停地周旋于本我、现实环境和超我三者之间，平衡和协调它们的关系，承受来自各方面的压力和挑战，最大限度地避免自我的焦虑和解体；超我是从自我中分化出来的，是社会文化传统的卫道士和道德规范的仲裁者，把自己的好恶强加给自我。精神心理学派的自我管理研究中，自我，是对客观事物施加影响并在一定程度上涉及潜意识活动的自我（ego），因此，精神心理学派主要进行的是自我意识、自我控制的研究，认为自我管理是自我对于本我和超我的协调，自我管理的目的是如何使用社会更接受的方式，满足人的生物本能，从而有效避免内疚。[1]

非精神心理学派（主要指发展心理学、认知心理学和社会心理学等）认为，自我是作为对象或客体（object）具有反身意识性质的自我或自身

---

[1] 弗洛伊德：《自我与本我》，张唤民、陈伟奇译，上海译文出版社2011年版，第193页。

第一章 自我管理能力的相关理论

(self)。美国的心理学之父威廉·詹姆斯关于自我的立论奠定了现代研究自我观念的基础。他认为自我是"实证的自我",有好几种元素:物质的自我(我们的身体、所有物、家人、家庭)、社会的自我(个体的社会特征、私人关系,种族,政治倾向、烙印群体及职业和爱好)、精神的自我(内在的思想品质、整个的心灵功能或者性格的集合)。实证的自我总体来说是可研究的,能通过内省的办法和观察的办法加以探索。指出人的行为是"有目的的行为",并提出了"自我控制"、"选择"、"自我功效"等自我管理的相关概念。❶

斯金纳的行为主义观点认为,人们是否做出某种行为,只取决于一个因素:那就是行为的后果。人们并不能选择自己的行为,而是根据奖惩来决定自己以何种方式行动。提出要通过习得和训练获取理想行为或校正不良行为的观念。相对于外在的奖惩系统,自我管理强调个体的主动性,是以目标为导向的一个运用行为和认知策略的过程。美国心理学家 Deci Edward L. 和 Ryan Richard M. 等人在20世纪80年代提出了关于人类自我决定行为的动机过程理论。该理论认为人是积极的有机体,具有先天的心理成长和发展的潜能。自我决定就是一种经验选择的潜能,是在充分认识个人需要和环境信息的基础上,个体对行动所做出的自由选择。自我决定的潜能可以引导人们从事感兴趣的、有益于能力发展的行为,这种对自我决定的追求就构成了人类行为的内在动机。该理论描述了外在控制、奖励和结构内化并且整合到自我管理系统中的过程。马斯洛的动机理论(又称需要层次论)认为,人类动机的发展和需要的满足有密切的关系,需要的层次有高低的不同,低层次的需要是生理需要,向上依次是安全、爱与归属、尊重和自我实现的需要。自我实现指创造潜能的充分发挥,追求自我实现是人的最高动机,它的特征是对某一事业的忘我献身。高层次的自我实现具有超越自我的特征,具有很高的社会价值。健全社会的职能在于促进普遍的自我实现(马斯洛著、许金生等译,1987)。自我管理是通向自我实现的唯一必经途径。

科尔伯格认为,人的心理是一种以水平不断增加为特征的内部结构的发展过程,是内部与外部互相作用的结果。道德并不是强加于个体的,个

---

❶ 威廉·詹姆斯:《心理学原理》,田平译,中国城市出版社2010年版,第189-259页。

体在建构个体道德判断时,会主动介入各种社会关系中,通过其社会经验形成特定的思维方式,尤其是通过采取他人的观点、以各种情感为基础作出自己的判断。美国心理学家约翰·弗拉维尔提出的元认知是指"为完成某一具体目标或任务,依据认知对象对认知过程进行主动的监测以及连续的调节和协调""个人在对自身认知过程意识的基础上,对其认知过程进行自我反省、自我觉察、自我控制与自我调节。"(约翰·弗拉维尔著、邓赐平译,2002)元认知是认知、体验和控制的过程,自我管理就属此过程。自我管理是人类对自身的管理,是一个人认识自我和完善自我的过程(陆明,2007)。"人应该自己管理自己,不应该被他人管理。人的自我管理即指人的内在自由与外在自由步调一致"(尼古拉·别尔嘉耶夫著,1994)。自我管理是指主动地调整自己的心理活动和行为,控制不当冲动,克服不利情境,积极寻求发展,取得良好适应的心理品质。显然,这种心理品质的好坏,以及自我管理水平的高低,是影响整个社会适应效果和活动绩效以及心理健康状况的重要因素(王益明、金瑜,2002)。

阿尔伯特·班杜拉的社会认知理论将个体的认知、行为及所处环境放在了一个动态的系统中进行考察,得到了"三元交互作用系统"(行为、主体、环境)。他认为个体的活动是认知、行为和环境三个变量不断相互作用的函数。个体对外在影响的反应有消极的也有积极的,而且外在环境也会因为个体的反应发生改变。这种相互的影响为个体对自身发展施加一定的影响提供了可能。根据这个模型,自我管理是个体、行为和环境三个变量相互作用的结果,其中,个体的影响因素受到班杜拉的高度重视,这些因素包括个人的信念(比如自我效能感)、知识以及情绪情感过程。他提出了"个体自理性"的重要概念,即个体具有主动地选择信息、决策判断并作出目标导向行为,以达到既定目标的能力。此概念的四大特征:行为的目的性、前瞻性思维、对自身活动的自我调节、自我反省。班杜拉在1977年提出"自我效能感"的概念,将其定义为"个体对自己完成既定目标所需的行为组织和执行能力的判断"。自我效能感是一种自我认知,起到控制知识和行为之间相互关系过程的作用。面对既定任务,自我效能感决定着行动者是积极努力去完成还是回避这个重要选择(高灯,2007)。个体对效能预期越高,就越倾向做出更大努力。班杜拉指出了四点影响自我效能形成的因素,即:直接的成败经验,替代性经验,言语劝说和情绪的唤起。他认为自我概念主要反映的是人们对自己个人效能的信念。个人控制使一个人能预期事件并使其成为所期待的样子（班杜拉著、缪小春译，2003）。个体自我管理模型，即自我观察、自我评估、自我反应。可见，非精神分析心理学研究中的自我管理，指的是在意识层面上，在认知作用下，人对自己心理和行为的控制和调节。自我调节包含着四个相互关联、相互作用的阶段：目标选择、目标认识、维持方向、目标终止（Kardy，1993）。自我管理的内涵是自己管理自己，这是一种自我调控、自我约束的行为。具体来说，自我管理是指个人自觉地对自己的思想、心理和行为进行调节、控制和约束（孔祥勇，2001）。

总之，心理学定义的自我管理，是个体通过主动地设定目标，采取行动调整自己的心理活动和行为，监控和评估自身的绩效并作出相应的调节，积极寻求发展，取得良好适应的心理品质，达到自我实现目标、塑造自己命运的过程。

（二）哲学范畴的自我管理定义

哲学范畴的研究认为，自我管理问题不仅是现实生活中的重大问题，也是关于人的哲学问题中一个至关重要的论题。依据对立统一规律，用矛盾分析法研究自我管理，强调自我管理是人在社会实践活动中处理并解决各种矛盾的方式。

自我管理作为人的存在方式，是人类有史以来的基本事实。自我管理内在地生成于主我与客我的两重矛盾、自我与组织的对立统一、自我与社会的良性互动关系中（王永明，2008）。

人的自我作为生命个体，总是一种不断地通过实践认识和改造自然、社会及自身的存在物。自我在其发展中，不仅认识和改造自然，而且不断地审视、认识和改造自己。"自我"一分为二，分解成主体的"我"和客体的"我"，即"主我"和"客我"。自我不仅成为自己的主体，也可成为自己的客体。当主体对自己的某一方面、某一部分进行体察和反思，进行调整和改造时，这部分自我就成为"客我"。人在能动性活动中把自己对象化，从而产生人与自身的主客体关系。主我和客我两方面构成一个完整的个体自我，自我的主客体的基本关系是实践关系，即主我调整和改造客我的关系，通过这个关系构成现实的自我改造、自我管理活动，从而实现自我。个体的自我主客体关系表现为自我实现、自我改造、自我满足、自我意识的过程。主我与客我的两重矛盾内在地要求自我控制、自我协调等自我管理，从而实现自我发展，促进自我和谐。人要实现自己的目的就需要在对自己负责的基础上进行自我管理。在每一具体的实践活动中，人首先要能把自己的意图和体验、思想和感觉及时客观地报告给自己，形成对自己意识和行为正确的自我认识进而制订活动目标；活动过程中必须将活动的实际进展方向、活动客体、活动结果与原定目的进行对照，并作相应自我修正；为求得主我与客我的协调，必须进行自我控制，根据既定目标让主我制约客我，有效推动积极行为、抑制消极行为，努力达成目标。解决主我与客我的矛盾必须自我管理。自我管理不但改变了自我的内部世界，而且也改变着外部环境。人类的进步与发展，也是个人不断地自我管理、自我提高的过程。

从哲学领域研究的自我管理，将人的全面发展作为其最终目标和最高目标。从哲学意义上来考察自我管理，我们会得出这样的结论：自我管理是对传统管理理论和实践进行深刻反省后的产物，它将管理的对象由外部移到内部，转到人自身，将管理主体与客体融合为一人。这是管理思想史上划时代的变革，也是其更高的成就（郭海龙，2007）。

哲学范畴的研究认为，自我管理是指个体在社会活动中，主我能动性地对客我进行体察和反思、调整和改造，处理自我矛盾，实现自我协调与自我发展以及与组织和社会良性互动关系的实践方式。有学者指出，自我管理就是指现代化的社会历史大背景下，具有自我意识、自主意识和自由能力的个人，在正确认识自己所处环境的前提下，通过合理的自我设计、自我学习、自我协调和自我控制等环节，以获得个人自我实现和全面发展并能推动社会进步和人类解放为最终目标的能动活动（郭海龙，2007：41）。

（三）管理学范畴的自我管理定义

系统地研究管理活动及其基本规律的管理学，侧重从自我管理与管理现代化的关联性、自我管理的人本性、自我管理目标与组织管理目标的一致性、自我管理的有效性、自我资源配置的科学合理性等方面定义自我管理，强调的是自我管理中管理的控制职能。

管理现代化是用新的科学思想和组织手段对当代社会和经济进行有效的管理，从而创造最佳经济效益的过程。……最重要的精神是把管理纳入

"一切为了人"的现代意识和规范（王德胜，1993：20）。管理的现代化就是人性化、个性化、自主化（唐伟等，1998）。自我管理是现代管理的真正内涵和本质特征，是管理现代化的总趋向。现代管理是人本管理以及基于人本管理的自我管理已经成为共识（郭海龙，2007：187）。以自我管理为最终追求目标的人本管理，是管理理论发展的必然结果，是以人的全面的、自在的发展为核心，创造相应的环境、条件，以个人自我管理为基础，以组织共同愿景为引导的管理模式（芮明杰，1999）。自我管理是实现人本管理的有效形式。自我管理追求的人本目标是人的自由而全面发展，包括人的素质的全面提高和人的解放（郭海龙，2007：192），使人的本质力量得以发展和实现，是管理追求的终极目标。管理的历史就是一部"个人本身力量发展的历史"[1]。强调自我管理，是因为管理责任的最终落脚点是个人。人是自为的存在物，是不断生成的生命存在。不断超越自己，使自己趋于自己设定的存在状态，自我只有在不断的自觉追求中才能真正达到自我实现，因此，自我管理是自我实现的根本途径。

自我管理是最节省成本的管理模式。"从成本/收益观来看，自我管理是令人向往的目标。因为它可使企业减少用于雇人充当管理者的货币和时间成本，而且，它可以使管理者腾出时间处理更加重要的长期关键性问题"（Charles C. Manz, Henry P. Sims, Jr. 1980）。"自我管理曾被叫做'领导的替代品'，就是让更多的人管理他们自己的行为并实现与组织目标相一致的结果。"（弗莱蒙特·E. 卡斯特，詹姆斯·E. 罗森茨韦克，2000）

自我管理是个人能动地对自己进行管理。具体而言，是指在适应所处的管理环境、建立清晰的管理目标的前提下，通过不断的自我认识、自我教育、自我激励和自我调控的动态过程，逐步趋向自我完善，从而在管理系统中发挥尽可能大的作用，以便使整个管理系统取得最佳的管理效益。这是对自己生命运动的一种调节，对思维运动和行为过程的一种自我控制（胡国平、李平，2001）。组织是由单个的个体组合而成，每个人都是独立的行动主体。这个主体的任何一项动作，都不是单纯地受组织管理而为，还有自我管理的参与。组织管理和自我管理的方式越协调，目标越一致，其效果就会越好（蒙键堃，2001）。个体是集体管理的主要参与者，个体

---

[1] 《马克思恩格斯选集》第1卷，人民出版社1995年版，第124页。

的自我管理水平决定着集体管理的效率（王凤兰，1997）。自我管理是在组织目标下的自我约束和自我控制，在自我认识、自我评价、自我教育等方面以完成组织目标为最终目标（蒋国勇，2007）。柔性管理的核心便是自我管理（王超，2012）。

郭海龙、刘珊、方卫渤、肖培、严中华、蔡美德、彭文晋、李家龙等学者认为，自我管理是个过程。郭海龙指出，自我管理是一个管理过程，即通过自我认识、自我设计、自我学习、自我协调和自我控制等几个清楚步骤连贯而成的管理过程（郭海龙，2004：74-79）。他认为管理学意义上的自我管理主要是指员工的自我管理，是组织和员工通过协商、授权等途径让员工在目标指引下进行自我管理和自我控制，通过自我激励来实现组织目标和个人目标的统一。自我管理是指个体自我设定目标、履行目标、反馈目标并完成目标的一个过程，包括自我计划、自我教育、自我协调和自我控制等内涵（刘珊，2010）。自我管理是指处在一个社会关系中的人，为实现个人目标有效地调动自身能动性，规划和控制自己的行动，训练和发展自己的思维，完善和调节自己的心理活动的自我认识、自我评价、自我开发、自我教育和自我控制的完整活动过程（方卫渤、肖培，1988）。自我管理是个体为在社会中获取更大的生存和发展空间，以及为不断地满足物质和精神的需要而对本身的观念或思想以及行为进行筹划和控制的过程（严中华、蔡美德、彭文晋，2000）。自我管理是指一个人主动地调控和管理自我的心理活动和行为的过程，是一种涉及个体多维度、多层次、集合性的心理和活动系统。自我管理的实质是自我控制，作为主体的自我，一个人需要进行自我意识、自我控制和自我调适；作为客体的自我，一个人需要进行自我调节、自我激励与自我反馈（李家龙，2011：31）。

爱德华兹·吉·奥基夫从管理决策的角度指出，自我管理是一种选择。自我管理不是我们创造出的使我们自己适合进入的一个模子。它是我们创造出来的一个选择，是我们创造出来的关于我们将如何管理我们的动机，我们的时间，我们的学习习惯，我们的人际关系以及任何我们生活的其他方面的一种选择……作为它的最基本方面，是关于我们将如何引导我们的情绪、行为和认知处于我们所希望状态的一种选择（爱德华兹·吉·奥基夫，1999）。

蒂姆认为，在个人合理的价值观系统基础上，最大限度地利用和发挥自己的时间与潜能，从而实现有价值的目标，这一过程就是自我管理（蒂姆，2003）。"价值系统"即无论什么时候，我们都会朝自己认为有价值的方向努力，所以，理解个人的价值观是自我管理过程的关键环节；"时间与潜能"是只有自己才能掌握和控制的资源。实际上它们才是我们必须付出和真正能够管理的；"有价值的目标"是我们努力的结果，这些目标必须植根于一个合理的价值系统中；"过程"即指自我管理是持续不断的，贯穿于一切有目标的活动的始终，它不是一次性的或偶尔才进行的。

（四）自我管理定义的总结

综上分析，自我管理是人们处理自我的主我与客我、与组织及社会的关系，求得个人生存与发展的必然方式。伴随知识经济和经济全球化时代的到来，人的权利和价值观被日益重视，个性得到更加充分的张扬，个人与组织及社会的矛盾越来越突出，自我管理的问题也就日益凸显。自我管理已成为心理学、哲学、管理学、社会学、教育学等多个领域的研究重点。自我管理理论也在上述各种理论的支撑下得到了极大的发展。笔者综合前述各方面的研究，对自我管理作出如下定义。

自我管理，是个人以自己合理的价值观为基础，能动地提出目标，组织整合自身资源（时间、知识、技能、信息、情绪、情感等），调节控制自己的心理活动和行为，去践行并完成目标，实现自我价值与自我发展的自觉的、持续性的活动。其内涵包括自我认知、自我设计、自我组织、自我调节、自我控制等。

自我认知，是自我管理的前提条件，自我管理有赖于有效的自我认知及对自我认知的恰当运用。因为，只有通过自我认知，才能清楚自己的价值观，明确自己的长处与优势、不足和劣势，正确地进行自我管理的定位，才能知道在什么样的条件下自己能最好地发挥，然后为获得最大成效去发现和创造条件（Baumeister R F, Heatherton T F, Tice D M, 1994），才能将有限的时间和精力投入到自己最该做且最能够发挥自己长处的工作中去，以减少不必要的时间和精力的浪费。

自我设计，就本质而言即自我计划，自我设计为自我管理提供了明确的方向和目标，建立合适的目标（长期目标和短期目标）是有效自我管理最重要的内容，也是自我管理的第一步。"伟大和平庸之间的最大区别在于被自己最迫切的目标推动的程度"（米兰尼·布朗，1987）。自我设计的终极目的，是为超越现状而进行自我能力的提升。只有一个通过较长时期深思熟虑、精心准备的计划目标，才能使人们对自我管理中各个不同阶段的结果有明确的预期，把现在的努力与实现长远目标的努力结合起来，卓有成效地进行自我管理。

自我组织，是指为了有效地实现既定的长期目标和短期目标，尽最大可能地集中、调配自身所拥有的各种资源，如时间、智慧、知识、技能、信息、情绪、情感、物资力量等，使自己有限的宝贵资源能得到合理的使用。

自我协调，所谓协调就是让事情和行动能有合适的比例。自我协调是指在实现既定目标的过程中，保持自我与环境、自我身心之间和谐，各种资源使用的比例合适，能与计划的推进较好地匹配。自我协调通过自我观察、自我判断和自我反应三个基本子过程实现。

自我控制，是指个体对自身言行和心理状态的控制活动，侧重于节制（程文晋、付华，2012）。即在既定目标的实施活动中进行的自我检查、自我分析和自我调整，旨在正确、及时地把握目标实施的方向、进度、质量和存在的问题，清除缺陷、纠正偏差，确保目标的完成。进行自我控制，根据既定目标让主我制约客我，有效推动积极行为、抑制消极行为，才能努力达成目标。因此，自我控制是自我管理的保障环节，它使得自我管理不断沿着自我设计的轨道运行（赵艺茵、张国旺，2007）。自我控制是自我管理的实质和关键，能最大限度实现自我调控的人必是成功的自我管理者。

笔者认为，自我管理更多的属于管理问题。自我管理是建立在现代管理理论最新成果基础上的。它以现代管理学的理论为支撑，代表着现代管理中人本管理发展的必然趋势。人本管理以深刻认识人在社会经济活动中的作用为基础，突出人在管理中的地位，实现以人为中心的管理。它把"人"作为管理活动的核心要素和组织最重要的资本，把组织成员作为管理的主体，充分利用和开发组织的人力资本，服务于组织内外的利益相关者，从而实现组织和成员目标"双赢"。人本管理的主要含义是依靠人、尊重人、关心人、开发人的潜能、塑造人的素质、凝聚人的合力等进行管理。现代组织与员工的矛盾集中表现在组织价值观与员工个体价值观的冲突与和谐的运动中，实行人本管理，使得组织成员具有自我设计、自我学习、自我调节、自我控制的空间，让员工主动协调个人价值观与组织价值观的冲突，实现自我与组织的和谐发展。因而，人本管理把追求人的更加全面的发展与个性的更加完善作为管理的根本目标。现代社会中，每一个人实际上都是管理者。这种自我管理，既有能运用于具体情境的实践方法，也有关于贯穿整个人生的职业生涯管理内涵。因而它具有人本管理的意义（李涛、张宇健，2002）。自我管理打破了传统管理理念中管理者与被管理者的对立，变被动为主动，化消极为积极，构建了一个自加压、自运行的自觉系统，通过自我管理，员工能最大限度地发挥自身潜能，实现全面发展，使人本管理得以实施。如果人本管理中缺少自我管理的环节，就意味着放弃让员工主动参与、配合管理的机会，人本管理就无法实施。可见，实现真正意义上的人本管理就必须实行自我管理。因此，自我管理是人本管理的本质特征，是实现人本管理的有效形式（郭海龙，2005）。

二、自我管理的特征

自我管理与其他管理活动相比，主要具有如下几个方面的重要特征。

（一）管理目的的差异性

任何管理活动都是有意识、有目的的。目的即行为主体根据自身需要，借助意识和观念的中介作用，预先设想的行为目标和结果。因而，这些目标构成管理的基础，管理的过程就是通过计划、组织、协调和控制等职能实现目标的过程。只有在明确的目标导向下，管理行为才具有可执行性，管理过程才能有依据，管理结果才会有价值。彼得·德鲁克（Peter F. Drucker）1954年在其名著《管理实践》中最先提出了"目标管理"的概念，他认为，并不是有了工作才有目标，而是有了目标才能确定每个人的工作。人的使命和任务都必须转化为目标。目标管理以自我管理为中心，目标的实施由目标责任者自己进行，通过自我调控，不断修正自己的行为去实现目标。

总体来看，自我管理以最大化地高效利用自我潜能和自身的全部资源，达到和实现个人的全面发展及人生的意义和价值这一最终目标和与之匹配的阶段性目标（贺小格，2004）。但每个人都是有别于他人的独特个体，具有不同的生存环境和条件，不同的性格特征和潜能，不同的价值观、人生观，不同的心理品质，不同的综合素质，不同的学识和技能等。作为不同的自我管理主体，他们各自所追求的自我管理的长远目标和短期目标必然是各种各样、千差万别、具有显著差异性的。目标对自我管理有着巨大的导向作用，自我成就、自我实现、自我发展很大程度上取决于具体目标是否合适、明确。目标设置是一种重要的激励方法，"在企业生产中，目标设置是提高生产率的唯一的高效率的工具"。（Edwin A. Locke, Gary P. Latham, 1984）。目标设置也是使自我管理能够卓有成效的唯一的高效率的工具。不同的自我管理主体设置的具体目标不同，自我管理活动的努力方向就会不同。自我管理中，一切行动都是从方向开始的，所做的每一件事，都是完成特定目的的一个环节。把自己的行动与既定具体目标不断加以对照，行动的动机才会得到维持和加强，个人才会自觉地克服一切困难努力达到目标。自我管理目的的差异性，导致自我管理努力的方向、程度、结果、效率等的差异性。对于不同的自我管理者而言，选择了不同的具体的目标就可能会有不同的成就、不同的发展和不同的人生。

（二）管理角色的统一性

自我管理中的"自我"有两种含义：一种是作为实施管理行为并在一定程度上涉及潜意识活动的自我（ego）；另一种是作为管理对象或客体（object）具有反身意识性质的自身或自我（self）。前者是自我管理中作为管理主体的"我"即"主我"；后者是自我管理中作为管理客体的"我"即在管理活动中把自己对象化后的"客我"。自我管理就是主我能动性地对客我进行的体察和反思、调整和改造。从管理的主体看，自己是自我管理的主体，是开发自我宝藏的"厂长或经理"，你想成为工程师或企业家吗？你想成为教授或科学家吗？那么，你就是这些"产品"开发、生产和销售的"老板"（崔文子、杨俊福，2005）；自己就是自己的管理者。从管理的客体和对象看，自己同时又成为管理和认识的对象。自我管理彻底改变了社会管理、企业管理中管理者与被管理者的对立——自己既是管理者又是管理对象，管理主体与管理客体的统一性是集中体现自我管理本质的最基本特征。

（三）管理工具的自有性

管理工具是管理的核心要素。好的管理工具对管理获得较高的效率能起到明显的推动作用。不同于其他管理以各种规章制度、各种管理标准体系、绩效考核等为主要管理工具，自我管理是以自我的心理品质、综合素质、时间、潜能等自身宝贵资源作为管理工具进行的。而这些管理工具都是唯有自己真正拥有，也是唯有自己能真正掌握和控制的。管理工具的自有性是自我管理区别于其他管理的显著特征。

（四）管理活动的自觉性

自我管理，是个体自主、独立、自觉地从事和管理自己的实践行为与活动。由于自我管理是自己作为自己的管理者，将管理主体与客体都统一于"自我"，消除了管理者与被管理者的角色对立，因而，自我管理形成一个自加压、自运行的自觉系统，它是依靠一种自律精神，在自我意识层面上、自我认知作用下主动进行自我认识、自我调节、自我反省、自我反馈和自我控制，自觉完成各项具体管理任务的活动。因此，自我管理是不受外界各种压力和要求的直接影响，不由制度、他人意志等外力决定的自觉行动。

（五）管理过程的持续性

自我管理不是一次性的、间歇性的或偶尔进行的，而是围绕人生的最终目标，贯穿于人一生所有活动的持续性过程。因为，人们不断地进行着认识与改造客观世界和主观世界的实践活动，而自我管理作为人的社会实践的基本方式，存在于人的社会实践活动的始终。只要人的社会实践活动不停止，自我管理也就不会停止。一个自我管理过程的完结，是另一个自我管理过程的开始，不断循环，周而复始，持续性地向自我管理的最终目标推进。

第二节 自我管理能力及其构成

一、自我管理能力的定义

所谓能力，是顺利完成某一活动所必需的主观条件，是直接制约人们完成某种活动的质量和数量水平的个性心理特征。

自我管理能力是自我管理者完成自我管理具体活动所必需的主观条件，也是直接影响自我管理活动效率及完成状态的个性心理特征。自我管理体现为一种能力（李家龙，2011：20），自我管理能力是指自我管理者依靠主观能动性按照自我管理既定的目标，有意识、有目的地对自身的心理、生理、行为等各方面进行转化与控制的能力。自我管理能力高低决定着自我管理的水平与成效。人的自我管理能力达到何种程度，他就在何种程度上创造着社会生产力（王永明，2008：7）。

自我管理能力包括人在自我管理活动中对自身的心理、生理、行为上的自我认识、自我感受、自我调理、自主学习、自我监督、自我控制和自我完善等各个方面的能力。自我管理能力有如下几种主要的分类。

（一）按管理内涵分类的自我管理能力

自我管理以自我认知、自我设计、自我组织、自我调节、自我控制等为内涵。自我管理能力按内涵可分为：

1. 自我认知能力

自我认知能力，是对自己的心理和行为的洞察、理解、判断、评估能力，包括自我观察和自我评价。自我观察是指对自己的感知、思维和意向等方面的觉察；自我评价是指对自己的想法、期望、行为及人格特征的判断与评估。自我认知亦称自我意识，这是建立"生活计划"的基础（伊·谢·科恩，1986），是人们精神生命之核心，是人的首要品质（维之，1996）。只有通过自我认知，才能正确地进行人生定位，将有限的时间和精力投入到最容易发挥自己能力的活动中去（郭海龙，2006）。

2. 自我设计能力

自我设计能力，是对自我管理的长远目标、阶段性目标及自我管理活动的各个方面、各个环节进行全面规划与周密安排运筹的能力。

3. 自我组织能力

自我组织能力，是指为实现自我管理的各种目标，对自身及周边的各类资源进行整合、调配、协调并充分加以利用的能力。

4. 自我调节能力

自我调节能力，是指进行自我激励，给自己制定行为标准，用自己能够控制的奖赏或惩罚来加强、维护或改变自己行为，以完成自我管理具体活动的能力。具体包含自我观察、自我判断和自我反应等方面的能力。

5. 自我控制能力

自我控制能力，是指为确保自我管理行动与自我管理计划的一致性，

第一章 自我管理能力的相关理论

对自身的行为和观念进行检查、调节、约束、修正等的能力。

（二）按管理对象分类的自我管理能力

自我管理以自身的心理活动和行为作为管理对象，自我管理能力按管理对象可分为自我心理管理能力、自我行为管理能力。

1. 自我心理管理能力

自我心理管理能力，是指人对自己包括心理过程和人格的心理现象进行管理的能力。

心理是指人对客观现实的主观反应，心理现象包括心理过程和人格。心理过程即指认识过程、情感过程、意志过程。认识过程是人在认识客观事物的过程中，为弄清客观事物的性质和规律而产生的最基本的心理现象，包括感觉、知觉、记忆、思维和想象等；情感过程是人在认识客观事物的过程中所引起的对客观事物的某种态度的体验或感受，在此基础上产生喜、怒、哀、乐等态度体验；意志过程是借助认识的支持与情感的推动，使人有意识地克服内心障碍与外部困难并坚持为实现目标不断努力的过程。人格亦即个性，是通过心理过程持续表现出来的区别于他人的、相对稳定的、影响人的思维方式和行为模式的心理特征的总和，主要包括需要、动机、能力、气质、性格等。

在自我管理中，心理和自我管理的具体活动存在辩证统一的关系。心理在活动过程中形成和发展，并受活动的制约；心理对外部世界的反映是否正确，需要通过自我管理实践活动的检验。同时，心理作为自我管理活动的重要组成要素调节着活动的进行，对活动起着关键性的制约作用。自我心理管理能力决定着自我管理者能否对客观外部世界作出正确的主观反应，从而对自我管理产生直接的重大影响。

2. 自我行为管理能力

行为即举止行动，是指人们受思想支配而进行的一切有目的的活动，它由日常生活中表现出来的一切动作构成。

自我行为管理能力，是指管理各种影响、支配活动的外在因素和内在因素，坚持既定的自我管理目标，在一定动机下管理自我行为的能力。

影响自我管理行为的因素多种多样、千变万化，概括起来可分为两个方面：外在因素和内在因素。外在因素主要是指客观存在的社会环境和自然环境的影响；内在因素主要是指人的各种心理因素和生理因素的影响，诸如认识、情感、兴趣、愿望、需要、动机、理想、信念和价值观等。而对人类行为具有直接支配意义的，则是人的需要和动机。自我管理者的不同行为受个体不同的欲望和动机的驱使，并指向一定的目标。这种由动机支配并指向一定目标的行为，称为动机性行为。动机性行为主要可以分为目标导向行为和目标行为两种。目标导向行为是指为了达到某种目标而采取的行为，目标行为则是指实现目标本身的行为。目标导向行为是选择、寻找和达到目标的过程，不会持续太长，当目标行为开始后，目标导向行为就相应降低；目标行为完成，需要得到满足，新的需要就会强烈起来，于是行为便又发生变化。这个从动机到行为、再由行为到目标的过程，即为一个目标导向行为和目标行为的循环交替过程。要使需要、动机强度能够经常保持在较高的水平上，最有效的方法就是循环交替地运用目标导向行为和目标行为。目标导向行为和目标行为循环交替的过程是螺旋上升的过程，实现一个目标后，马上提出新的更高的目标，使之进入新的目标导向过程，从而使自我管理的积极性经常保持在较高的水平上。自我行为管理能力，指的就是能根据自我管理目标和客观环境与条件，适时地有效调节、改变自我管理行为，顺利完成目标导向行为和目标行为螺旋上升的循环交替过程，不断实现自我管理目标的能力。

（三）按适用的管理领域分类的自我管理能力

按自我管理能力适用的管理领域，分为通用的自我管理能力、特殊的自我管理能力。

1. 通用的自我管理能力

有学者根据世界管理大师彼得·德鲁克的自我管理理论，将应该具备的适用于自我管理所有领域的通用自我管理能力归纳为如下九项：

一是角色定位能力——认清自我价值，清晰职业定位；

二是目标管理能力——把握处世原则，明确奋斗目标；

三是时间管理能力——学会管理时间，做到关键掌控；

四是高效沟通能力——掌握沟通技巧，实现左右逢源；

五是情商管理能力——提升情绪智商，和谐人际关系；

六是生涯管理能力——理清职业路径，强化生涯管理；

七是人脉经营能力——经营人脉资源，达到贵人多助；

八是健康管理能力——促进健康和谐，保持旺盛精力；

九是学习创新能力——不断学习创新，持续发展进步。

2. 特殊的自我管理能力

特殊的自我管理能力又称专门自我管理能力，是顺利完成某种专门自我管理领域的活动所必备的能力，如音乐能力、绘画能力、数学能力、运动能力等。各种特殊的自我管理能力都有自己的独特结构。

（四）按管理要素分类的自我管理能力

自我管理包括若干具体要素，将自我管理能力按要素划分，可主要分为如下几类：自我意识能力；自我控制能力；自我调适能力；自我激励能力；自我学习能力；自我创新能力；价值观管理能力；时间管理能力；目标管理能力；职业生涯规划能力；优势与效能管理能力；人际交往能力；健康管理能力；等等。

（五）按管理范畴分类的自我管理能力

自我管理是综合性的管理，涉及多个方面，将自我管理能力按管理的不同方面划分，主要有如下几类：知识技能管理能力；精神理念管理能力；社会关系管理能力；日常生活管理能力等。

二、大学生自我管理能力及其构成

大学生的自我管理，是大学生以自己个人合理的价值观为基础，能动地提出目标，组织整合自身资源（时间、知识、技能、信息、情绪、情感等），调节控制自己的心理活动和行为，去践行并完成目标，实现自我价值与自我发展的自觉的、持续性的活动。其内涵仍然包括自我认知、自我设计、自我组织、自我调节、自我控制等。

大学生的自我管理能力是他们进行自我管理具体活动所必需的主观条件，也是直接影响他们自我管理活动效率及活动完成状态的个性心理特征。年龄20岁左右的当代大学生，正处于学习并储存各种知识与信息、形成自己的价值观和人生观、进行人生目标规划、选择未来职业的关键阶段。他们的自我管理能力主要包括如下几类。

（一）自我认知能力

大学生的自我认知能力，是大学生对自己身心状态及对自己同客观世界关系的认识与评价能力。包括认识与评价自我的能力，认识与评价自己与他人、与组织、与社会的关系的能力。

1. 认识与评价自我的能力

要有明确自己的价值观和价值体系的能力。价值观是指一个人对周围的客观事物（包括人、事、物）的意义、重要性的总评价和总看法。它是人们行为活动的核心，所有的态度、取向和行为都源于此。价值观是个人性格中最稳定和最持久的因素，它是人们做出关键性决定的依据，是决定人们生活方向和个人爱好的基础（李秀娟，2008）。它一方面表现为价值取向、价值追求，凝结为一定的价值目标；另一方面表现为价值尺度和准则，成为人们判断事物有无价值及价值大小的评价标准。价值观对人生轨迹有着强烈和鲜明的导向作用。对诸事物的看法和评价在心目中的主次、轻重的排列次序，构成了价值观体系。价值观和价值观体系是决定人的行为的心理基础。它从根本上左右人的自我认识，反映出人对自身价值及如何实现自身价值的基本看法，直接关乎着人的理想、信念、生活目标和追求方向的性质。价值观对动机有重要的导向作用，支配和制约人的行为动机，不同价值观产生不同的行为。价值观反映人们的认知和需求状况，是人们对客观世界及行为结果的评价和看法，因而，它从某个方面反映了人们的人生观和世界观，反映了人的主观认知世界。大学生们必须具备客观、主动地对自身价值观进行识别、选择、实践、调节等方面的能力及为自己确立正确的价值目标的相应能力。

要有明确自己的长处和不足的能力。人如果看不到自身的优点，觉得处处不如人，就会自卑，丧失信心，做事畏缩不前；反之，如果过高地估计自己，则会骄傲自大、盲目乐观，导致失误。只有明确自己的长处和不足，才能在自我管理中主动地扬长避短，不断地自我调节、自我修养、自我完善。大学生们也必须具备主动地对自身的长处、不足进行识别，并善于挖掘自身长处的相应能力。

2. 认识与评价自我同客观世界关系的能力

自我认知离不开周围环境，特别是人与人之间关系的制约和影响。自我认知在社会实践活动中形成，反映着自我与周围现实之间的关系。个体只有具备认识与评价自己同客观世界关系的能力，通过社会比较、借助别人的评价去客观地认识自己与他人的关系、认识自己在集体和社会中的地位及作用，才能实现正确的自我认知。

大学生只有具备较强的自我认知能力，真正明确自己的价值观和价值体系，明确自己的长处和不足，明确自己同客观世界的关系，才能对自己的想法、期望、行为及人格特征做出合乎实际的正确判断与评估，才能正确认识自己，实事求是地评价自己，真正明白自己是谁，自己应该要什么，自己应该做什么，自己适合做什么。只有解决好这些重要的前提问题，才会有明确且恰当的人生目标与自我管理定位，才能有效地进行自我管理。

（二）自我规划能力

自我规划能力亦即自我设计能力，是对自我管理的长远目标、阶段性目标及自我管理活动的各个方面、各个环节进行全面规划与周密安排运筹的能力。

自我规划能力是选择、明确自己的人生归属和人生目标，对自我目标体系与实际行为导向和效果进行管理的能力。主要可分为自我的人生规划能力与自我的职业规划两大部分。自我规划能力包括根据自己的实际情况选择和确定自我发展定位、自我实现的目标体系（包括最终目标、阶段性目标、长期目标、短期目标等）、目标内容（包括目标的终极和阶段性的标识）、目标的层次和实现序列、量化指标和评判标准、需要具备的条件和完成的时限等方面的能力。

自我管理须目标导向，目标是自我管理的导航器。有效的自我管理必须是长期目标和短期目标兼具。长期目标的建立可以增加人的内部动机，而短期目标的建立则产生了积极的成功预期（Maderlint Havackiewic，1984）。为了实现目标，须给目标排序，确定所希望实现的每个目标的时间框架，务必为每一个目标设定日期（戈登 Gordon. D. 著、黄德远译，2007）。自我规划能力通过确定目标、制定措施、分解目标、落实措施、安排进度等各个方面体现。

成功的道路是目标铺成的，目标设定是一个所期望实现的结果的证实过程（徐宪江，2012）。成功者在学校时不见得比不成功者更优秀，但总是在关键时刻做出了正确的选择，而关键时刻的选择往往决定了一个人最终的命运。学会选择，就是要知道如何安排自己的一生（上官子木，2008：121）。史蒂芬·柯维（Stephen R. Covey）在《高效能人士的七个习惯》中提出的"以终为始"（Begin with the end in mind），即须先明确目标，再去努力实现（史蒂芬·柯维，2004）。成功人士都"以终为始"，他们人生中的一切行动、一切价值标准，都以自己人生的最终愿景与最终期许为起点。大学生们必须具备较强的自我规划能力，在正确自我认知的基础上，进行自我规划，明确地给自我人生定位，树立起最重要的自我总体目标，即人生的最终愿景与最终期许，真正清楚自己想成为怎样的人，自己能干什么，社会可给自己提供什么机会，自己应选择干什么等至关重要的人生目标和职业目标，形成正确的自我主观成就预期与客观成就预期，具备自我积极主动的内在控制中心，使理想可操作化，为人生提供明确方向，以自己正确的、准确的、具体的、现实的、可行的人生目标为前提，培养"以终为始"的高效行为习惯，做好自我管理，实现人生价值。

（三）自我激励能力

美国管理学家贝雷尔森（Berelson）和斯坦尼尔（Steiner）给激励所下的定义是："一切内心要争取的条件、希望、愿望、动力都构成了对人的激励。——它是人类活动的一种内心状态。"人的一切行动都是由某种动机引起的，动机是一种精神状态，它对人的行动起激发、推动、加强的作用。激励是"需要→行为→满意"的一个连锁过程，即针对人的需要来采取相应的管理措施，以激发动机、鼓励行为、形成动力的过程。自我激励是自我支配的积极强化手段，它对于增强自觉性、主动性和行为的连续性具有不可忽视的作用（英烈、吴荣才，1995）。自我激励包括两个方面：一是给自我行为以肯定的自我评价，包括自我希望、自我鼓舞、自我欣慰和自我欢乐；二是给自我行为以否定的自我评价，包括自我谴责、自我批评、自我惩罚等（程文晋、付华，119）。

大学生的自我激励能力，是指他们不用外界奖励和惩罚作为激励手段，而是自觉地激发自我的行为动机，能动地运用各种有效的方法去调动自我的积极性和创造性，努力去完成既定的自我管理目标的能力。自我管理的效率不仅取决于能力，更取决于受自我激励及那些能带来积极态度、满意和激励作用的"激励因素"（能满足个人自我实现需要的因素）具备的程度。因此，大学生的自我激励能力主要包括保持积极心态的能力、坚定自信的能力、控制情绪的能力、调整计划的能力、直面困难的能力、换位思考的能力、勇于竞争的能力、超越并战胜自我的能力、向榜样学习的能力、自我暗示的能力、适当而正确的自省能力、调节放松自己的能力等。

德国专家斯普林格在其所著的《激励的神话》一书中写到："强烈的自我激励是成功的先决条件。"人的一切行为都是受激励产生的，有效的自我激励会点燃人为目标奋斗的激情，促使其工作动机更加强烈，让他们产生超越自我和他人的欲望，并将潜在的巨大的内驱力释放出来，为自我管理的目标奉献更大的热情。大学生们须具备较强的自我激励能力，通过不断的自我激励，促使其保持强有力的自我管理内在动力，朝所期望的目标前进，最终达到自我管理的顶峰——成功。自我激励是当代大学生们迈向成功的引擎。

（四）自我时间管理能力

大学生的时间管理能力，是他们运用科学方法和技巧提高自我时间的利用率和有效性的能力。

彼得·德鲁克先生曾对时间管理做过非常精辟的论述，他认为"有效的管理者往往不是从任务开始，而是从时间开始。他们并不是先制定计划，而是先查明时间的实际去处，然后他们努力管理他们的时间，消减那些无效的时间需求，最后他们尽可能将零散的时间整合成大块的连续的时间单位"（W. Thomas Porter, 1978）。这就启示我们，时间管理能力应包括设定时间管理目标的能力、分析诊断时间的能力（能明确时间的去处、能分清哪些方面浪费了时间等）、采取措施消除时间浪费的能力、制订计划合理分配时间的能力（时间计划安排的能力、将活动分类合理分配时间的能力等）、管理实施时间计划利用零散时间的能力、酌情整合时间的能力、控制评估时间的能力等。大学生的时间管理能力，是指大学生们对自我时间进行的设定管理目标，并实施计划、组织、控制、整合等一系列活动的能力。

时间是最宝贵、最有限的特殊资源，它是世界上万事万物存在的方式，也是一切活动得以进行的前提。自我管理也不例外。时间是无价之宝，从经济学的角度看，它是一种财富，人们每分每秒都在创造巨大的财富（马金海、谈焕兴、冯重庆，1987）。时间是最紧缺的资源，若不将时间管理好，要想管理好其他事情，那只是空谈（张隆高，1993）。作为特殊资源的时间具有如下独特性：一是供给毫无弹性。时间的供给量是固定不变的，在任何情况下都不会增加，也不会减少，每天都是24小时，无法开源；二是无法蓄积。时间不像人力、财力、物力和技术等其他资源可以积蓄，不论愿意与否，我们都必须消费时间，无法节流；三是无法取代。任何一项活动都有赖于时间这一不可缺少的基本资源，任何一件事情都离不开时间；四是不可逆转，无法失而复得（罗锐韧、张作华，1999）。一旦丧失则永远无法挽回等。时间是极其有限的宝贵财富，没有时间，纵有再强的能力，再好的计划，再高的目标，也是枉然。富兰克林说："生命是由时间构成的。"但能由人们自主控制、自由支配的时间却非常有限，有人曾统计过一个活到72岁的美国老人对于时间的消费：睡觉为21年，工作14年，个人卫生7年，吃饭6年，旅行6年，排队5年，学习4年，开会3年，打电话2年，找东西1年，其他3年。可以看出，如果我们要在工作时间内取得成功，我们所有的时间实在不多，还不到人生的五分之一（赵自立、吴昊，2004）。没有有效的时间管理，就算你再有才华，也会在无谓的忙碌中将自己的人生虚耗（徐宪江，2012）。大学的时光对大学生尤为珍贵，只有最大限度地开发和利用时间资源，才能保证大学生自我管理的效率和效能。

时间管理的研究已有相当长的历史，其理论也可分为四代：第一代理论着重利用便条与备忘录，在忙碌中调配时间与精力。第二代理论强调日程表，反映出时间管理已注意到规划未来的重要。第三代理论强调优先顺序的观念，提倡依据轻重缓急设定短、中、长期目标，再逐日制订实现目标的计划，将有限的时间、精力加以分配，争取最高的效率。这种做法有可取之处，但过分强调效率，把时间安排得过紧，会产生反效果，使人失去增进感情、满足个人需要以及享受意外之喜的机会。第四代理论与以往截然不同，它根本否定时间管理的对象是"时间"，认为时间管理是个人管理，是针对时间所进行的自我管理。时间管理的目的，就是要"以终为始"，"做正确的事"，并且努力去"正确地做事"。任何一个目标的设定都应考虑时间的限定（徐宪江，47）。大学生们须最大限度地减少时间的浪费、最科学地分配并最充分地利用自己可以控制和利用的时间，最合理地压缩时间流程，使时间价值最大化。不同的人在相同的时间面前表现不同、结果不同，其重要原因可能不是别的，而恰恰是由于他们在时间管理（Time Management）水平上的差异造成的。因此，时间管理能力是决定大学生自我管理成效乃至人生成败的至关重要的基本能力。

（五）自我职业选择能力

自我职业选择能力直接影响着大学生的职业规划。职业规划，是对自我职业生涯进行持续的系统的计划的过程，它包括职业定位、职业目标设计、职业通道选择等项内容。职业规划能力，是个人结合自身情况及当前机遇和相关制约因素，为自己确立职业目标，进行职业定位，选择职业道路，确定教育、培训和发展计划等，并为自己实现职业生涯目标而确定行动方向、行动时间和行动方案等方面的能力。

自我管理最终的追求是人生的成功。而所谓的成功与失败，不过是所设定目标的实现与否，目标是决定成败的关键。个体的人生目标是多样的：生活质量目标、职业发展目标、对外界影响力目标、人际环境等社会目标……整个目标体系中的各因子之间相互交织影响，而职业发展目标在整个复杂的人生目标体系中居于中心位置，它的实现与否直接引起人们的成就与挫败、愉快与痛苦等不同的人生感受，影响着人的生命质量与整个生命历程。而职业生涯的发展是持续性的过程，各阶段之间没有明显的区分，各个阶段经历的时间长短和发展重点也常因人的个别差异而有所不同（刘冰、张欣平，2004）。

大学时期是职业生涯的准备和选择时期。职业生涯设计是一种人生设计，是对命运的选择。现代职业生涯设计不仅能帮助个人实现目标，更重要的是有助于个人真正了解自己，从而设计出合理可行的职业生涯发展方向（沈登学、孔勤，2003）。必须对个人的发展结构和驱动因素进行策划，必须对于自我的职业发展承担责任（Rob Stickland，1996）。每一份成功都是智慧经营自我的结果。在职业选择中，理清"到底什么对我们最重要"非常关键（王学峰，2011）。在这个时期，大学生们需要逐步具有自知之明，能明确认清自己的价值观、气质、个性、技能、兴趣、潜力等适合干什么，能明确认清自己需要怎样的环境、条件才能干得最好。因此，大学生们的职业规划能力更重要地体现为职业选择能力，具体包括自我剖析能力、提升自我职业价值观成熟程度的能力、找准自我职业锚与职业兴趣的能力、明确自我职业定位的能力、提高自我职业定位与外在需求吻合度的能力等。大学生们应通过从社会发展的实际需要、个人的外部环境和自身实际情况两大方面进行认真的自我剖析，根据个体的人生总体规划，明确自己的职业定位，找准自己的"职业锚"（埃德加·施恩著、仇海清译，

1992)，锁定符合社会经济发展需要的自我"职业锚"（纪新华，2003）。大学生们必须搞清楚自己的职业归属，正确地选择适合自身因素与潜能且符合社会需求的、可行的职业目标及其发展路线，并从各个方面脚踏实地地为之努力。

（六）自我决策能力

大学生的自我决策能力，是其为实现特定目标，根据客观的可能性，在积累一定信息和经验的基础上，借助合适的工具、技巧和方法，对影响目标实现的诸因素进行分析、预测、计算和判断选优后，对未来行动作出决定的能力。对于"决策"的定义主要有三种：一是将其作为提出问题、确立目标、设计和选择方案的过程；二是把其看作从几种备选的行动方案中作出最终抉择即拍板定案；三是认为它是对不确定条件下发生的偶发事件所做的处理决定。总而言之，确定干或不干为"决"，明确用什么方法和工具干叫"策"，做出用什么工具和方法去达成什么目标的决定，即为"决策"。决策也可理解为管理者识别并解决问题或利用机会的过程。因此，决策能力体现在包括发现问题确定目标、制订备选方案、拟定评价标准进行优选、决定实施方案等完整决策过程的各个方面。具体包括以下几个方面。

发现问题确定目标的能力。决策是解决具体问题达到既定目标的活动。决策目标是指在一定外部环境和内部环境条件下，对相关因素作必需的调查研究后所预测的解决问题方案要达到的结果。决策目标是根据所要解决的问题来确定的，因此，必须具备尽快把握所要解决问题的要害，明确具体决策目标的能力，这是避免盲目决策与决策失误的核心能力。

预测能力。决策与预测是密不可分的，预测为决策提供必需的资料、信息和数据，预测是决策的基础，决策是预测的延续，正确的决策必须依据准确的预测，若无准确的预测必然导致决策失误。由此可见，决策能力的强弱取决于预测能力的水平。具备较强的预测能力，是正确决策至关重要的基础。

提炼能力。提炼能力是指准确和迅速地提炼出解决问题的各种备选方案的能力。拟定备选方案，先是要分析和研究目标实现的外部因素和内部条件，积极因素和消极因素，及决策事物未来的运动趋势和发展状况；而后将外部环境与自身的各种不利因素和有利因素同决策事物未来趋势和发展状况的各种估计排列组合成多种方案；提炼、把握各种方案的本质和核心，选择出若干个实现目标的利多弊少的可行备选方案。作决策时，不要要求永远都是对的、不要匆忙做出决定、不要害怕别人议论、不要害怕承担责任（彼得·F. 德鲁克著、刘志远译，2004）。正确地拟定出好的备选方案，需要较强的提炼能力。

决断能力。决断能力是对若干个备选方案进行认真慎重的评价与总体权衡后，从中选定最佳方案，及危机时刻或紧要关头当机立断的能力。抉择时必须严格把握的评价标准是看哪个方案最有利于达到决策目标，且成本代价与可能的风险最低。具体评价从以下几方面进行：一是所取方案是否与决策目标相符；二是所取方案是否具备实施的条件即是否有可行性；三是所取方案所需的实施成本代价；四是所取方案实施的可能风险等。评价常用经验判断法、数学分析法和试验法等进行。迅速做出决策的有效方法取决于你决心对结果负什么责任。要提高决策能力，就应该有积极进取的精神（扇谷正造、本明宽编，1988）。决断能力关乎最终决策的成败，是决策能力中的关键能力。

执行、回馈评估方案的能力。任何方案只有真切地得到实施后才有其实际的意义，执行方案是决策的落脚点。通过对决策的执行、反馈评估，可以发现决策执行过程中的偏差，以便采取措施控制决策偏差，确保决策目标的实现。因此，执行、反馈评估方案的能力也是决策必须具备的重要能力。

决策贯穿于自我管理的始终，自我管理过程也就是不断决策的过程。知识劳动者都是决策者（彼得·德鲁克著，2003：90）。从这个角度看，决策能力在大学生的自我管理能力中举足轻重。

（七）自我沟通能力

大学生的沟通能力，是指其所具备的能胜任沟通活动的优良主观条件，即能与他人有效地进行信息、思维、情感等交流的能力。沟通能力由自己理解别人的能力、让别人理解自己的能力两部分构成。具体包括表达能力、争辩能力、倾听能力、设计能力（形象设计、动作设计、环境设计）、信息处理能力等。

影响大学生沟通能力的因素有两个：一个是思维是否清晰，能否有效地搜集信息，并做出逻辑的分析和判断；另一个则是能否贴切地表达出

（无论是口头、书面还是其他方式）自己的思维过程和结果。而前者更重要，没有思维的基础，再好的表达技巧，也不可能收到（传达、说服、影响）好的结果。与思维及表达两个沟通要素相对应，沟通也有两个层面，即思维的交流和语言的交流。所以，评价沟通能力强弱的一个重要标准，就是能否适时把握对方的思维，提前做出反应，让双方的交流从语言层面上升到思维层面。因此，判断沟通能力的基本尺度是恰如其分和沟通效益。所谓"恰如其分"，指沟通行为符合沟通情境和彼此相互关系的标准或期望；而"沟通效益"，则指沟通活动在功能上达到了预期的目标，或者满足了沟通者的需要。沟通能力看起来是外在的东西，而实际上则是大学生综合素质的重要体现，它反映着一个人的知识、能力和品德。

沟通贯穿于人类社会的各个领域，是人与人之间、人与群体之间进行的信息、思想与感情的传递和反馈，以求获得活动所需的各种信息，改善人际关系，使人们的思想达成一致，使人们的感情交流活动通畅。社会是由人们互相沟通所维持的关系组成的网，没有沟通，就不可能形成组织和人类社会。美国著名人际关系学家卡耐基说，一个职业成功人士的成功75%靠沟通，25%靠天才和能力。一项对商学院在校学生的综合研究结果显示，准备在毕业后进入各公司管理岗位的这些学生最缺乏的是领导能力和人际交往技能（罗宾斯著、黄卫伟译，1996）。自我管理所需的各种信息的采集、传送、整理、交换以及人际关系的处理，无一不是通过沟通实现的。只有通过沟通，大学生的自我管理活动才能得以开展。具备较强的沟通能力是提高大学生自我管理效能必需的重要保障。

（八）自我学习能力

学习，是通过阅读、听讲、研究、实践等获得知识或技能的过程，是一种使个体能力在各个方面得到持续变化、完善（知识、技能、方法、情感、价值等的改善和升华）的行为方式。在校大学生最主要的任务就是学习。

大学生的学习能力，是指其掌握和运用学习的方法与技巧获取各方面的知识和技能，自我求知，改变已有的知识结构，增长才干与创造力，提升素质并完善自我的能力。学习能力是人们所有能力形成的基础，因此是自我管理能力中最基本最重要的能力。学习能力主要包括注意力、观察力、记忆力、概括力、思维力、想象力、创造力、理解力、语言表达力、操作力、运算力、听/视知觉力、反思力等。也可将学习能力概括为：自我学习优势的认知能力，即明确自己善于阅读还是善于倾听以及自己习惯性学习方法的能力；从他人、实践、网络等各种渠道学习的能力，善于通过各种渠道学习才能取得事半功倍的显著学习成效，取得绩效的关键是必须能在实践中运用所学的知识；储备性与急需性结合的学习能力及终身学习能力。学习分为两种类型：一种是"增加型学习"，使你按一定顺序获得信息，一段时间后这些信息转化为知识；另一种是"削减型学习"，这种学习过程就如雕塑，须将一段时间所积累的知识中已经过时无用的、甚至阻碍你前进的部分去除，直至最后一尊美丽的雕塑诞生。若按学习的不同类型，可将学习能力分为"纳新学习能力"、"吐故学习能力"。

学习能力有几个重要特征：一是自主性，是指个体自觉、自愿地学习，而不是被迫学习；二是能动性，是指积极地富有创造性地学习，而非只对知识与信息简单地吸收，同时还要会消化，善于将所学转化成个人发展所需的物质和精神能量；三是创造性，学习的最终目的是推陈出新、吐故纳新、融会贯通，是为了创新和创造。

1994年11月在意大利罗马举行的"首届世界终生学习会议"上提出"终生学习是21世纪的生存概念"。联合国教科文组织国际教育委员会在《学会生存》的报告中指出："科学技术的时代意味着，知识在不断地变革，革新在不断地进行。教育应该致力于较少地传递和储存知识而应该更努力追求获得知识的方法，即学会如何学习。"（崔景贵、赵岚、贾仕林，2000）知识组织具有一种直接性的优势，这是因为已有的知识可以被快速地（或系统地）转变为能够赢得市场优势的新知识（沃森、麦迪森著，吕林海译，2010）。在现代社会，任何人都必须通过不断的再学习来更新自己的知识结构以提高自己的社会竞争力（应方淦，2001）。在这个世界上，如果你掌握了某些重要本领，那么你也会因此变得重要起来（亚伯拉罕·马斯洛、德博拉 C. 斯蒂劳斯等著，邵冲、苏曼译，2007）。"在今天这样一个变化剧烈的商务环境中，'学习活动本身就是生产活动'的论断值得人们认真思索。"❶ 任何掌握了某种知识的人每过四五年就必须进行更新，

---

❶ ［美］欧文·拉兹洛等：《管理的新思维——第三代管理思想》，文昭等译，社会科学文献出版社2001年版，第3~4页。

否则就会落伍（彼得·德鲁克著，2003：49）。不学习就意味着落伍和被淘汰，必须学会学习，且不断地继续学习，持续地更新自己的知识并拓展自己的视野，才能在21世纪中生存与发展。关于人的知识、关于自然的知识、关于社会的知识都应当纳入自我学习的范围（郭海龙，2007：157）。复旦大学原校长杨福家教授提出，今天的大学生从大学毕业刚走出校门的那一天起，他四年来所学的知识已经有50%老化掉了。当今世界，知识老化的速度和世界变化的速度一样越来越快。大学生们必须明确，人才具有显著的时间性，今天是人才，明天未必仍是。为使自己明天依然是有价值的人才，必须高度重视自我学习能力的提升。较强的自我学习能力，能让大学生们可持续地发展且终身受益，实现从平凡到优秀再到卓越的人生跨越。

（九）自我控制能力

自我控制能力是大学生自我管理能力中的关键能力。自我控制是指以自我为主体，根据情境需要和主体意图来制定某种标准或规范，并以此为评估依据，对行为做出执行或停止，坚持或放弃（于国庆，2005）。它是个体对自身内部过程与外显行为的主动掌握（罗渝川、邓雪梅，2010）。自我控制还被表述为不同的名词，如行为抑制（Behavioral Inhibition）、抑制控制（Inhibition Control）、反应调节（Response Modulation）、情绪控制（Emotion Control）、限制（Constraint）等等（Kreman A M. Block J, 1998）。耐心其实就是一种自控能力，即为了一个较长远的目标控制自己暂时的欲望（上官子木，2008：120）。自我管制实质上是有赖于产生控制行为的环境变量的，因而是源自有机体之外的（斯金纳著、谭力海等译，1989）。自我控制是人类所特有的一种特殊的活动，旨在以自我意识去达到控制自身心理和行为的目的。具体表现为两方面：一是发动作用，二是制止作用，即促进某一行为，抑制与该行为无关或阻碍其进行的行为。通过自我控制，使自己的行为符合群体规范，符合社会道德和既定目标的要求。

自我控制能力是自我意识的重要成分，是个人主动掌握自身的心理和行为，自觉地依据预定的目标，在没有外界监督的情况下，适当地控制、调节自己的行为，抑制冲动，抵制诱惑，延迟满足，主动地控制自己的言行，使之与预定目标相吻合，坚持不懈地保证目标实现的一种综合能力。它是个体适应社会的一项重要功能，是自我意识结构中自我调节的最基本

第一章　自我管理能力的相关理论

手段（姚丹、鲁晓静，2006），也是我们抑制神经兴奋，控制、克服气质特征中某种消极因素实现目标的重要途径，表现在认知、情感、行为等方面。自我控制或约束包括检验、控制、纠偏等环节。检验是以自身确定的目标和标准，检验自己的行为；控制是将自身行为控制在有利于目标实现的范围内；纠偏是纠正哪些偏离目标实现的行为，通过这些环节来约束自己，以保证目标的实现（阳国亮，2004）。从这个角度分析，自我控制能力就是自我反省与监控能力（马秋丽，2005）。

自我控制能力是人的一种自觉的能动力量，是在改造客观世界中控制主体自身的一种特殊的能动性。它不是消极的自我约束，而是一种内在的心理功能，使人自觉地进行自我调控，积极地支配自身，排除干扰，使主观恰当地协调于客观，从而采取合理的行为方式去追求良好行为效果。这是一种对自我行为判断后进行的理性行为，这种理性的判断和执行就构成自我控制力。自我控制力水平的高低与人的个性品质、综合素质及能力密切关联。良好的自我控制能力是当代大学生进行自我管理，成为创新型人才至关重要的必备能力。

第三节　大学生自我管理的重要意义

一、大学生自我管理是社会发展的必然要求

人类社会的发展源于经济结构的重大变革。17世纪到18世纪的产业革命使经济结构由农业经济走向工业经济，是为"工业化社会"；20世纪70年代以来高科技的发展产生了托夫勒所称的"后工业经济"，继而奈斯比特在《大趋势》中又称之为"信息经济"，即为"信息化社会"；新的信息革命——数字化、网络化、信息化，为人类信息共享、高效率地产生新的知识、提高知识生产率提供了坚实的技术条件。"计算机通过跨越全球的远程通信网络与强大的信息系统联系在一起。其结果将是产生一种大大不相同的社会次序——'知识社会'，这种社会把力量集中于系统地在前所未有的水平上收集、综合和传播知识"（W.E.哈拉尔著、冯韵文等译，1999）。这就最终推动人类社会进入知识经济时代。1996年，世界经合组织发表了题为《以知识为基础的经济》的报告。该报告将知识经济定义为建立在知识的生产、分配和使用（消费）之上的经济。其中所述的知

识，包括人类迄今为止所创造的一切知识，最重要的部分是科学技术、管理及行为科学知识。从某种角度来讲，这份报告是人类面向21世纪的发展宣言——人类的发展将更加倚重自己的知识和智能，知识经济将取代工业经济成为时代的主流，将开创人类财富创造形式上的崭新时代。现代社会是"知识经济社会"（朱永新、陶新华、倪祥保，2003）。知识经济社会既是人类知识、特别是科学技术方面的知识积累到一定程度及知识在经济发展中的作用增加到一定阶段的历史产物，又是新的信息革命导致知识共享以高效率产生新知识时代的必然产物。

经济时代的划分重要的不是看生产什么而是看用什么生产。与依靠物资和资本等这样一些生产要素投入的经济增长相区别，知识经济社会中经济的增长取决于知识含量的增长。知识在现代社会价值的创造中的功效已远远高于物资和资本这些传统的生产要素，成为所有创造价值要素中最基本的要素。知识经济社会正是针对知识在现代社会价值创造中的基础性作用而言的。

在知识经济社会，社会生产力运动中起决定作用的力量是知识，知识生产力已经成为社会生产力发展的关键性因素。其经济增长比以往任何时候都更加依赖于知识的生产、扩散和应用。以知识的生产、分配、使用为特点的可持续发展，已成为知识经济社会的典型特征。从质的规定性看，社会生产力将从物质生产力提升到知识生产力；从量的规定性看，社会生产力的生产资料将从有限的物质生产资料提升到无限的知识资源；从生产力的结构看，劳动资料、劳动对象与劳动者将从三者分离提升到相互融合甚至融为一体。可以非常肯定的是，未来社会将是一个知识社会，拥有与其相对应的知识工作者，这些知识工作者是劳动力中最大的单一部分和最昂贵的部分。……可以近乎确切地说，在经济社会中我们所面临的挑战是管理方面的挑战，它必须依靠个人来解决。❶ 知识经济社会在劳动力结构、生产要素、企业组织形式、管理模式等诸多方面都发生了巨大变化。社会的发展与变革，迫切需要作为未来知识劳动者的当代大学生们必须具备全面且较高的自我管理能力。

---

❶ 德鲁克：《德鲁克管理思想精要》，李维安、王世权、刘金岩译，机械工业出版社2009年版，第280页。

第一章 自我管理能力的相关理论

（一）大学生自我管理是劳动力及其结构变化的必然要求

知识经济社会中，劳动力的结构已经出现了空前的变化——由从事不需要技能的体力劳动者为主转变为知识劳动者为主，不少国家中知识劳动者已达到或超过劳动者总数的40%。截至2010年年底，我国城市受过正规教育（大学专科及其以上教育）的知识劳动者约占城市就业人员总数的43.38%；❶ 2011年至2013年我国的高校毕业生总数占城镇新增就业人员总数的比例平均高达54.74%。❷ 这些数据表明，我国现阶段劳动力由体力劳动者为主向知识劳动者为主的转变正在加速进行。

彼得·德鲁克将知识工作者描述为是那些掌握和运用符号及概念，利用知识或信息工作的人。加拿大学者弗朗西斯认为，知识型员工就是创造财富时用脑多于用手的人（王震林，2010）。知识劳动者具有如下主要特点：一是拥有重要的生产资料；二是平均工作年限较长；三是有较强的成就动机；四是劳动过程难以监控。这些特点都使得知识劳动者的自我管理成为其适应并立足社会的必须。

知识劳动者拥有重要的生产资料：存于自身的知识——要求原本就是资源管理者的知识劳动者具有自我认知、自我规划、自我决策等全面的自我管理能力。知识劳动者掌握着"知识"这种当今社会最关键性的生产要素的生产、分配、使用权，已经成为这种特殊资源实质上的管理者，客观就须肩负提高这种特殊资源配置效率的责任。为有效地配置自我的知识资源，知识劳动者流动性增强，从业者变化岗位的频率已显著提高，"跳槽"已成为当今社会职场中的普遍现象。在新型职业生涯发展模式中，个人未必终生在一个组织中工作，而会在多个组织中发展自己的职业生涯，同时对于职业生涯成功的评价标准也发生了变化。职业成功不再仅仅通过外在成果（职务晋升和收入增加）来衡量，而是更重视内心的成就感和满足感（孔海燕，2012）。"知识令资源更具流动性。同体力劳动者不同，知识工作者通晓生产方法本身，他们的知识装在自己的脑子里，随时都可以带走。"（彼得·F. 德鲁克著、孙忠译，2000）知识劳动者的自我发展和职业定位的责任必须由个人自己承担，回答诸如"我现在需要承担哪些责

---

❶ 根据全国第六次人口普查数据计算。
❷ 根据教育在线（http://www.eol.cn/html/c/2014gxbys/）的数据计算。

任？我现在能胜任哪种工作？我现在需要积累哪些经验，掌握哪些知识和本领"之类的问题，必须在很大程度上成为个人的责任。❶ 自我管理是人事方面的一场革命。这场革命向个人尤其是知识劳动者提出了前所未有的新要求。就基本内容而言，它要求每一个知识劳动者像首席执行官那样思想和行动。❷ 知识劳动者的工作是为自己的工作。大学生要想使自己能在今后激烈竞争的职场中保持较强的竞争力和较高的效能，不断取得进步和成功，就必须具有较强的自我认知能力、职业规划能力、自我决策能力，必须做好自我管理。通过正确的自我认知明确自我的优势及潜能，进行合理的自我规划明确自我职业归属，正确进行自我职业定位和职业选择，使自己的知识资源产生最高效率。

知识劳动者平均工作年限较长——要求知识劳动者终生学习，具有管理好自己的后半生并应具备能从事若干种职业的能力。荷南壳牌石油公司做过的一个关于企业寿命的统计表明，1970 年被美国《幸福》杂志列为世界 500 强的企业，到了 1983 年有 1/3 已经销声匿迹了。20 世纪 70 年代以来，世界范围内的企业平均寿命在缩短。在美国，平均有 62% 的公司存活不到 5 年，寿命超过 20 年的公司数量只占总数的 10%，只有 2% 的公司能存活 50 年；美国的高新技术企业只有 10% 能活过 5 年。❸ 而在知识经济社会，发达国家人均寿命已达 80 多岁。知识工作者在大学读完各种学位才 30 岁左右，他们的实际工作寿命可能会长达 50 多年。知识工作者的实际工作寿命远高于企业的平均寿命，因此，终生都须为胜任一种以上的工作、任务或事业做好准备。正如德鲁克所说，在个人，尤其是知识劳动者的平均寿命超过 20 世纪初期任何人预测的任何界限的同时，用工机构的平均寿命却实际缩短了，并且有可能进一步缩短。……知识劳动者的平均寿命可望超过雇用他的组织，而他们得为自己的后半身做好新的职业生涯、新的技能、新的社会认同和新的关系的准备。❹ 这要求大学生们明确，知

---

❶ 〔美〕彼得·F. 德鲁克著：《个人的管理》，沈国华译，上海财经大学出版社 2003 年版，第 139 页。

❷ 〔美〕彼得·F. 德鲁克著：《个人的管理》，沈国华译，上海财经大学出版社 2003 年版，第 265 页。

❸ 郭海龙：《现代化与自我管理问题研究》，社会科学出版社 2007 年版，第 211 页。

❹ 〔美〕彼得·F. 德鲁克著：《个人的管理》，沈国华译，上海财经大学出版社 2003 年版，第 3 页。

第一章 自我管理能力的相关理论

识工作者须自觉地进行自我管理，具备自我学习、自我完善等各方面的自我管理能力以使自己保持竞争优势，能毕生从事有意义、有价值的工作。

知识劳动者有较强的成就动机——要求知识劳动者具有较强的自我学习能力、自我创新能力、自我调控及自我完善能力。知识劳动者更强调自我价值的实现，更强烈地期望得到社会的认可，更愿意从事挑战性、创造性的工作，将攻克难关作为实现自我价值的方式。知识劳动既不能用数量也不能用成本来确定其意义，而只能用结果来确定其意义。❶ 即知识劳动者的成就与价值实现只能用效能、贡献来评价。根据德鲁克的观点，个人的自我成就与发展在很大程度上取决于重视贡献的态度。能够自问"我能为组织业绩所作的最大贡献是什么"的人，实际上是在问"我需要什么样的自我发展？为了作出贡献我必须掌握哪些知识和技能？我应该在工作中发挥哪些长处？我应该为自己确定什么样的标准？"❷ 知识劳动者只有能不断地将知识转化为价值，才是社会需要的人才。因此，知识劳动者必须具备较强的学习、创新能力，不断地挑战自我、超越自我，不断地用知识创造知识，才能让自我保持较高的效能和竞争优势，实现自我价值。

知识劳动者的劳动过程难以监控——要求知识劳动者具有较强的自我约束、自我决策、自我控制能力。知识劳动者多以弹性工作制从事思维性活动，其劳动过程可发生在任何时间与场所，对他们的工作监控既无必要，也无可能。德鲁克曾说"知识工作者是不能采取严格监督和详细指导的办法来对待的，只能用帮助的办法……谁也无从知道知识工作者在想什么，然而想是他的特定工作，想就是他在'干工作。'"（彼得·德鲁克著、吴军译，1985：4）知识劳动者不生产任何具有效能的物质产品，而是生产知识、创意和信息，他们的工作时间、工作地点并不完全固定，但他们确为各项工作任务实施中的实际决策人。知识劳动者须明确自己就是自己的管理者，发挥主观能动性自我约束、自我激励、自我调控，通过自我管理出色地完成各项工作。

---

❶〔美〕彼得·F. 德鲁克著：《个人的管理》，沈国华译，上海财经大学出版社2003年版，第92页。

❷〔美〕彼得·F. 德鲁克著：《个人的管理》，沈国华译，上海财经大学出版社2003年版，第120页。

（二）大学生自我管理是企业组织形式及工作制度变化的必然要求

知识经济时代生产手段（人的知识、技能）与劳动力实现了一体化，这就必然导致生产（工作）及其组织方式的变革，使生产（工作）及其组织趋向分散化：自组织企业与日俱增；组织结构日趋扁平化——矩阵制组织、以自我管理团队为基础的团队型组织、网络型组织（虚拟企业）等；工作时间弹性制；工作地点灵活性等特点。而信息网络技术的发展为实施这种生产及其组织方式的变革提供了可能，创造了条件。

自组织企业，是指不用存在外部指令，按照相互默契的某种规则，各尽其责而又协调地、自动地形成有序结构的组织（韩凤娟，2012）。自组织企业以自我管理作为企业的组织结构原则，它是信守承诺、不用强迫手段、没有任何头衔、不需要发号施令、没有单方面解雇人员的权力、互为同事、打碎一切等级制度的扁平化的自我管理型企业。自组织企业中工作的每个人"都自由地、无约束地发挥他最大的能力和专业技能去从事他的工作……还具有同样的自由程度去为了提高业绩而进行创新变革，在工作场所，不存在任何阻碍沟通的屏障，每个人都可以和其他任何人商量事情，不管是否同一部门或同一工种（道格·柯克帕特里克著，唐斌地等译，2013）。自组织企业用"同事"取代了"雇员"，每个人都是为了自己的成就而工作，都是企业的"当家人"。现阶段我国越来越多的大学生们正是选择"自组织企业"进行创业。

扁平化组织，是通过破除公司自上而下的垂直管理结构，强调管理层次的简化、管理幅度的增加与分权而建立的一种紧凑的横向组织。目的是使组织变得灵活、敏捷、富有柔性及创造性。其组织具体形式主要有矩阵制组织、团队型组织、网络型组织（虚拟企业）等。无论哪种扁平化组织都具有如下显著特点：都淡化了部门垂直边界，消除了部门间、职能间、科间、专业间的交流与沟通障碍，强调相互协作完成组织任务达成共同目标；都赋予团队成员极大的自主决策权，可以自主进行计划、解决问题、决定工作优先次序、支配资金、监督结果、协调与其他部门或团队的有关活动等；都通过分散权力和责任来激发人的积极性、能动性并扩宽管理幅度；组织中的影响力并非完全来自职权，知识、信息、人格魅力等因素往往超越职权的影响范围，在决策和日常运作过程中发挥更大的作用；等等。为能有效降低成本、提高效率，在知识经济的发展中保持竞争优势，组织结构更加扁平化成为必然的趋势。

知识经济社会中，知识劳动者从因特网上获取劳动对象——知识和信息，并利用劳动工具——个人的智慧和创造性思维去创造新知识，多为远程办公，这使工作时间、地点都不再受限制，本来必须在固定时间到工厂、车间、办公室才能从事和完成的工作也可在其他时间和地点完成。

如德鲁克所说："未来的典型企业应该被称为信息型组织。它以知识为基础，由各种各样的专家组成。这些专家根据来自同事、客户和上级的大量信息，自主决策、自我管理。"❶ 在知识经济社会，生产（工作）分散化的组织方式、弹性工作制等都对人们的自我管理能力提出了更高的要求，人们必须具备较强的自我管理能力，尤其是自我决策能力、自我创新能力、自我调控能力才能适应并胜任工作，这对未来知识经济社会的主力军——大学生们加强自我管理能力的训练就显得更加重要了。❷

（三）大学生自我管理是管理模式变革的必然要求

知识经济社会中，管理的内涵发生了重大变化。管理已从最初关注的是"如何通过机器增加工作成果，提高工作质量"，进步到"如何通过人力增加工作成果，提高工作质量"，而现在更是发展到以"如何通过工作发展自我"为管理的重点阶段。

在自己拥有知识资源的知识劳动者为主体的知识经济社会中，"管理者"这一称谓，泛指知识工作者、经理人员和专业人员，由于其职位和知识的特殊性，他们必须在工作中做一些影响整体绩效和成果的决策……任何一个做决策的人确定可以被称为是一个管理者。❸ 管理者的正确定义应该是应用知识并取得成效的人。❹

管理的本质是协调。就协调活动本身来说，被管理者的配合程度直接影响着协调的最终成效（鲍田原，2001）。知识经济社会中的管理是人本管理。人本管理克服了把组织中的绝大多数成员放在被管理的地位上，忽

---

❶ 〔美〕彼得·F. 德鲁克等：《知识管理》，杨开峰译，中国人民大学出版社1999年版，第3页。

❷ 严中华、蔡美德、彭文晋：《大学生自我管理技能开发》，华南理工大学出版社2000版，第14~15页。

❸ 德鲁克：《德鲁克管理思想精要》，李维安、王世权、刘金岩译，机械工业出版社2009年版，第162页。

❹ 彼得·F. 德鲁克著：《个人的管理》，沈国华译，上海财经大学出版社2003年版，第43页。

视他们的自觉能动性和应当承担的管理责任,限制他们管理才能地发挥等传统管理的缺陷,在深刻认识人在社会经济活动中的作用的基础上,突出人在管理中的地位,实现以人为中心的管理。追求人本就是追求以人的个性为本,以人的创造性为本,以人的自我实现为本,以人的价值最大化为本。以自我管理为最终追求目标的人本管理,是管理理论发展的必然结果。人本管理的核心即自我管理。

在知识劳动者作为管理者的知识经济社会中,管理的含义不再仅仅是管理者去管人、教人了,管理的重要内容应该是管好自己。现代管理更侧重于"动员"(mobilising),而非"组织"(organising)。……只有个人发挥最大潜能,组织才能获得持久的巅峰表现,这就是自我管理的意义所在(杰克迪希·帕瑞克著,许思悦等译,2004)。强调自我管理,是因为管理责任的最终落脚点是个人。一切管理效果最终由员工自我决定,员工个人的自我管理决定着当今社会组织的管理效率。大学生具有自我管理能力,才能适应现代管理模式发展变化的需要。

综上分析,社会的发展与变革迫切需要全面培养作为未来知识劳动者的当代大学生的自我认知、自我规划、自我激励、时间管理、自我职业选择、自我决策、自我沟通、自我学习、自我控制等各方面的自我管理能力。

二、大学生自我管理是实现个人全面发展的必然要求

马克思主义认为,人的全面发展是指每个人自由、全面而和谐的发展。人的自由发展是指个人能按照自己的意愿、兴趣和社会需要相对自由地发展自己,而不受强制和消极限制;人的全面发展是指个人各方面的充分或最大限度的发展;人的和谐发展是指在发展中个人各个方面的关系都能处于最佳状态。在这种发展中,人的主体性得到了充分发挥,个人发展和社会发展达到和谐一致,人的类本质特征和社会关系得到充分的展现,每个人普遍地、现实地、彻底地感受到自我的本质和价值的实现。可见,人的全面发展是指个人各方面的充分或最大限度的发展。它包括唤醒人在进化过程中所获得的各种天赋潜能素质,使之获得最充分的发展和发挥;人的对象性关系的全面形成和个人的社会关系的高度发展等基本内容。社会发展的最终目标是实现人的全面发展,而社会的发展也取决于人的全面发展,正如恩格斯所说,"人们总是通过每一个人追求他自己的、自觉预

期的目的来创造他们的历史"❶。

人的全面发展包括极其丰富的内涵：一是个人"类特性"的全面发展。马克思曾指出，自由自觉的创造性活动是人之为人的本质特征，是人的类特性。自由自觉的创造性活动体现的是个人主体性。二是个人"社会特性"的充分发展。包括：个人与他人不仅以作为社会成员的身份发生相互关系，而且还以个人身份发生相互关系；个人与他人交往时，把他人当作发展自己力量所需的对象；个人的主要社会关系保持和谐发展；个人积极参与社会生活的各个领域和各个方面的交往，并发生全面而丰富的联系；个人之间的关系成为他们之间的共同关系并服从他们的共同控制。三是个人"个性"的充分发展。包括：个人自身中的自然潜力的充分发挥；个人的肉体和心理的完善；个人需要的相对全面和丰富；相对丰富全面而又深刻的感觉；精神道德观念和自我意识的全面性；个性的自由发挥（韩庆祥，1996）。

而要将人的"类特性"、"社会特性"和"个性"的丰富性表现出来，将积极性调动起来，就必须进行自我管理。因为，人的全面发展是贯穿自我管理活动中的理想目标和最高原则。❷ 唯有以自我认识、自我设计、自我组织、自我学习、自我协调、自我控制、自我完善、自我实现等为内涵的自我管理，才能构成人的全面发展的重要实现途径和微观机制，唯有自我管理能力才是人全面发展的现实条件和基础。通过自我管理才能在不断的创造性活动中体现个人的自由向度，培养和造就自我的各种才赋和能力，最终实现自我价值达到个人的全面发展。

全面发展的人一定是能够卓有成效地进行自我管理的人。人的全面发展必须实施自我管理，通过提升自我管理各方面的能力才能实现。

（一）大学生自我管理是合理确立自我全面发展目标的必然要求

人的全面发展必须有目标导向。通过自我认知、自我设计才能合理确立自我全面发展的目标。德鲁克指出"关于自我发展，有一点我们都很清楚：人们一般根据自己所确定的要求发展成长，而知识劳动者尤其如此。

---

❶ 《马克思恩格斯选集》第 4 卷，人民出版社 1995 年版，第 248 页
❷ 郭海龙：《现代化与自我管理问题研究》，社会科学出版社 2007 年版，第 137 页。

他们按照被自己视为成就和造诣的东西发展自己"。作为知识劳动者的大学生们,想成为什么样的人,才有可能去努力成为什么样的人。目标决定着大学生们个人全面发展的根本方向。进行自我管理,通过客观且正确地自我认知,才能真正明确自己的价值观、人生观、世界观,明确自己的优势、不足与潜能,明确自己的职业归属,明确自己应该如何生存与发展等决定人生发展的关键性问题;通过围绕自我价值实现和全面发展的最终目的合理地进行自我设计,才能制订出自我全面发展的总体目标和切实可行的各阶段的具体发展目标,使自己能在明确的自我全面发展目标体系的指导下,确保努力方向不偏离既定的全面发展的轨道,自我潜能和价值都能得到最充分的发挥和实现。

(二) 大学生自我管理是践行自我全面发展目标的必然要求

人的全面发展是一个由片面到全面、由畸形到完整、由贫乏到丰富、由潜在到现实的不断自我完善、自我实现、累积并创造自我价值的自我管理过程。

1. 自我管理是大学生自我完善的需要

人在不断妥善解决自我矛盾的过程中才能进行自我完善。人的自我意识由物质自我(个体对自己身体的意识)、社会自我(个体对自己在社会关系中的地位和作用、权利和义务的意识、)、精神自我组成(个体对自己心理的意识)组成。自我意识会分化成主体自我和客体自我、理想自我和现实自我等形式。主体自我不断认识和改造着客体自我;理想自我不断评价和塑造着现实自我。而人总是以特定的把自身作为起始的观点来理解他生于其中的世界,并寻求和根据这同一观点来操纵这一世界。他借以发现世界的过程是以他的自我为中心的(阿格尼丝·赫勒著,衣俊卿译,1990)。这就会产生自我在认识、情感和意志上的不一致,理想与现实不相符,导致自我矛盾。"心理学研究表明,人所谓的自我不是一个,而是多个自我。这多个自我协调工作,就是正常的人,如果不协调工作,就变成精神病者,叫精神分裂症"(钱学森,1985)。解决自我矛盾就需要改变存在于我们思想和行动中的某种假定,这将意味着同我们在外表上已经取

---

[1] 〔美〕彼得·F. 德鲁克著:《个人的管理》,沈国华译,上海财经大学出版社 2003 年版,第 121 页。

得的进化一样多的内部的进化。现在,进化的先锋就是内省意识。如果进化的确向更高水平的综合努力前进的话,那么在人类意识的领域中,就将发生最关键性的变革。实际上进化的过程现在已在我们每个人身上变得内在化了(彼得·拉塞尔著,王国政等译,1991)。即需要个体的心理革命,需要我们基本自我模式的深刻转变,通过"自省"改变错误的认识,使每个人心中产生的自责成为阻止犯错误的内在精神力量。这就必须进行自我管理,接受社会规范的制约与社会的教化,通过自我学习、自我反省、自我约束、自我调节和自我控制,才能解决好主体自我和客体自我、理想自我和现实自我的矛盾,才能实现物质自我、社会自我、精神自我的统一,按照自我全面发展目标矫正自己的心理和行为,让自我发展中各个方面的关系都能处于最佳状态,有效推进大学生个体的自我完善。

2. 自我管理是大学生自我实现的需要

马斯洛认为自我实现的需要是人的本质需要。按照他的观点,一个人要想具有完整的人性,他的基本需要和超越性需要都必须得到满足。"只有在为我们所缺乏的事物而奋斗时,在希望得到我们所没有的东西时,在我们将自己的力量积蓄起来以便为满足这种愿望而奋斗时,才会把自己的各种本领都最大限度地施展出来"。意即自我只有不断超越自己,使自己趋于自己设定的存在状态,在不断地自觉追求中才能真正达到自我实现。而自我实现与自我管理紧密相连,自我实现是自我管理的目标(郭海龙,2007:90)。自我管理是自我实现的保障和具体体现;自我实现的过程亦即不断进行自我管理的过程。

3. 自我管理是大学生创造自我价值的需要

大学生的价值是指他们所具有的知识、能力,以及能够凝聚、启动并发挥这些知识和能力作用的、为社会创造价值的良好心理素质、道德素质、思想素质、政治素质以及身体素质。大学生价值的大小与其内在文明素质紧密相关,文明素质越高,其认识能力、创造能力就越强,自身的价值就越高,所能创造出的社会价值也就越大。如同通常的管理是社会生产力发展和社会经济价值创造的有效工具一样,自我管理也是个人生产力和自我价值创造的有效工具和手段。通过自我管理可以使人们的价值形成链

---

❶ 马斯洛著:《人格和动机》,许金声、陈朝翔译,北京华夏出版社1987年版,前言。

得以有效展开，使人格素质得到不断提高；通过自我管理可以使大学生的内在的资源（价值观、时间、心理、身体、行为、信息等）进行有效地分配和整合，充分地开发个人的潜能，实现个人的全面发展和创造更高的自我价值。

假若大学生们能合理地管理自身的心理，将提高自身的认知水平，增强自身对情绪的控制力和意志力；能合理地管理自我的时间，将加速个人的发展进程，创造更多的价值，实际上相当于延长了自身的生命；能合理地管理自己的身体，将使自身变得更为强健和富有活力；能合理地管理自己的知识和信息，将使自身变得更加聪明和博学；能正确合理地对自己校内的社会工作角色进行定位和管理，不但将使自己获得更多的管理知识和技能，还将有机会学会处理人际关系的正确方法；能合理地管理自身的价值观、动机和行为，将使自己的每一项活动都成为一个有效的学习过程，一个使自我价值逐步增值、素质不断提高的过程。❶

（三）大学生自我管理是自我成就的必然要求

全面发展获得人生成功的人是能作出贡献、享受了充实的人生和实现了自己人生意义的人。实现全面发展走向人生成功需要围绕如何发挥自己的优势和实现自我价值，依靠自觉的自我管理来获得。自我管理、自我完善、自我实现是完整的同一过程，自我管理是成功的基础和途径（李涛、张宗健，2002）。

人的全面发展和成功并不完全取决于智力、情绪或性格的某个单项指标是否高超，而是取决于各单项指标之间的有机结合程度，这种有机结合则需要较高的自我管理能力。虽然如智力等人的某些自身条件较难改变，但通过自我管理去正确认识自身的智力、情绪或性格等特征，并加以妥善管理，促进单向指标间的有机结合，就能不断提高自己的综合能力。一个有较高自我管理能力的人，不仅能够较合理有效地安排各项工作任务，而且在客观理解他人、摆正自己与他人位置方面也有着天然的优势，于是便在自身与环境、主观与客观这两个方面都能实现基本条件的最佳利用，把

---

❶ 严中华、蔡美德、彭文晋：《大学生自我管理技能开发》，华南理工大学出版社2000版，第9~10页。

第一章 自我管理能力的相关理论

自己安排在一个最能作出贡献的地方，从而大大提高了事业和人生的成功率。❶古今中外但凡有成就的人，其成就过程都离不开严格的、科学的、不懈的自我管理，否则就无法遇逆境而不折，处顺境而不惰。"历史上那些极成功的人——拿破仑、达芬奇、莫扎特，一直都在进行自我管理，在很大程度上，也正是自我管理使他们成为伟大的成功者"（彼得·德鲁克著，2000）。

自我管理不仅有助于个人高效地服务于组织和社会；更有助于个人能自如地舒展身心，拥有更精彩、更丰富、更满足的生活，使人的自我知识、技能、态度、创造性、智慧和意识有机的组合，使自我的职业发展和社会生活更有效地融为一体，使人的"类特性"、"社会特性"和"个性"都得到最充分、最和谐的全面发展和发挥，最大限度地、彻底地感受到自我的本质和价值的实现。大学生自我全面发展的实现和人生最终成功的取得，必须进行持续的且卓有成效的自我管理。

三、大学生自我管理是体现高等教育实质、提高教育质量的必然要求

素质教育是现代高等教育（又称大学教育）的根本。我国深化教育改革的方向是全面推进素质教育。在现代社会的教育体制中，高等教育是培养大学生作为知识劳动者进入社会的最后一个门槛，因此，大学作为学生综合素质与能力教育整个链条中的最后一环显得尤为重要。从苏格拉底的大学理念开始，大学一直是作为一种文明延续和发展的空间而存在，以培养具有深厚人文底蕴、创新意识、理性精神、综合素质、掌握专业知识且能为社会创造价值的独立个体作为教育的目标。善于自我管理将是大学生成功学习和面对知识经济社会各种挑战所必须具有的最基本的能力与素质之一。大学生自我管理是知识经济的发展对提高我国高等教育质量的必然要求。

（一）大学生自我管理是体现高等教育实质的必然要求

我国著名教育家陶行知先生曾大力倡导"学生自治"，主张让学生学会自己管理自己，认为学校的教育应当注重培养学生具有自我管理的能

---

❶ 上官子木：《成功＝有效自我管理》，中国青年报，2003－10－04。

力、自我约束的能力，以适应未来社会发展的需要。前苏联教育学家苏霍姆林斯基认为"唤起人实行自我教育的教育，按照我的深刻信念，乃是一种真正的教育"（苏霍姆林斯基著、肖勇译，1983）。德国教育之父洪堡认为，教育必须培养人的自我决定能力，而不是要培养人去适应传统的世界，不是首先要去传授知识和技能，而是要去"唤醒"学生的力量，培养他们自我学习的主动性、抽象的归纳力和理解力，以便能使他们在目前尚无法预料的未来种种局势中做出有意义的自我选择。帕森斯认为，社会系统的机制包括社会化机制与社会控制机制，而个体人格的形成首先是一个社会化的过程，即个人被社会所整合，将社会价值观念内化为自身独立人格的过程。这种内化早期是在家庭中以"认同"方式进行，随后在社会化机构中以社会学习的方式继续进行。早期内化价值是一般性的，形成基本的个性结构；成年后的内化价值则带有特殊性，形成各种各样的人格结果。高等教育对大学生人格形成的作用极其重要。

真正的教育是自我教育的教育。自我教育是教育的目的和归宿。素质教育的主要内容之一就是培养大学生的"自主学习、自我教育和自求发展"的能力，而这些能力的发展需以大学生的自我管理能力的提高为基础和前提。大学生的自我管理，是指大学生们对自己本身，包括对自己的目标、思想、心理和行为等表现进行的管理，其主要特征是自己把自己组织起来，自己管理自己，自己约束自己、自己激励自己（朱合理，2013）。自我管理依据"外因是变化的条件，内因是变化的根据"这一哲学的基本原理，强调的正是个人生存、发展中内因的决定性作用。

教育作为培养人的社会活动，必须与时俱进。知识经济的发展要求知识劳动者具有正确的自我认知、自我规划、自我学习、自我决策、自我调控、自我完善等方面的自我管理能力；知识经济社会使终身教育逐步成为人们的生活必需，要求"通过多种自我教育的形式，向每一个个人提供在最高、最真实程度上完成自我发展的目标和工具"（保罗·朗格让著；滕星等译，1988）。使知识劳动者能保持竞争能力、创新能力；知识经济的发展要求知识劳动者具备更高的适应社会的智能。"人类智能是人类个体在复杂多变的社会环境中，能有效思想和行动以达成既定目标的学习和应变能力"（高灯，2007）。智能中的思维能力、社会学习能力、自我反思和自制能力、社会认知能力、人际关系能力、自我激励与行动能力等，正是自我管理能力中的基础能力。智能的发展依赖于自我管理能力的培养。时代与社会的发展已对我国的高等教育提出了新的更高的要求，我国的高等教育必须大力推行自我管理式教育与自我管理式学习积极应对。教育理念上需明确大学生既是被教育者，同时又是教育者——他们是自己的教育者。正如前苏联著名心理学家维果茨基所说，学生归根到底是自己教育自己，在他自己身上而不是在别的任何地方发生着长期地决定他的行为的各种影响的决战，这就要求教育重心不能放在直接地改变学生的心理和行为上，而是要认真探索如何依据人的生命运动规律去充分调动学生的身心自动调节功能，进行自觉地思维创造和行为控制活动。一句话，让学生学会自我管理和自我教育，这是取得最佳教育效能的根本所在。离开了学生自我管理能力的培养，教育也就失去了成功的可能。大学生自我管理是我国高等教育强化素质教育实质性的重要内容，也是教育的基本精神之所在。高度重视培养大学生的自我管理能力，最大限度地激发他们的潜在智能，让其在大学期间能学习独立思考和自由创造，懂得如何生存、怎样适应，明确创造实现自我人生价值和社会价值的目标和路径，才能真正较好地体现出教育的实质。

（二）大学生自我管理是提高大学教育质量的必然要求

长期以来，我国的高等教育过度专注于专业教育，努力构建学生的专业知识体系，而疏于学生的综合素质与能力的培养，教育质量令人堪忧。始于20世纪90年代末的"大跃进"式的高校扩招，更加剧了中国高等教育的质量问题。中国普通高校的招生人数1999年、2000年、2001年与1998年相比，3年共扩招300多万人，由每年108万人增至270万人，翻了一番多，普通高校学生规模增长近一倍。美国斯坦福大学校长说，如果斯坦福的校园面积增加一倍，学生的人数也增加一倍，那么，这所大学要花20年才能达到原有的教学质量。"扩招"不仅使大学在某种程度上成为批发文凭的市场，忽视和牺牲了大学精神、潜藏严重的人文危机等问题，更使高等教育质量受到极其严重的影响。哈佛大学终身教授、国际数学大师丘成桐先生认为，以目前国内的本科教育模式，不可能培养出一流人才，中国大学生的基础水平，尤其是修养和学风正在下降。2005年8月中国青年报和新浪校园频道针对我国大学的教育质量情况进行的联合调查中，表态赞成这一观点者的比例高达92.3%。高等教育质量问题的严重性由此可见一斑。

迈克尔·波兰尼（Michael Polanyi）认为："人类的知识有两种。通常被描述为知识的，即以书面文字、图表和数学公式加以表述的，只是一种类型的知识。而未被表述的知识，像我们在做某事的行动中所拥有的知识，是另一种知识。"他把前者称为显性知识，而将后者称为隐性知识。野中郁次郎（Ikujiro Nonaka）认为：隐性知识是高度个人化的知识，很难规范化也不易传递给他人，主要隐含在个人经验中，同时也涉及个人信念、世界观、价值体系等因素。隐性知识是主观的经验或体会，不容易运用结构性概念加以描述或表现的知识。知识经济社会中，隐性知识的重要性日益凸显，隐性知识通过分析和整理，并将其进行系统化、载体化处理后，可转化为显性知识，这就是知识创新的过程。隐性知识是企业创新的源泉，它能够不断为企业带来利益，是形成企业核心竞争力的最宝贵资源。对于以知识为核心资产的知识密集型企业而言，隐性知识对企业的发展更是至关重要。知识经济社会中的企业必然对于组织成员的隐性知识提出更高的要求。

可我国的高等教育恰恰忽略了隐性知识教育。长期的学校教育以隐性知识的缺失换来显性知识的高积累，高强的学习压力使学生个人早期形成的兴趣与特长受到压抑，使那些最适宜使个人获得成功的基因发生畸变。原本是多元发展的诸多个体都被强制规划到同一模式中，致使个体自身的一些天然优势逐渐弱化。功利化的求学期使职业探寻期开始得太晚；只重视生命的头30年，使个体生命的有效利用率太低；每一代人终其一生都在忙于生存，而不是自我发展，导致整个社会缺乏创新方面的代际积累和代际传递（上官子木，2008：序1）。应试教育耗尽了人生前18年的精力。更糟糕的是，这18年中没能发展出必要的选择能力，没有机会发现自己的长处与潜力，没有确立与兴趣、与能力都相符的人生目标。……绝大多数学生在这种划一的教育中，不仅耗尽了自己全部的时间和精力，而且还在做着远离自己潜力和发展方向的负功。[1] 隐性知识教育的缺乏是导致我国高等教育质量问题的重要原因，必然导致接受几十年传统教育的学生，普遍缺乏包括自我管理能力在内的隐性知识，走入社会后难以应对各种挑

---

[1] 上官子木：《反思中国人成才障碍》，北京航空航天大学出版社2008年版，第126页。

战,更难以实现自我人生价值、获得成就与发展。

自我管理的技能是一种重要的隐性知识,隐性知识的具备是成功的关键。一个人的综合能力与智慧取决于自身的自我管理能力,因此,个体所具备的自我管理能力对于成功来说,比起所具备的具体学识和技能更具有决定性作用。❶ 学习隐性知识的唯一方法是领悟和练习,进行自我管理是强化大学生隐性知识教育、提高大学教育质量的重要措施和根本途径。

---

❶ 上官子木:《反思中国人成才障碍》,北京航空航天大学出版社2008年版,第50页。

第二章 大学生自我管理能力问卷调查与因子分析

　　培养与提高大学生自我管理能力的正确路径与有效方法的选择，应建立在客观、准确认识其自我管理能力现状的基础上，这就需要搜集涉及大学生自我管理能力多个指标的观察数据才能进行分析与研究。由多项测量指标综合而成的"量表"是人们在社会科学研究中广泛应用的确定主观、抽象概念因素的定量测量工具。量表研究有助于对大学生自我管理能力构成要素间的因果关系、相关关系进行直接辨别，并能对研究结果的效度、信度进行准确的测量。本章编制大学生自我管理能力的测量量表，把大学生自我管理能力作为待测量的概念，将大学生自我管理能力量表运用于问卷调查，将问卷调查中的各个受访学生对整套问题的回答综合起来计算其自我管理能力量表的得分，进行因子分析。

　　本章采用李克特量表，每一题的陈述有"非常同意"、"同意"、"不一定"、"不同意"、"非常不同意"五种回答，分别记为1、2、3、4、5，每个被调查学生的态度总分为他对每道题目回答分数的加总，这一总分说明态度强弱或他在这一量表上的不同状态。

　　为了在调查问卷量表分析中得出综合的、一致性好的结论，需要考虑各指标之间的关系，从多个指标中提取较少的综合指标来反映存在于各个变量的信息，并且探讨对量表指标的变化起支配作用的潜在因子。因此，在对量表测量的数据进行整理的基础上，笔者运用 SPSS 软件的因子分析，探析对大学生自我管理能力量表指标的变化起支配作用的潜在因子。

第一节　量表中的大学生自我管理能力构成要素

　　量表包括如下内容：一是面向未来进行职业选择的大学生自我管理能

力内涵应包括的五个关键内容要素,分别为:职业选择能力、时间管理能力、效率调控能力、决策能力、沟通能力;二是影响大学生自我管理能力的内外影响因素,主要包括:过去的成长经历对大学生自我管理能力的影响、对未来发展的主观预期、客观预期以及他人和环境对自我管理能力的影响。在文献分析的基础上,我们将概念划分为下述组成因素,以便测量。

职业选择能力,将其划分为两个组成部分:一是职业定位能力,能根据个人职业兴趣明确自己适合的职业;二是职业吻合度,考虑职业选择时能考虑与自己的专业相符,与自己的学历水平相当,并与外部市场用人需求对接。

时间管理能力,将其划分为四个组成部分:一是时间管理目标明确,能根据职业定位来确定长期目标,并将长期目标短期化,区分关键目标,将不同层次的目标相互协调,目标难度适中,可以在明确的时间限制内完成;能将个人目标与团队目标有效衔接;二是时间管理观念主动,能够自觉主动安排时间,不需要他人施加压力,时间安排有始有终,松紧得当;三是时间管理条理性,能够区分事情的轻重缓急,将主要的时间和精力用于处理规划类的事情;四是时间管理的连续性,能够连续记录自己每日时间的使用状况,明确被浪费的时间,不断改进时间管理。

效率调控能力,将其划分为四个组成部分:一是面对外界环境能积极主动地回应环境;二是能以最终目标作为开始行动的起点(简称"以终为始能力");三是能在多角色下安排和执行关键事项,要事第一;四是能针对自己学习风格提高学习效率,能妥善改进任务的能力。

决策能力,将其划分为两个组成部分:一是决策思维,逻辑与直觉并用地来做好决策,能使用直觉做选择并用逻辑进行检验;二是决策行动,能够正确地提出问题、能搜集全面信息、分析方案、选择行动方案、将方案落实到行动并在行动中和行动后检查执行效果,将执行过程和结果反馈给决策。

沟通能力,将其划分为三个组成部分:一是有效的倾听能力,倾听中能带有明确的意图并掌握倾听中非言语信息和言语信息的运用方式;二是信息处理,能在沟通中与他人充分配合,充分传递信息,与对方的观点求同存异;三是有效的诉说能力,坦率客观地传递信息,非言语信息和言语信息并用使对方理解。

个人过去成长经历，将其划分为两个组成部分：一是个人长处发掘能力，能回顾自己过去的活动，明确自己的优劣势；二是个人价值观成熟程度，根据过去的活动，能明确个人价值观并能明确哪些职业和个人的价值观相符合。

个人对未来发展的预期，将其划分为两个组成部分：一是客观成就预期，能完成学业并取得一定的职业成就；二是主观成就预期，能在未来发展中明确自己对社会、对他人而言的多重角色，能对社会、对他人作出贡献并由此获得幸福感。

他人和环境对个体本身的影响，将其划分为三个组成部分：一是学校环境对大学生自我管理能力的影响，包括校园的软硬件环境和校园文化氛围环境的影响；二是家庭环境对大学生自我管理能力的影响，包括家庭给予大学生的经济、精神、人际等方面的支持；三是社会环境对大学生自我管理能力的影响，包括求职中的竞争态势、经济机会、社会制度因素和社会文化环境。

第二节　大学生自我管理能力：量表测量与问卷编制

建立大学生自我管理能力相关概念和构成要素后，需发展测量概念的指标。笔者通过问卷形式对中南财经政法大学武汉学院 600 多位在校大学生进行统计测量，剔除无效问卷后，采用李克特五点量表法，将极为同意到极不同意分别给予 5、4、3、2、1 的评点，以多重因素指标来表达各个组成因素。例如，表达"职业管理能力"的组成因素"职业定位"，将极为同意到极不同意分别给予 5、4、3、2、1 的评点分别给予问卷中的对应问题，然后就每一个评点得分进行加总，算出平均数，形成单一指标取值，该指标就代表着"职业定位"。

问卷调查采用随机抽样原则，选择对象尽可能兼顾了不同专业，包括财会、法律、金融、新闻、经济、工商管理、艺术、信息、外语等专业的学生，并兼顾男女比例。受访学生有较高的合作意愿，并具备基本的阅读理解和回答能力，问卷分发、调查、回收的过程在 8 周左右，问卷的作答质量和回收率较好，共回收 600 份有效答卷。而后采用社会科学统计软件 SPSS 进行统计处理，并针对研究要求和特征选择合适的统计方法，对自我管理能力的因素间的关系进行量化研究。

一、大学生自我管理能力调查问卷设计

大学生自我管理能力的调查问卷

同学：你好。这是一份针对大学生自我管理能力的科研调查问卷。你的真实回答对本研究具有重要价值。请你根据你的亲身经历和自身情况回答问题。你的回答只要能反映亲身经历和自身情况即可，不区分对错。调查内容仅用于研究，我们将对你提供的答案严格保密。非常感谢你的合作！

以下各题请根据你的实际情况在答题纸的相应选项上画圈。

数字代表的意思是：1——不同意；2——基本不同意；3——说不清；4——基本同意；5——同意。

（一）个人对过去生活经验的反馈分析能力

1. 个人长处发掘能力

（1）我能回顾近期我开展的活动并主动评价活动效果。

                    1 2 3 4 5

（2）我能通过过去的活动明确个人长处。 1 2 3 4 5

（3）我能通过过去的活动明确个人需要完善之处。 1 2 3 4 5

（4）我能借鉴汲取周围的人的经验教训取得进展。 1 2 3 4 5

（5）我能通过过去的活动明确效果差的原因。 1 2 3 4 5

（6）我能明确效果差的活动在知识上的欠缺，加以改善。

                    1 2 3 4 5

（7）我能明确效果差的活动在习惯上的欠缺，加以改善。

                    1 2 3 4 5

（8）我能明确效果差的活动在方法上的欠缺，加以改善。

                    1 2 3 4 5

（9）我能明确无法改善的劣势并有效规避劣势。 1 2 3 4 5

（10）我能将个人发展方向放在个人长处方面。 1 2 3 4 5

2. 个人价值观成熟程度

（1）根据过去经历，我已初步具备明确的个人价值观。

                    1 2 3 4 5

（2）我能确定各类价值观的重要性程度。　　　　1　2　3　4　5

（3）我能确定自己的核心价值观重要性排序。　　1　2　3　4　5

（4）我能明确与个人价值观相容的职业。　　　　1　2　3　4　5

（二）个人职业选择能力

1. 职业定位

（1）我能明确个人职业锚类型（I、R、E等）。　　1　2　3　4　5

（2）我能明确个人综合职业兴趣（IR、ES等）。　　1　2　3　4　5

（3）我能根据个人综合职业兴趣明确对应职业。　1　2　3　4　5

2. 职业吻合度

（1）我的职业定位与现有专业吻合度高。　　　　1　2　3　4　5

（2）我的职业定位与现有学历水平相当。　　　　1　2　3　4　5

（3）我的职业定位能与劳动力市场岗位需求相结合。　1　2　3　4　5

（三）个人时间管理能力

1. 时间管理明确性——目标导向

（1）我能将长期目标明确分解为中期、短期目标。　1　2　3　4　5

（2）我能区分目标是关键目标、使能目标、最好具备目标。

　　　　　　　　　　　　　　　　　　　　　　1　2　3　4　5

（3）我能将不同层次的目标（短期、中期、长期目标以及使能目标、关键目标）相互协调。　　　　　　　　　　　1　2　3　4　5

（4）我能订立明确的书面条款管理时间。　　　　1　2　3　4　5

（5）我的目标明确，可以任务测量完成进度。　　1　2　3　4　5

（6）我订立的目标难度适中，具有一定挑战性但能够完成。

　　　　　　　　　　　　　　　　　　　　　　1　2　3　4　5

（7）我的目标有明确的完成期限。　　　　　　　1　2　3　4　5

（8）我的个人目标与我所在团体的团体目标是一致的。

　　　　　　　　　　　　　　　　　　　　　　1　2　3　4　5

2. 时间管理习惯

（1）我的时间管理观念强，珍惜时间。　　　　　1　2　3　4　5

（2）我在时间管理上不需他人施加压力，能自觉合理地安排时间。

　　　　　　　　　　　　　　　　　　　　　　1　2　3　4　5

第二章 大学生自我管理能力问卷调查与因子分析

（3）我在时间使用上从不拖延，今日事今日毕。　　1 2 3 4 5
（4）我在事情进程安排上从不虎头蛇尾，能够有始有终。

　　　　　　　　　　　　　　　　　　　　　　　1 2 3 4 5
（5）我的时间安排留有余地。　　　　　　　　　　1 2 3 4 5
（6）我的时间安排松紧得当、一张一弛。　　　　　1 2 3 4 5

3. 时间管理条理性—轻重缓急

（1）我能够明辨事情的轻重缓急。　　　　　　　　1 2 3 4 5
（2）我对紧迫重要事宜，处理前先思考必要性，果断处理。

　　　　　　　　　　　　　　　　　　　　　　　1 2 3 4 5
（3）我将主要精力时间放在规划类的事情上。　　　1 2 3 4 5
（4）我对急迫不重要事宜，能有效控制时间占用。　1 2 3 4 5
（5）我对既不重要又不紧急事宜，避免时间占用。　1 2 3 4 5
（6）我能准确估计 A、B 事宜完成的时间。　　　　1 2 3 4 5
（7）我能确认事宜的最后完成期限。　　　　　　　1 2 3 4 5
（8）我能考虑多件任务的并列进行。　　　　　　　1 2 3 4 5
（9）我能考虑多件任务的先后串行。　　　　　　　1 2 3 4 5

4. 时间管理连续性—活动日志

（1）我能建立活动日志并连续记录时间的使用。　　1 2 3 4 5
（2）我能明确活动日志上的事项的轻重缓急。　　　1 2 3 4 5
（3）我能根据活动日志查明浪费的时间。　　　　　1 2 3 4 5
（4）我能明确浪费时间的原因。　　　　　　　　　1 2 3 4 5
（5）我能针对浪费时间的原因，纠正改善时间管理的行为习惯。

　　　　　　　　　　　　　　　　　　　　　　　1 2 3 4 5

（四）个人效率调控能力

1. 效率管理主动性

（1）面对外界刺激，我能积极主动决定刺激对自己的影响程度，有选择地回应。　　　　　　　　　　　　　　　　　1 2 3 4 5
（2）我把注意力放在力所能及的范围内，专心做力所能及之事。

　　　　　　　　　　　　　　　　　　　　　　　1 2 3 4 5

2. 以终为始

(1) 我以最终目标作为开始行动的起点，做之前认清正确方向。
                                                                        1 2 3 4 5

(2) 我能凡事先想后做，先构思再实施，富有创造力。
                                                                         1 2 3 4 5

(3) 我能自觉主动行动起来，不需他人督促。   1 2 3 4 5

(4) 我能超越环境限制，克服环境中的不利条件，不断进步。
                                                                         1 2 3 4 5

(5) 我能从学习、生活等多个方面为他人奉献。   1 2 3 4 5

(6) 我能够意识到自己在学校、家庭、社会中的多重角色，兼顾多方面角色下的目标平衡。   1 2 3 4 5

3. 要事第一

(1) 我能设想如何投入时间，在不同角色下进行不同要事。
                                                                         1 2 3 4 5

(2) 在多角色、多事项中，我能有选择地执行关键事项。
                                                                         1 2 3 4 5

(3) 对多角色的关键事项安排进度，进度安排松紧得当。
                                                                         1 2 3 4 5

4. 学习方法具针对性

(1) 我能够明确自己的学习风格类型：活跃/沉思、感悟/直觉、视觉/言语、序列/综合。   1 2 3 4 5

(2) 我能够对照自己的学习风格，有针对性地提升学习效率。
                                                                         1 2 3 4 5

(3) 我能够对事项的安排进度进行反馈评估。   1 2 3 4 5

(4) 我能够对事项的执行结果进行反馈评估。   1 2 3 4 5

(5) 我能提出针对性的改进补救办法。   1 2 3 4 5

（五）个人决策管理能力

1. 决策行动能力

(1) 我在决策前能够提出正确的问题。   1 2 3 4 5

(2) 我能区别问题是一般问题还是特殊问题。   1 2 3 4 5

(3) 我能够精简决策，只做出最必要的决策。   1 2 3 4 5

（4）我能在决策前，掌握与决策相关的充分的数据信息。

                1 2 3 4 5

（5）我能够集思广益，与他人进行智力互补。 1 2 3 4 5

（6）我认为决策的根本目的是缩小理想和现实的差距，而非完全实现理想。 1 2 3 4 5

（7）我明确决策的解决方案所需满足的具体要求。 1 2 3 4 5

（8）我会考虑决策在实施过程中必要的妥协、让步。 1 2 3 4 5

（9）我能根据决策方案，制订具体行动计划。 1 2 3 4 5

（10）执行决策时，我对行动反馈分析，检查决策的有效性。

                1 2 3 4 5

2. 决策思维能力

（1）我能将待决策的问题分类，明确该问题是机会决策还是问题决策。 1 2 3 4 5

（2）我能搜集足够多的相关信息进行决策。 1 2 3 4 5

（3）我能凭直觉准确决策。 1 2 3 4 5

（4）我能明确个人决策思维类型是逻辑型还是直觉型。

                1 2 3 4 5

（5）我能左右脑转换思考决策，以另一种思维类型看待问题。

                1 2 3 4 5

（6）我能远离决策并客观检查决策。 1 2 3 4 5

（7）我使用直觉扩展选择，挑出许多可行的选项，从中选定最好的一个。 1 2 3 4 5

（8）我能明确逻辑验证直觉的方法，通过列清单、障碍法验证直觉决策。 1 2 3 4 5

（六）个人沟通能力

1. 信息处理

（1）经过沟通，我能将对同一话题的看法与沟通对方达成一致。

                1 2 3 4 5

（2）我能充分调动五感（眼耳鼻舌口）组织信息，充分表达沟通信息的含义。 1 2 3 4 5

（3）对我而言，沟通是一个持续互动的过程。 1 2 3 4 5

(4) 沟通中，我能接受他人的背景，接受每个人都是独特的。

1 2 3 4 5

(5) 沟通中，我能与他人保持语音语调的一致。　　1 2 3 4 5

(6) 沟通中，我能与他人保持肢体语言的配合。　　1 2 3 4 5

(7) 沟通中，我能根据他人的沟通类型，针对性地进行沟通。

1 2 3 4 5

(8) 沟通中，我能区分接收者和发送者的角色，同一时间要么接收，要么发送。　　1 2 3 4 5

2. 倾听

(1) 倾听中，我带着明确的意图去听。　　1 2 3 4 5

(2) 倾听中，我以非言语反应开始。　　1 2 3 4 5

(3) 倾听中，我以言语反应反馈信息。　　1 2 3 4 5

3. 诉说

(1) 诉说中，我以"我"开头的句子而非"你"开头的句子传达信息。　　1 2 3 4 5

(2) 诉说中，我的非言语信息和言语信息保持一致。　　1 2 3 4 5

(3) 诉说中，我勇于开诚布公，诚实得体地说出实情。

1 2 3 4 5

(4) 诉说中，我不带主观偏见，不做不符合事实的假设。

1 2 3 4 5

（七）未来预期

1. 客观成就预期

(1) 我认为自己能顺利完成本科学业，学有所成。　　1 2 3 4 5

(2) 我认为自己可以找到满意的就业岗位，开展工作。

1 2 3 4 5

2. 主观体验预期

(1) 我认为自己能兼顾未来多方面角色的平衡，例如家庭和事业的角色平衡。　　1 2 3 4 5

(2) 我认为自己能对社会和他人做出贡献。　　1 2 3 4 5

(3) 我在未来的职业生涯和生活中能获得幸福感和满足感。

1 2 3 4 5

（八）现有客观环境

1. 校园

（1）我认为校园教学、住宿环境对大学生自我管理能力的发展具有引导力量。　　　　　　　　　　　　　　　　　　　　1 2 3 4 5

（2）我认为校园制度条件对大学生自我管理能力的发展具有正面引导力量。　　　　　　　　　　　　　　　　　　　　1 2 3 4 5

（3）我认为校园文化氛围对大学生自我管理能力的发展具有正面引导力量。　　　　　　　　　　　　　　　　　　　　1 2 3 4 5

2. 家庭

（1）家庭给予了我必要的经济支持促进自我管理能力的发展。

　　　　　　　　　　　　　　　　　　　　1 2 3 4 5

（2）家庭给予了我必要的精神支持促进自我管理能力的发展。

　　　　　　　　　　　　　　　　　　　　1 2 3 4 5

（3）家庭给予了我必要的经验引导促进自我管理能力的发展。

　　　　　　　　　　　　　　　　　　　　1 2 3 4 5

（4）家庭给予了我必要的人际支持促进自我管理能力的发展。

　　　　　　　　　　　　　　　　　　　　1 2 3 4 5

3. 社会

（1）大学生的就业、创业的形势促进了自我管理能力的发展。

　　　　　　　　　　　　　　　　　　　　1 2 3 4 5

（2）大学生就业的经济机会促进了自我管理能力的发展。

　　　　　　　　　　　　　　　　　　　　1 2 3 4 5

（3）大学生的就业指导促进制度促进了自我管理能力的发展。

　　　　　　　　　　　　　　　　　　　　1 2 3 4 5

（4）文化环境日益多元化，社会对待大学生就业、创业的态度日益开明，促进了自我管理能力的发展。　　　　　　　　　1 2 3 4 5

二、调查问卷中大学生群体的分布状况

发放问卷 613 份，最终获得有效问卷 600 份，问卷的有效回收率为 97.88%。在回收问卷中，笔者对每份问卷都仔细考查，删除了那些不诚实

回答、信息资料严重缺省的、敷衍塞责回答的或者答案完全相同的问卷，以确保问卷的有效性。由笔者向被调查大学生进行动员和说明，强调问卷调查的重要性，问卷完成的形式是在统一的课堂教学中填写问卷调查的内容，这种方式具有明确统一的指导语、统一的填写时间和填写地点，被调查学生的作答率和有效回收率较好。有效回收的问卷中调查的 600 名学生分布于该校的 9 个不同系别中，其中，财会系参与问卷调查有 170 人，占受调查学生总人数的 28.33%；法律系有 25 人，占受调查学生总人数的 4.17%；工商管理系有 50 人，占总人数的 8.33%；金融系有 50 人，占总人数的 8.33%；信息系有 100 人，占总人数的 16.67%；艺术系有 80 人，占总人数的 13.33%；经济系有 85 人，占总人数的 14.17%；外语系有 40 人，占总人数的 6.67%。600 名学生中，男性占比 43.4%，女性占比 56.6%。被调查学生为该校 2009 年、2010 年和 2011 年入学的三个年级，为九零后大学生，年龄分布集中于 19—21 岁，占比达 96.3%。被调查大学生学历水平为本科在读或大专在读。

第三节 大学生自我管理能力问卷的因子分析

一、问卷的信度研究

信度是测量的一致性程度。一个好的测量工具必须稳定可靠，多次测量结果要保持一致。本文研究选取 α 系数进行问卷内在信度的检验分析，经统计处理获得的结果显示该问卷的内在信度是比较理想的，达到了 0.8903，标准化的信度系数为 0.8987，该问卷具有较好的信度，检测结果是稳定且可靠的。

二、问卷的效度研究

问卷的效度是指一个问卷能够考查出的研究对象的程度。大学生自我管理能力问卷的效度是研究的重点，它可提供面向职业发展的大学生自我管理能力这一概念的结构特征。可通过一阶探索性因素分析进行检验，以确认这批数据是否可以用来作因素分析。

一阶探索性因素分析。将大学生自我管理能力的所有项目进行一阶探索性因素分析。经巴特勒球形检验（Bartlett's Test of Sphericity），检验结果如下，卡方值为2407.208，显著性水平 p = 0.000，说明总体相关矩阵不是单位矩阵，可用因素分析法对数据进行分析。而抽样合适性的度量，即取样适量性检验度量值 KMO = 0.872，说明这批数据可以用来做因子分析（见表2-1）。

表2-1 大学生自我管理能力调查问卷的一阶探索性因素分析

取样适量性检验 Kaiser-Meyer-Olkin Measure of Sampling Adequacy.		0.872
巴特勒球形检验 Bartlett's Test of Sphericity	卡方值 Approx. Chi-Square	2407.208
	自由度 df	600
	显著性 Sig.	0.000

三、大学生自我管理能力调查问卷的因子分析

在探讨问卷变量之间的相关关系时，将不能直接观察到但是对可观察变量的变化起支配作用的潜在因子的分析方法称为因子分析。因子分析就是寻找潜在的起支配作用的因子模型的方法。

本研究的目的是对大学生自我管理能力问卷各个变量之间的影响机制进行解释，并对大学生自我管理能力进行分门别类的综合评价，因子分析适用于本文研究目的的研究工具。

（一）大学生自我管理能力调查问卷公因子方差

表2-2为公因子提取前、提取后的各变量的公因子方差。其中 Initial 为提取因子之前的各变量的公因子方差，Extraction 为各变量的未旋转的公因子方差，这些变量被用来预测因子的多重相关的平方，这些公因子方差较高，它表明提取的成分能够较好地描述变量。

表2-2 大学生自我管理能力调查问卷公因子方差表

	提取因子之前的各变量的公因子方差 Initial	各变量的未旋转的公因子方差 Extraction
V1	1.000	0.719
V2	1.000	0.686
V3	1.000	0.841
V4	1.000	0.764
V5	1.000	0.812
V6	1.000	0.624
V7	1.000	0.814
V8	1.000	0.768
V9	1.000	0.603
V10	1.000	0.767
V11	1.000	0.720
V12	1.000	0.617
V13	1.000	0.791
V14	1.000	0.789
V15	1.000	0.807
V16	1.000	0.782
V17	1.000	0.647
V18	1.000	0.558
V19	1.000	0.530
V20	1.000	0.451
V21	1.000	0.506
V22	1.000	0.495

注：抽取方法为主成分分析法（Extraction Method：Principal Component Analysis）。

(二)大学生自我管理能力调查问卷总方差的分解结果

表2-3 大学生自我管理能力调查问卷总方差的分解结果表

因素 C	初始特征值			提取特征值大于1的因子累计负荷量			旋转后的累计负荷量		
	特征值 Total	变异量 V%	贡献率 C%	特征值 Total	变异量 V%	贡献率 C%	特征值 Total	变异量 V%	贡献率 C%
1	8.029	36.495	36.495	8.029	36.495	36.495	3.904	17.745	17.745
2	1.840	8.362	44.858	1.840	8.362	44.858	3.345	15.204	32.949
3	1.518	6.898	51.756	1.518	6.898	51.756	2.345	10.659	43.608
4	1.287	5.852	57.608	1.287	5.852	57.608	1.847	8.395	52.002
5	1.212	5.511	63.118	1.212	5.511	63.118	1.842	8.373	60.375
6	1.204	5.474	68.592	1.204	5.474	68.592	1.808	8.217	68.592
7	0.877	3.987	72.579						
8	0.811	3.687	76.265						
9	0.683	3.107	79.372						
10	0.651	2.961	82.333						
11	0.607	2.761	85.093						
12	0.521	2.367	87.460						
13	0.480	2.181	89.642						
14	0.451	2.049	91.691						
15	0.373	1.697	93.388						
16	0.310	1.407	94.795						
17	0.289	1.314	96.108						
18	0.244	1.107	97.215						
19	0.190	0.862	98.077						
20	0.176	0.799	98.876						
21	0.151	0.688	99.564						
22	0.096	0.436	100.000						

注:抽取方法为主成分分析法(Extraction Method: Principal Component Analysis)。

表2-3显示了总方差的分解结果。Initial Eigenvalues 是相关矩阵的特征值,这些值用于确定哪些因素应该保留,共有三项:total 是各成分的特征值,特征值大于1的因子为应该保留的因子。前6个因子的特征值大于1,可以提取出来作为主成分因子。变异量 V% 表示各因子所解释的方差占总方差的百分比,旋转后的前6个因子的累计方差贡献率 C% 为68.592%,即前6个因子解释了原始的22个变量的68.592%的变异。

(三) 大学生自我管理能力调查问卷最大方差旋转后的因素矩阵

表 2-4 表示大学生自我管理能力调查问卷最大方差旋转后的因素矩阵，显示了因素与变量的相关系数，称为因素负荷量。例如变量 V7 与因素 1 的负荷量是 0.859，V7 与因素 2 的负荷量是 0.207，与因素 3 的负荷量是 0.170。

表 2-4 大学生自我管理能力调查问卷最大方差旋转后的因素矩阵表
（Rotated Component Matrix）

	因素（Component）					
	1	2	3	4	5	6
V7	0.859	0.207	0.170	0.043	0.052	0.004
V5	0.824	0.251	0.228	0.127	0.030	0.035
V8	0.801	0.240	0.116	0.111	0.117	0.168
V6	0.667	0.183	0.189	0.146	0.126	0.270
V1	0.640	0.170	0.241	0.410	0.064	-0.224
V15	0.325	0.802	0.106	0.012	0.167	0.139
V17	0.050	0.684	0.074	0.165	0.176	0.336
V13	0.442	0.678	0.221	0.278	0.040	-0.094
V14	0.449	0.670	0.214	0.277	0.010	-0.124
V16	0.227	0.663	0.050	-0.139	0.185	0.484
V12	0.196	0.584	0.400	0.207	0.182	-0.042
V3	0.178	0.274	0.831	0.143	0.072	0.133
V4	0.280	-0.033	0.797	-0.042	0.041	0.215
V2	0.232	0.328	0.683	0.212	0.035	-0.110
V10	0.226	0.190	0.176	0.753	-0.005	0.286
V19	0.216	0.168	0.047	0.586	0.330	0.029
V22	0.209	0.160	0.030	-0.045	0.634	0.142
V20	-0.081	0.128	-0.018	0.165	0.632	-0.017
V18	0.177	0.077	0.145	-0.220	0.622	0.253
V21	-0.005	0.004	0.041	0.292	0.603	-0.236
V9	-0.011	0.118	0.069	0.068	0.063	0.758
V11	0.233	0.086	0.170	0.488	-0.054	0.624

注：抽取方法为主成分分析法（Principal Component Analysis）；旋转方法为最大方差法（Varimax with Kaiser Normalization）；10 次迭代收敛（Rotation converged in 10 iterations）。

通过收敛效度和区分效度的取值判断22个变量各属于哪一个因素。其中收敛效度是指每一个变量在其所属的因素中，因素负荷量接近1；而区分效度是指，每一变量在其不属于的因素中，因素负荷量接近0。对同一因素下的变量，其对应题项的因素负荷量大于0.5时，就可以认为该变量的收敛效度佳。将因素负荷量大于0.5者集结成一个因素，并对因素命名。

四、大学生自我管理能力调查问卷的因子命名

根据因子分析的结果抽取了6个因素，它们的命名如下。

因素1：V7、V5、V8、V6、V1等5个项目，包括了大学生个人长处挖掘能力、时间管理目标明确性、时间管理观念主动性、时间管理条理性、时间管理行动连续性等方面的观念与能力，命名为"时间管理能力"。得分越高说明个体在时间管理方面的观念和行为越积极。

因素2：V12、V13、V14、V15、V16、V17等6个项目，包括大学生学习效率的针对性、决策行动能力、决策思维能力、沟通中的信息处理能力、沟通中的倾听能力、沟通中的诉说能力等方面的知识与技能应用。我们将其命名为"决策沟通学习能力"。得分越高说明个体在决策、沟通、学习方面知识技能应用力越强。

因素3：V2、V3、V4等3个项目，包括大学生的个人价值观成熟程度、大学生的职业定位准确程度和职业吻合度，我们将其命名为"职业选择能力"。得分越高说明个体在职业选择方面越具有准确定位能力。

因素4：V10、V19这2个项目，包括大学生能以最终目标为开始行动的起点，凡事先想后做，积极行动超越环境限制；能预期未来多方面应取得的成就和未来多方面给予他人的贡献等，能兼顾未来多方面角色的平衡并获得幸福感。将其命名为"自我激励能力"。得分越高说明个体对预期未来持有全面、深层的信念。

因素5：V22、V20、V18、V21等4个项目，包括大学生的客观成就需要与校园引导、家庭支持、社会影响，将其命名为"客观环境因子"。得分越高表示个体具备促进自我管理能力发展的良好的客观环境资源。

因素6：V9、V11这2个项目，包括大学生能主动回应外部环境的刺激因素，并将注意力放在自己力所能力的范围内开展行动；能够主动设想在各个角色下合理地投入时间并对各角色下的关键事件首先安排。我们将

其命名为"规划控制能力"。得分越高表明个体具有越多积极计划和自我控制方面的能力和策略。

本章小结

本章界定了面向职业选择的大学生自我管理能力的五个关键构成要素，分别为：职业管理能力、时间管理能力、效率调控能力、决策能力、沟通能力；另有三个要素：个人过去成长经历、个人对未来发展预期、他人和环境对个体的影响也对大学生自我管理能力的强弱产生影响。

应用李克特量表对大学生自我管理能力进行了问卷调查。因子分析提取了对大学生自我管理能力起支配作用的潜在因子，分别是：时间管理能力、决策沟通学习能力、职业选择能力、自我激励能力、客观环境因子、规划控制能力。

第三章　客观环境因子对相关因素作用的影响机制

本章建立统计模型，定量分析探讨客观环境因子对自我激励能力、时间管理能力、规划控制能力、决策沟通学习能力、职业选择能力等能力因素的影响机制。

第一节　客观环境因子对自我激励能力影响的结构方程模型

一、模型的构建

（一）模型初始条件

客观环境因子这一潜在变量由四个观察变量的综合特质反映大学生对未来的客观成就预期（V18）、家庭对大学生成长的支持（V21）、校园对大学生自我管理能力的引导（V20）、社会对大学生自我管理能力的影响（V22）。

自我激励能力由两个观察变量"以终为始能力"（V10）、"主观成就预期"（V19）的综合特质反映。

如图3-1，设客观环境因子为外因潜在变量，由位于方框中四个观察变量表示；自我激励能力为内因潜在变量，由位于方框中的两个观察变量表示。

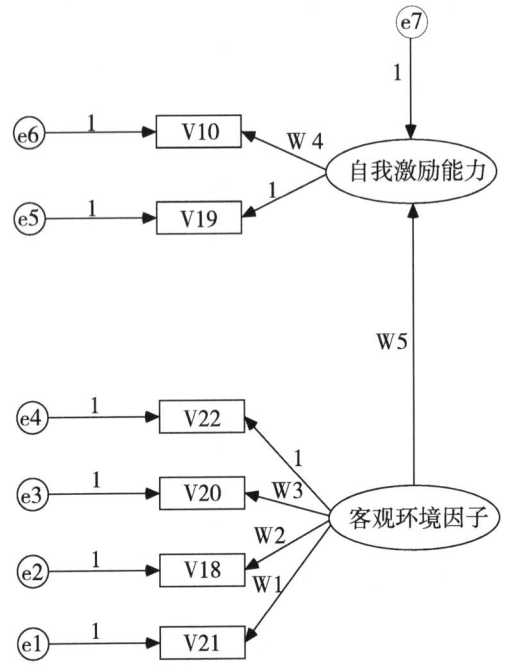

图 3-1 客观环境因子对自我激励能力影响的结构方程模型图

上述各观察变量的误差变量用 e1、e2……e6 表示。设内因潜在变量间的因果关系的结构模型方程式残差为 e7，残差 e7 的回归系数 regression weight 为 1。设自我激励能力中的主观成就预期（V19）的因素负荷量为 1，客观环境因子中的社会对大学生自我管理能力的影响（V22）的因素负荷量为 1，其余各个观察变量的因素负荷量分别为 W1，W2，W3，W4，结构方程模型的因素负荷量为 W5。

（二）模型的输出参数设置

要求输出模型的卡方检验（Chi Square）、自由度（Degrees of freedom）检验和假设检验中的 P 值。在误差项目中，采用极大似然法（Maximum Likelihood，ML）拟合样本数据的参数估计量。在输出结果中，显示最小化历史（Minimization History）、标准估计值（standardized estimates）、模型的修正指标（modification indices）、参数差异临界比率值（Critical ratiofor differences）、正态性与异常值检验（Tests for normality and outliers）、模型的间接影响、直接影响和总影响（Indirect, direct&total effects）。

参数名称设置：在 AMOS Graphic 中，要求显示 SEM 模型回归系数，使路径图上呈现的输出量显示在变量的上方。

(三) 模型测算结果

未标准化下的客观环境因子对自我激励能力影响的模型测算结果如下:

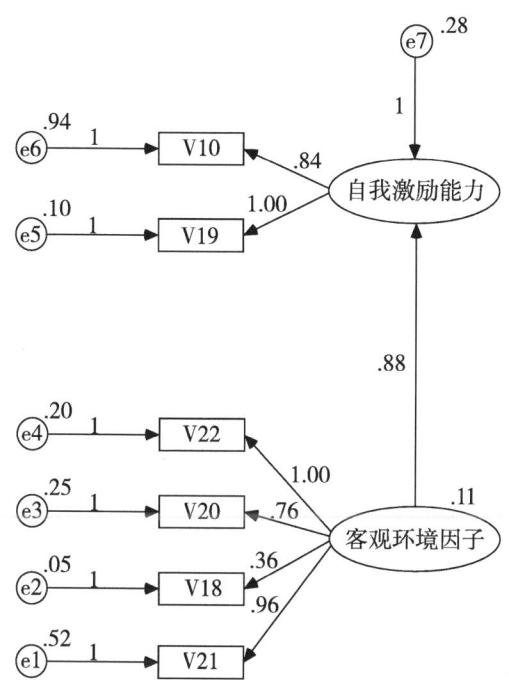

图 3-2　客观环境因子对自我激励能力影响的结构方程模型未标准化路径系数图

据此构造大学生自我管理能力客观环境因子对自我激励能力影响的 SEM 模型:

自我激励能力 = 0.88 * 客观环境因子 + 0.28

以终为始能力 = 0.84 * 自我激励能力 + 0.94

主观成就预期 = 1 * 自我激励能力 + 0.1

社会对大学生自我管理能力的影响 = 1 * 客观环境因子 + 0.20

校园对大学生自我管理能力的引导 = 0.76 * 客观环境因子 + 0.25

大学生对未来的客观成就预期 = 0.36 * 客观环境因子 + 0.05

家庭对大学生成长的支持 = 0.96 * 客观环境因子 + 0.52

模型分析结果表明,客观环境因子对大学生自我激励能力具有显著影响。客观环境因子每提高 1 个单位,可带来自我激励能力提高 0.88 个单位,并使自我激励能力的观察变量以终为始能力提高 0.7392 个单位,使主观成就预期提高 0.88 个单位。

客观环境因子提高 1 个单位,表现在其观察变量上,使社会对大学生自我管理能力的影响提高 1 单位,家庭对大学生的支持提高 0.96 个单位,校园对大学生的引导提高 0.76 个单位,大学生对未来客观成就预期提高 0.36 个单位。客观环境因子主要通过社会影响、家庭支持两个渠道对大学生的主观产生影响。

标准化下的客观环境因子对自我激励能力影响的模型测算结果如下:

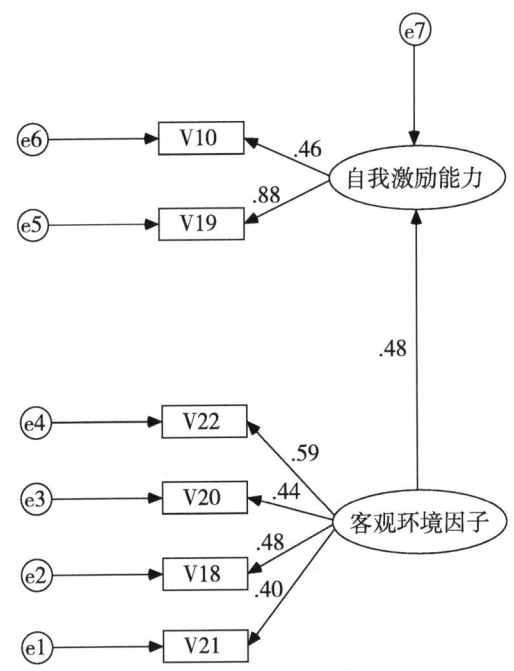

图 3-3　客观环境因子对自我激励能力影响的结构方程模型标准化路径系数图

标准化下模型分析结果表明,标准化下的外因潜在变量客观环境因子对内因潜在变量自我激励能力影响的因果关系成立,其因素负荷量为 0.48。

自我激励能力对其观察变量的影响强度由大到小依次是:影响主观成就预期(V19),因素负荷量为 0.88;影响以终为始能力(V10),因素负荷量为 0.46。

客观环境因子对其观察变量的影响强度由大到小依次是:社会对大学生自我管理能力的影响(V22),因素负荷量为 0.59;大学生对未来的客观成就预期（V18），因素负荷量为 0.48；校园对大学生自我管理能力的引导（V20），因素负荷量为 0.44；家庭对大学生成长的支持（V21），因素负荷量为 0.40。

二、模型的影响机制分析

（一）未标准化回归结果分析

如表 3 – 1 所示，Estimates 为未标准化回归系数，通过其取值我们可以比较各因素的相对影响力大小。从表 3 – 1 可得，客观环境因子对自我激励能力有显著影响，p＜0.001，回归方程系数为 0.884；客观环境因子对各观察变量的影响中，社会对大学生自我管理能力的影响（V22）最为显著，其次是家庭对大学生成长的支持（V21）的影响，回归方程系数为 0.959。而未标准化下，自我激励能力对各观察变量影响大小依次是：影响主观成就预期（V19）；影响以终为始能力（V10），回归方程系数为 0.845，上述观察变量的 p＜0.001，影响显著。

表 3 – 1　客观环境因子对自我激励能力影响的未标准化回归系数表
（Regression Weights）

			Estimate	S. E.	C. R.	P	Label
自我激励能力	←	客观环境因子	0.884	0.139	6.362	＊＊＊	W5
V21	←	客观环境因子	0.959	0.156	6.141	＊＊＊	W1
V18	←	客观环境因子	0.360	0.053	6.789	＊＊＊	W2
V20	←	客观环境因子	0.764	0.117	6.553	＊＊＊	W3
V22	←	客观环境因子	1.000				
V19	←	自我激励能力	1.000				
V10	←	自我激励能力	0.845	0.192	4.409	＊＊＊	W4

（二）标准化回归结果分析

在标准化回归系数中，客观环境因子对自我激励能力有一定的影响，系数取值 0.477。客观环境因子对各观察变量的影响强度由大到小依次是：社会对大学生自我管理能力的影响（V22）的影响最为显著，影响系数为 0.590；其次是大学生对未来的客观成就预期（V18）的影响，标准化系数为0.480；第三，校园对大学生自我管理能力的引导（V20）的影响，标准化系数为0.444；第四，家庭对大学生成长的支持（V21）的影响，标准化系数0.396。

自我激励能力对各观察变量影响大小依次是：主观成就预期（V19）；因素负荷量为0.884；以终为始能力（V10），因素负荷量为0.465。上述观察变量的p<0.001，影响显著（见表3-2）。

表3-2 客观环境因子对自我激励能力影响的标准化回归系数表
（Standardized Regression Weights）

			Estimate
自我激励能力	←	客观环境因子	0.477
V21	←	客观环境因子	0.396
V18	←	客观环境因子	0.480
V20	←	客观环境因子	0.444
V22	←	客观环境因子	0.590
V19	←	自我激励能力	0.884
V10	←	自我激励能力	0.465

（三）标准化总影响的结果分析

客观环境因子对自我激励能力的总体影响的因素负荷量为0.477，客观环境因子对参与分析的所有观察变量均具有影响。客观环境因子这一潜在变量主要是通过——社会对大学生自我管理能力的影响（V22），因素负荷量为0.590；以及大学生对未来的客观成就预期的影响（V18），因素负荷量为0.480表现出来。客观环境因子对自我激励能力的观察变量总体影响大小依次是：主观成就预期（V19）；因素负荷量为0.884；以终为始能力（V10），因素负荷量为0.465（见表3-3）。

表3-3 客观环境因子对自我激励能力影响的标准化总影响表
（Standardized Total Effects）

	客观环境因子	自我激励能力
自我激励能力	0.477	0.000
V10	0.222	0.465

第三章 客观环境因子对相关因素作用的影响机制

续表

	客观环境因子	自我激励能力
V19	0.421	0.884
V22	0.590	0.000
V20	0.444	0.000
V18	0.480	0.000
V21	0.396	0.000

（四）标准化直接影响的结果分析

客观环境因子对自我激励能力的标准化直接影响的因素负荷量为0.477，客观环境因子主要通过社会对大学生自我管理能力的影响（V22），以及大学生对未来的客观成就预期（V18）表现出来。自我激励能力对其观察变量的标准化直接影响大小依次是：主观成就预期（V19）；以终为始能力（V10）（见表3-4）。

表3-4 客观环境因子对自我激励能力影响的标准化直接影响表
（Standardized Direct Effects）

	客观环境因子	自我激励能力
自我激励能力	0.477	0.000
V10	0.000	0.465
V19	0.000	0.884
V22	0.590	0.000
V20	0.444	0.000
V18	0.480	0.000
V21	0.396	0.000

（五）标准化间接影响的结果分析

客观环境因子对自我激励能力的两个观察变量具有间接影响力，影响力大小依次是：对主观成就预期（V19），标准化系数为0.421；对以终为始能力（V10），标准化系数为0.222（见表3-5）。自我激励能力对参与观察的所有变量无间接影响。

表 3-5 客观环境因子对自我激励能力影响的标准化间接影响表
(Standardized Indirect Effects)

	客观环境因子	自我激励能力
自我激励能力	0.000	0.000
V10	0.222	0.000
V19	0.421	0.000
V22	0.000	0.000
V20	0.000	0.000
V18	0.000	0.000
V21	0.000	0.000

三、违反估计的检验

变量的测量质量可以通过误差方差和标准化系数来确定。如果存在负的误差方差（S.E<0）或者标准化系数过于接近1（通常以标准化系数小于等于0.95为门槛），则模型违反估计。根据上述分析可知，模型的误差方差 S.E 在 0.004 至 0.081 之间，没有负数误差方差；模型的标准化系数绝对值在 0.390 至 0.906 之间。模型无违反估计之现象。

四、模型拟合度的检验

（一）卡方检验

模型的卡方检验结果如下，模型具有良好的拟合度。

Chi-square = 1.814

Probability level = 0.977

（二）模型与数据适合度的 CMIN 检验

完全适合数据的 CMIN 取值为 0。笔者检验了预设模型（Default model）、饱和模型（Saturated model）和独立模型（Independence model）三种情况，其中，预设模型的 CMIN 取值为 22.256，饱和模型取值为 0，独立模型取值为 353.545。根据 CMIN 取值，越接近于 0 的模型拟合越好，因此模型应为饱和模型，对数据适合度最佳。预设模型还可进一步修正。

（三）模型拟合度的残差平方根检验

残差平方根检验 RMR（root mean square residual）越接近于 0，表明模型的拟合度越好，通常采用 RMR < 0.05，此处饱和模型的取值为 0，预设模型的取值为 0.014，独立模型的取值为 0.090，饱和模型和预设模型的拟合度较好，独立模型的拟合度较差。GFI 越接近于 1 表明模型的拟合度越好，计算结果为预设模型的 GFI 取值为 0.988，接近 1，而饱和模型 GFI 等于 1，饱和模型和预设模型的拟合效果良好，独立模型的拟合度较差。

（四）模型的基准比较

相关统计指标有 NFI、RFI、IFI、TLI、CFI，其取值均在 0 至 1 之间，取值越大，拟合效果越好，当数据完全拟合时，上述相关统计指标取值为 1。本模型计算结果为在饱和模型下，NFI、IFI、CFI 取值为 1，数据可完全拟合，预设模型也具有较好的拟合度，NFI 取值为 0.937，RFI 取值为 0.882、IFI 为 0.959、TLI 为 0.921、CFI 为 0.958，而独立模型的五个指标取值为 0。

（五）数据与模型的差异程度比较

FMIN 表示数据与模型的差异程度，F0 表示总体与模型的差异程度，LO90 表示总体差异值 90% 的置信区间的下限值，HI90 表示总体差异值的 90% 置信区间的上限值，饱和模型的 SEM 模型的 FMIN 取值为 0，表示数据完全拟合。本模型计算结果为，饱和模型的 FMIN、F0、LO90、HI90 取值为 0。预设模型的 FMIN、F0、LO90、HI90 取值分别为 0.037、0.024、0.006、0.054。独立模型的 FMIN、F0、LO90、HI90 取值分别为 0.590、0.565、0.469、0.674。饱和模型和预设模型的拟合度较好，独立模型的拟合度较差。

（六）模型的平均平方误差平方根检验

RMSEA 是平均平方误差平方根，当其小于 0.05 时，可判断模型的拟合度好。大于 0.05 但小于 0.1 时，模型处于灰色地带，不满意但可接受，当其大于 0.1 时，模型的拟合度差，需要调整模型。经计算，客观环境因子对自我激励能力的结构方程模型的平均平方误差平方根检验取值为 0.055，模型拟合度可以接受。

（七）模型复杂性处罚检验

对模型的复杂性，即参数过多的处罚，常用的指标是 AIC、BCC、

BIC、CAIC，这些指标用于判断多种模型中哪一个较优，取值小的模型较优，取值大时的处罚程度 AIC 较轻，CAIC 较重。经计算，预设模型的 AIC、BCC、BIC、CAIC 取值分别为：48.256、48.563、105.416、118.416。饱和模型的 AIC、BCC、BIC、CAIC 取值分别为：42.000、42.497、134.336、155.336。独立模型的 AIC、BCC、BIC、CAIC 取值分别为：365.545、365.687、391.927、397.927。客观环境因子对自我激励能力的结构方程模型应为预设模型或饱和模型，该模型可进一步修改。

五、模型的修正

该模型在平均平方误差平方根检验及模型的复杂性的处罚中可修正。计算结果表明，模型的误差变量之间具有相关关系：e2 与 e5 具有相关关系，e1 与 e4 具有相关关系，e1 与 e3 具有相关关系。据此，对模型的误差变量建立相关关系，并命名相关系数分别为 C1、C2、C3，修正原有预设模型。

据此，对模型的误差变量建立相关关系，并设相关系数分别为 C1、C2、C3，修正后的标准化 SEM 模型图如图 3-4 所示。

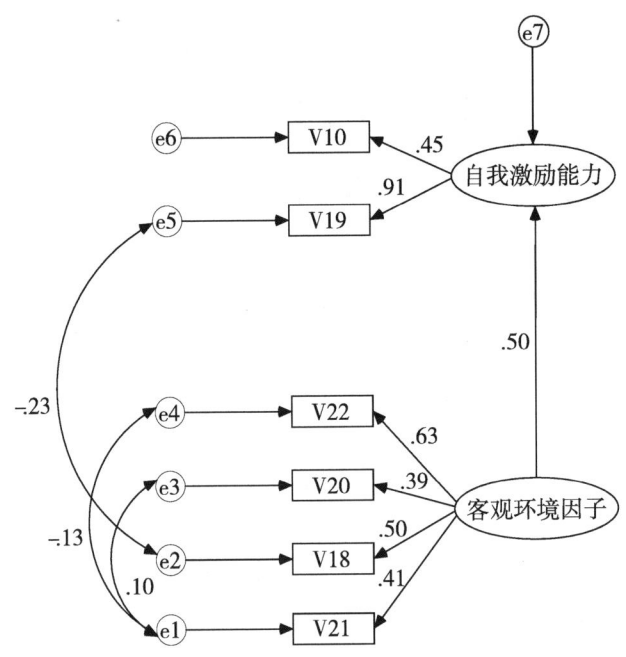

图 3-4　修正后的客观环境因子对自我激励能力影响的
结构方程模型标准化路径系数图

将修正后模型的适配性采用平均平方误差平方根检验,计算结果为:预设模型平均平方误差平方根 RMSEA 经修正后的取值为 0,LO90 取值为 0,HI90 取值为 0.049,均较为接近于 0。独立模型平均平方误差平方根 RMSEA 经修正后的取值为 0.194,LO90 取值为 0.177,HI90 取值为 0.212。预设模型的拟合度良好。

修正后的模型复杂性处罚的指标 AIC、BCC、BIC、CAIC 取值小的模型较优。修正后的预设模型的 AIC 为 35.814,BCC 为 36.192,BIC 为 106.165,CAIC 为 122.165。修正后的饱和模型的 AIC 为 42.000,BCC 为 42.497,BIC 为 134.336,CAIC 为 155.336。修正后的独立模型的 AIC 为 365.545,BCC 为 365.687,BIC 为 391.927,CAIC 为 397.927。经比较,预设模型具有较好的拟合度。

第二节 客观环境因子对时间管理能力影响的结构方程模型

一、模型的构建

(一) 模型初始条件

客观环境因子这一潜在变量由四个观察变量的综合特质反映大学生对未来的客观成就预期(V18)、家庭对大学生成长的支持(V21)、校园对大学生自我管理能力的引导(V20)、社会对大学生自我管理能力的影响(V22)。

时间管理能力这一潜在变量由五个观察变量综合反映其特质,分别是自我长处挖掘能力(V1)、自我时间管理目标明确程度(V5)、自我时间管理观念主动程度(V6)、自我时间管理条理性(V7)、自我时间管理行动连续性(V8)。如图 3-5,设客观环境因子为外因潜在变量,它由位于方框中的四个观察变量表示出来;时间管理能力为内因潜在变量,它由位于方框中的五个观察变量表示出来。我们设内因潜在变量间的因果关系的结构模型方程式的回归系数 regression weight 为 1,残差为 e10。上述每个观察变量的误差变量我们用 e1、e2……e9 表示。W1,W2……W7 为各个观察变量的因素负荷量。

(二) 模型的输出参数设置

要求输出模型的卡方检验,自由度检验和假设检验中的 P 值。在误差项目中,采用极大似然法拟合样本数据的参数估计量。在输出结果中,显示最小化历史、标准估计值、模型的修正指标、模型的间接影响、直接影响和总影响。

参数名称设置:在 AMOS Graphic 中,要求显示 SEM 模型回归系数,使路径图上呈现的输出量显示在变量的上方。

(三) 模型测算结果

未标准化下的客观环境因子对时间管理能力影响的模型测算结果如下:

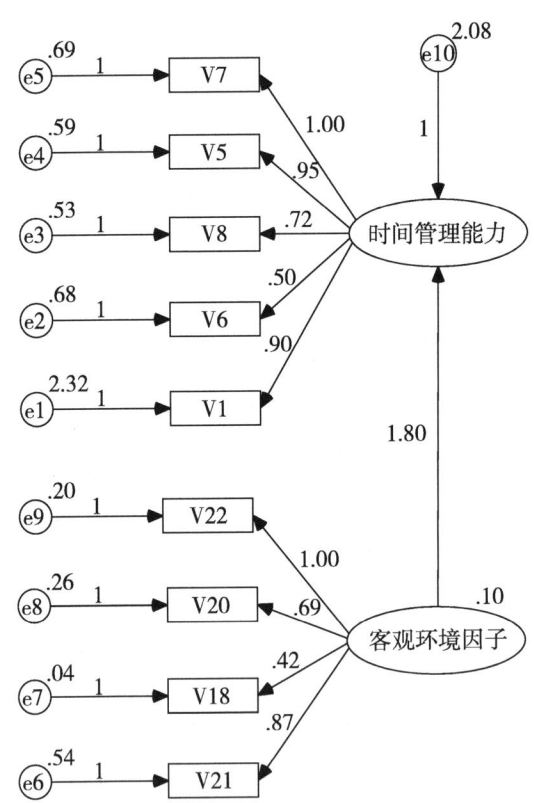

图 3-5 客观环境因子对时间管理能力影响的结构方程模型未标准化路径系数图

据此,构造客观环境因子对时间管理能力影响的 SEM 方程模型为:

时间管理条理性 = 1 * 时间管理能力 + 0.69

时间管理目标明确程度 = 0.95 * 时间管理能力 + 0.59

时间管理行动连续性 = 0.72 * 时间管理能力 + 0.53
时间管理观念主动程度 = 0.50 * 时间管理能力 + 0.68
自我长处挖掘能力 = 0.90 * 时间管理能力 + 2.32
客观环境因子 = 1 * 社会对大学生自我管理能力的影响 + 0.2
客观环境因子 = 0.69 * 校园对大学生自我管理能力的引导 + 0.26
客观环境因子 = 0.42 * 大学生对未来的客观成就预期 + 0.04
客观环境因子 = 0.87 * 家庭对大学生成长的支持 + 0.54
时间管理能力 = 1.8 * 客观环境因子 + 2.08

大学生自我管理能力中的客观环境因子对时间管理能力的 SEM 方程模型分析表明，客观环境因子每改善 1 个单位，可带来学生时间管理能力显著提高，时间管理能力可提升 1.8 个单位，其中时间管理条例性提高 1.8 个单位，时间管理目标明确程度提高 1.71 个单位，时间管理行动连续性提高 1.296 个单位，时间管理观念主动程度提高 0.9 个单位，自我长处挖掘能力提高 1.62 个单位。模型的标准化下的路径系数图如图 3-6 所示：

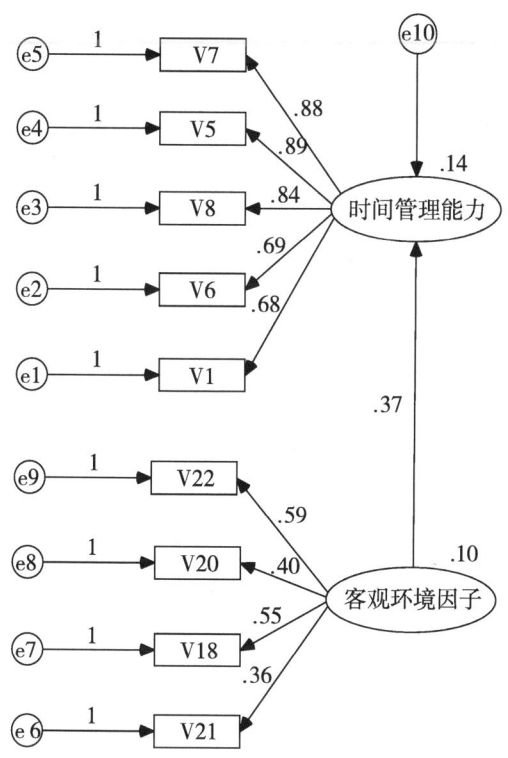

图 3-6 客观环境因子对时间管理能力影响的结构方程模型标准化路径系数图

客观环境因子对时间管理能力影响的 SEM 模型中，客观环境因子对其观察变量的影响强度由大到小依次是：社会对大学生自我管理能力的影响（V22），因素负荷量为 0.59；大学生本人对未来客观成就预期（V18），因素负荷量为 0.55；校园对大学生的合理引导（V20），因素负荷量为 0.4；家庭对大学生成长的支持（V21），因素负荷量为 0.36。

时间管理能力对其观察变量的影响强度由大到小依次是：时间管理目标明确程度（V5），因素负荷量为 0.89；时间管理条理性（V7），因素负荷量为 0.88；时间管理行为的连续性（V8），因素负荷量为 0.84；时间管理观念主动程度（V6），因素负荷量为 0.69；自我长处挖掘能力（V1），因素负荷量为 0.68。

标准化下的外因潜在变量客观环境因子对内因潜在变量时间管理能力影响的因果关系成立，其因素负荷量为 0.37。

二、模型的影响机制分析

（一）未标准化回归结果分析

如表 3-6 所示，Estimates 为未标准化回归系数，通过其取值可以比较各因素的相对影响力大小。从表可得，客观环境因子对时间管理能力存在显著影响，p < 0.001，回归方程系数为 1.803；时间管理能力对各观察变量的影响中，对自我时间管理目标明确程度（V5）的影响最为显著，回归方程系数为 0.95。而未标准化下，客观环境因子对各观察变量影响大小依次是：社会对大学生的影响、大学生家庭的支持、校园对大学生的引导、大学生个体对未来的客观成就预期。上述观察变量的 p < 0.001，影响显著。

表 3-6 客观环境因子对时间管理能力影响的未标准化回归系数表
(Regression Weights)

			Estimate	S. E.	C. R.	P	Label
时间管理能力	←	客观环境因子	1.803	0.320	5.640	***	W8
V1	←	时间管理能力	0.904	0.047	19.096	***	W1
V6	←	时间管理能力	0.503	0.026	19.447	***	W2

第三章 客观环境因子对相关因素作用的影响机制

续表

			Estimate	S. E.	C. R.	P	Label
V8	←	时间管理能力	0.715	0.027	26.714	***	W3
V5	←	时间管理能力	0.950	0.032	29.450	***	W4
V7	←	时间管理能力	1.000				
V21	←	客观环境因子	0.873	0.154	5.682	***	W5
V18	←	客观环境因子	0.415	0.061	6.833	***	W6
V20	←	客观环境因子	0.691	0.114	6.081	***	W7
V22	←	客观环境因子	1.000				

（二）标准化回归结果分析

如表3-7所示，标准化回归分析中客观环境因子对时间管理能力有一定的影响，系数取值为0.374。时间管理能力对各观察变量的影响强度由大到小依次是：时间管理目标明确程度（V5），影响系数为0.887；时间管理目标条理性（V7），影响系数为0.882；时间管理行动连续性（V8），影响系数为0.838；时间管理观念主动程度（V6）影响系数为0.687；影响自我长处挖掘能力（V1），影响系数为0.678。

客观环境因子对其观察变量的影响强度由大到小依次是：社会对大学生自我管理能力的影响（V22），影响系数为0.587；大学生个体对未来客观成就预期（V18），影响系数为0.550；校园对大学生的合理引导（V20），影响系数为0.400；家庭对大学生成长的支持，影响系数为0.359。

表3-7 客观环境因子对时间管理能力影响的标准化回归系数表
(Standardized Regression Weights)

			Estimate
时间管理能力	←	客观环境因子	0.374
V1	←	时间管理能力	0.678
V6	←	时间管理能力	0.687
V8	←	时间管理能力	0.838
V5	←	时间管理能力	0.887
V7	←	时间管理能力	0.882

续表

			Estimate
V21	←	客观环境因子	0.359
V18	←	客观环境因子	0.550
V20	←	客观环境因子	0.400
V22	←	客观环境因子	0.587

(三) 标准化总影响的结果分析

客观环境因子对参与分析的所有观察变量均有影响（见表3-8），它对时间管理的标准化总影响为0.374，对"社会对大学生自我管理能力的影响"（V22）的总影响系数为0.587；对"大学生个体对未来客观成就预期"（V18）的总影响系数为0.550；对"校园对大学生的合理引导"（V20）的影响系数为0.400；对"家庭对大学生成长的支持"的影响系数为0.359。

表3-8 客观环境因子对时间管理能力影响的标准化总影响表
(Standardized Total Effects)

	客观环境因子	时间管理能力
时间管理能力	0.374	0.000
V22	0.587	0.000
V20	0.400	0.000
V18	0.550	0.000
V21	0.359	0.000
V7	0.330	0.882
V5	0.332	0.887
V8	0.313	0.838
V6	0.257	0.687
V1	0.254	0.678

客观环境因子对时间管理的观察变量影响强度由大到小依次是：对"时间管理目标明确程度"（V5）影响系数为0.332；对"时间管理条理

第三章 客观环境因子对相关因素作用的影响机制

性"(V7)的影响系数为 0.330;对"时间管理行动连续性"(V8)的影响系数为 0.313;对"时间管理观念主动程度"(V6)的影响系数为 0.257;对"自我长处挖掘能力"的影响系数为 0.254。而时间管理能力仅仅影响时间管理方面的观察变量,对客观环境因子的观察变量无影响。

(四)标准化直接影响的结果分析

标准化直接影响中,客观环境因子影响时间管理能力,客观环境因子表现在"社会对大学生自我管理能力的影响"(V22)上最为显著,取值为 0.587,其次是表现在"大学生个体对未来客观成就预期"上。时间管理能力最显著表现在观察变量"时间管理目标明确程度"和"时间管理条理性"上,取值分别为 0.887 和 0.882(见表 3-9)。

表 3-9 客观环境因子对时间管理能力影响的标准化直接影响表
(Standardized Direct Effects)

	客观环境因子	时间管理能力
时间管理能力	0.374	0.000
V22	0.587	0.000
V20	0.400	0.000
V18	0.550	0.000
V21	0.359	0.000
V7	0.000	0.882
V5	0.000	0.887
V8	0.000	0.838
V6	0.000	0.687
V1	0.000	0.678

(五)标准化间接影响的结果分析

客观环境因子对时间管理能力的观测变量具有标准化间接影响(见表 3-10)。

表 3-10 客观环境因子对时间管理能力影响的标准化间接影响表
(Standardized Indirect Effects)

	客观环境因子	时间管理能力
时间管理能力	0.000	0.000
V22	0.000	0.000
V20	0.000	0.000
V18	0.000	0.000
V21	0.000	0.000
V7	0.330	0.000
V5	0.332	0.000
V8	0.313	0.000
V6	0.257	0.000
V1	0.254	0.000

其影响力强度由大到小依次为：影响时间管理目标明确程度（V5）、时间管理条理性（V7）、时间管理行动连续性（V8）、时间管理观念主动性（V6）、自我长处挖掘能力（V1）。而时间管理能力对客观环境因子不具有间接影响力。

三、违反估计的检验

变量的测量质量可以通过误差方差和标准化系数来确定。如果存在负的误差方差（S.E<0）或者标准化系数过于接近1，则模型违反估计。根据上述分析可知，模型的误差方差 S.E 在 0.004 至 0.17 之间，没有负数误差方差；模型的标准化系数绝对值在 0.359 至 0.887 之间。模型无违反估计之现象。

四、模型拟合度的检验

（一）卡方检验

模型的卡方检验结果如下，模型具有良好的拟合度。

Chi-square = 1.279

Probability level = 0.914

(二) 模型与数据适合度的 CMIN 检验

完全适合数据的 CMIN 取值为0。笔者检验了预设模型（Default model）、饱和模型（Saturated model）和独立模型（Independence model）三种情况，其中，预设模型的 CMIN 取值为0.279，饱和模型取值为0，独立模型取值为2103.314。根据 CMIN 取值，越接近于0的模型拟合越好，因此模型应为饱和模型或预设模型，对数据适合度最佳。

(三) 模型拟合度的残差平方根检验

残差平方根检验 RMR（root mean square residual）越接近于0，表明模型的拟合度越好，通常采用 RMR < 0.05，此处饱和模型的取值为0，预设模型的取值为0.046，独立模型的取值为0.783，饱和模型和预设模型的拟合度较好，独立模型的拟合度较差。GFI 越接近于1表明模型的拟合度越好，计算结果为预设模型的 GFI 取值为0.965，接近1而饱和模型 GFI 等于1，饱和模型和预设模型的拟合效果良好，独立模型的拟合度较差。

(四) 模型的基准比较

相关统计指标有 NFI、RFI、IFI、TLI、CFI，其取值均在0至1之间，取值越大，拟合效果越好，当数据完全拟合时，上述相关统计指标取值为1。本模型计算结果为在饱和模型下，NFI、IFI、CFI 取值为1，数据可完全拟合，预设模型 NFI 取值为0.952，RFI 取值为0.933、IFI 为0.964、TLI 为0.950、CFI 为0.964，预设模型具有较好的拟合度，而独立模型的五个指标取值均为0。

(五) 数据与模型的差异程度

FMIN 表示数据与模型的差异程度，F0 表示总体与模型的差异程度，LO90 表示总体差异值90%的置信区间的下限值，HI90 表示总体差异值的90%置信区间的上限值，饱和模型的 FMIN 取值为0，表示数据完全拟合。本模型计算结果为，饱和模型的 FMIN、F0、LO90、HI90 取值为0。预设模型的 FMIN、F0、LO90、HI90 取值分别为0.169、0.126、0.080、0.184。独立模型的 FMIN、F0、LO90、HI90 取值分别为3.511、3.451、3.207、3.708。饱和模型和预设模型的拟合度较好，独立模型的拟合度较差。

(六) 模型的平均平方误差平方根检验

RMSEA 是平均平方误差平方根，当其小于 0.05 时，可以判断模型的拟合度好。大于 0.05 但小于 0.1 时，表示模型处于灰色地带，不满意但可以接受，当其大于 0.1 时，模型的拟合度差，需要调整模型。经计算，预设模型的平均平方误差平方根检验取值为 0.070，模型拟合度可以接受。

(七) 模型复杂性处罚检验

对模型的复杂性，即参数过多的处罚，常用的指标是 AIC、BCC、BIC、CAIC，这些指标用于判断多种模型中哪一个较优，取值小的模型较优，取值大时的处罚程度 AIC 较轻，CAIC 较重。经计算，预设模型的 AIC、BCC、BIC、CAIC 取值分别为：139.279、139.924、222.820、241.820。饱和模型的 AIC、BCC、BIC、CAIC 取值分别为：90.000、91.528、287.862、332.862。独立模型的 AIC、BCC、BIC、CAIC 取值分别为：2121.314、2121.619、2160.886、2169.886。结构方程模型应为预设模型。

第三节　客观环境因子对规划控制能力影响的结构方程模型

一、模型的构建

(一) 模型初始条件

客观环境因子这一潜在变量由四个观察变量的综合特质反映大学生对未来的客观成就预期 (V18)、家庭对大学生成长的支持 (V21)、校园对大学生自我管理能力的引导 (V20)、社会对大学生自我管理能力的影响 (V22)。

规划控制能力由两个观察变量综合反映其特质，分别是大学生个体具备积极主动的内在控制中心 (V9)、大学生个体多角色下的要事处理能力 (V11)。

如图 3-7，设客观环境为外因潜在变量，它由位于方框中的四个观察变量表示出来；规划控制能力为内因潜在变量，它由位于方框中的两个观察变量表示。

下述观察变量的误差变量用 e1、e2……e6 表示。设内因潜在变量间的因果关系结构模型方程式残差为 e7，回归系数为 1。设规划控制能力中的大学生个体多角色下的要事处理能力（V11）因素负荷量为1，客观环境因子中的社会对大学生自我管理能力的影响（V22）因素负荷量为1。各因素负荷量分别为W1，W2……W4，W5。

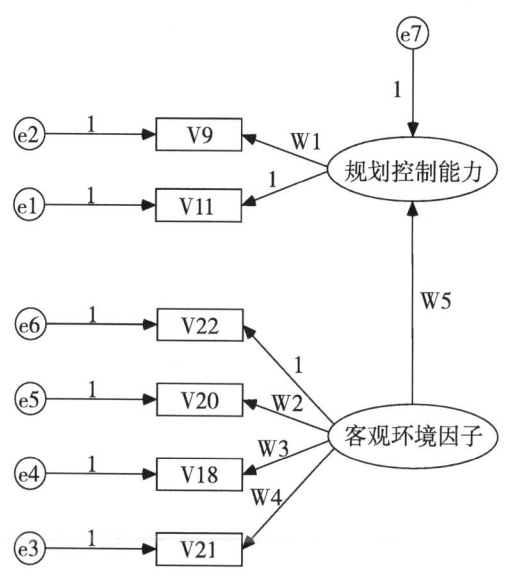

图3-7　客观环境因子对规划控制能力影响的结构方程模型图

（二）模型的输出参数设置

输出模型的卡方检验，自由度检验和假设检验中的P值。在误差项目中，采用极大似然法拟合样本数据的参数估计量。在输出结果中，显示最小化历史、标准估计值、复相关平方值、模型的修正指标、模型的间接影响、直接影响和总影响。参数名称设置：显示结构方程模型回归系数，输出量显示在变量的上方。

（三）模型测算结果

未标准化下客观环境因子对规划控制能力影响的模型测算结果如图3-8所示：

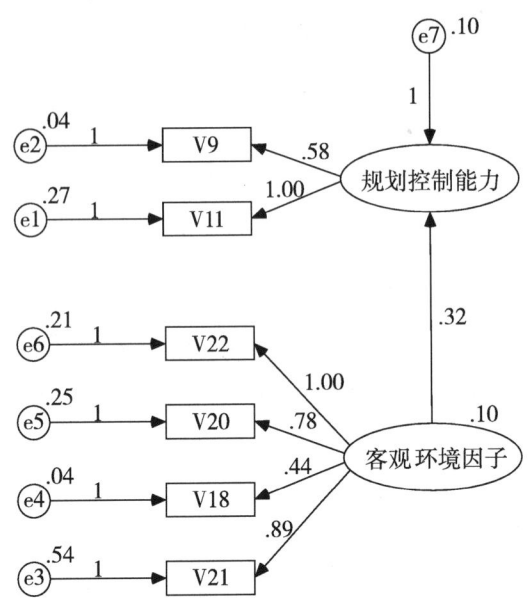

图3-8 客观环境因子对规划控制能力影响结构方程模型未标准化路径系数图

构造大学生自我管理能力的客观环境因子对规划控制能力影响的SEM模型为：

规划控制能力 = 0.32 * 客观环境因子 + 0.1

大学生个体积极主动的内在控制中心 = 0.58 * 规划控制能力 + 0.04

大学生个体在多角色下的要事处理能力 = 1 * 规划控制能力 + 0.27

社会对大学生自我管理能力的影响 = 1 * 客观环境因子 + 0.21

校园对大学生自我管理能力的引导 = 0.78 * 客观环境因子 + 0.25

大学生对未来的客观成就预期 = 0.44 * 客观环境因子 + 0.04

家庭对大学生成长的支持 = 0.89 * 客观环境因子 + 0.54

模型分析结果表明，客观环境因子对规划控制能力具有一定的影响力，客观环境因子每提高1个单位，将带来规划控制能力提高0.32个单位，由此带来规划控制能力观察变量大学生个体积极主动的内在控制中心提升0.1856个单位；带来大学生个体在多角色下的要事处理能力提升0.32个单位。

客观环境因子每提升1个单位，社会对大学生自我管理能力的影响可提高1个单位；家庭对大学生成长的支持可提高0.89个单位；校园对大学生自我管理能力的引导可提高 0.78 个单位；大学生的未来客观成就预期可提高 0.44 个单位。

标准化下的客观环境因子对规划控制能力影响的模型测算结果如图 3-9：

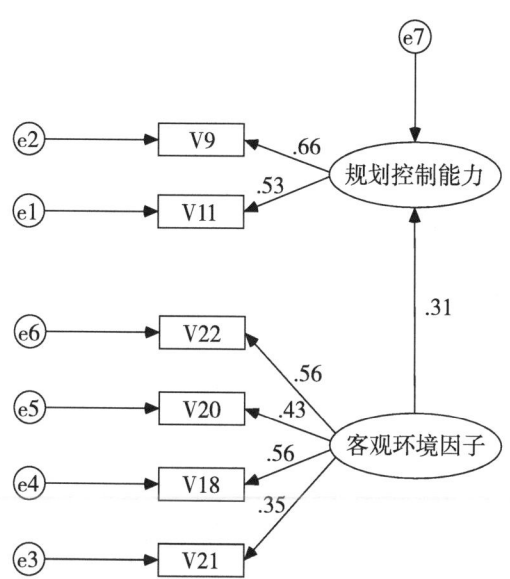

图 3-9 客观环境因子对规划控制能力影响结构方程模型标准化路径系数图

标准化下的外因潜在变量客观环境因子对内因潜在变量规划控制能力影响的因果关系成立，其因素负荷量为 0.31。

客观环境因子影响下的规划控制能力对其观察变量的影响强度由大到小依次是：大学生个体积极主动的内在控制中心（V9），因素负荷量为 0.66；大学生个体在多角色下的要事处理能力（V11），因素负荷量为 0.53。

客观环境因子对其观察变量的影响强度由大到小依次是：社会对大学生自我管理能力的影响（V22），因素负荷量为 0.56；大学生对未来的客观成就预期（V18），因素负荷量为 0.56；校园对大学生自我管理能力的引导（V20），因素负荷量为 0.43；家庭对大学生成长的支持（V21），因素负荷量为 0.35。

二、模型的影响机制分析

(一) 未标准化回归结果分析

如表3-11所示,Estimates为未标准化回归系数,其取值可比较各因素的相对影响力大小。未标准化下客观环境因子对规划控制能力具有一定影响,回归方程系数为0.324。客观环境因子对其观察变量的影响,最显著的是社会对大学生自我管理能力的影响(V22),回归系数为1;其次是家庭对大学生成长的支持(V21),回归系数为0.893。规划控制能力对各观察变量的影响大小依次是:大学生个体多角色下的要事处理能力(V11),回归系数为1;个体积极主动的内在控制中心(V9),回归方程系数为0.579。上述观察变量的$p<0.001$,影响显著。

表3-11 客观环境因子对规划控制能力影响的未标准化回归系数表
(Regression Weights)

			Estimate	S. E.	C. R.	P	Label
规划控制能力	←	客观环境因子	0.324	0.112	2.879	.004	W5
V11	←	规划控制能力	1.000				
V9	←	规划控制能力	0.579	0.200	2.890	.004	W1
V20	←	客观环境因子	0.776	0.128	6.049	***	W2
V22	←	客观环境因子	1.000				
V18	←	客观环境因子	0.441	0.069	6.370	***	W3
V21	←	客观环境因子	0.893	0.166	5.384	***	W4

(二) 标准化回归结果分析

标准化回归系数显示,客观环境因子对规划控制能力有一定影响力(见表3-12)。

表 3-12　客观环境因子对规划控制能力影响的标准化回归系数表
（Standardized Regression Weights）

			Estimate
规划控制能力	←	客观环境因子	0.307
V11	←	规划控制能力	0.533
V9	←	规划控制能力	0.665
V20	←	客观环境因子	0.430
V22	←	客观环境因子	0.562
V18	←	客观环境因子	0.559
V21	←	客观环境因子	0.351

标准化回归系数为 0.307。客观环境因子对各观察变量的影响强度由大到小依次是：社会对大学生自我管理能力的影响（V22）最为显著，影响系数为 0.562；其次是大学生对未来的客观成就预期（V18）的影响，回归方程系数为 0.559；校园对大学生自我管理能力的引导（V20）的影响，影响系数为 0.430；家庭对大学生成长的支持（V21），影响系数为 0.351。

（三）标准化总影响的结果分析

如表 3-13 所示，客观环境因子对参与分析的所有变量均有影响。客观环境因子对规划控制能力的标准化总影响是 0.307。客观环境因子对其观察变量的影响，最为显著的是社会对大学生自我管理能力的影响（V22）；其次是大学生对未来的客观成就预期（V18）。客观环境因子对规划控制能力的观察变量影响大小依次是：个体积极主动的内在控制中心（V9），总影响取值为 0.204；个体多角色下的要事处理能力（V11），总影响取值为 0.163。

规划控制能力对观察变量的影响大小依次是：个体积极主动内在控制中心（V9）；大学生个体在多角色下的要事处理能力（V11）。上述观察变量 $p<0.001$，影响显著。

大学生自我管理能力影响机制评价

表 3-13 客观环境因子对规划控制能力影响的标准化总影响表
(Standardized Total Effects)

	客观环境因子	规划控制能力
规划控制能力	0.307	0.000
V21	0.351	0.000
V18	0.559	0.000
V22	0.562	0.000
V20	0.430	0.000
V9	0.204	0.665
V11	0.163	0.533

(四) 标准化直接影响的结果分析

如表 3-14 所示，客观环境因子对参与分析的所有变量均有影响。客观环境因子对规划控制能力的标准化直接影响是 0.307。客观环境因子对其观察变量的影响，最为显著的是社会对大学生自我管理能力的影响（V22），总影响取值为 0.562；其次是大学生对未来的客观成就预期（V18），总影响取值为 0.559；第三是校园对大学生自我管理能力的引导（V20），总影响取值为 0.430；第四是家庭对大学生成长的支持（V21），总影响取值是 0.351。客观环境因子对规划控制能力的观察变量影响大小依次是：个体积极主动的内在控制中心（V9），总影响取值为 0.204；个体多角色下要事处理能力（V11），总影响取值为 0.163。

规划控制能力对各观察变量的影响大小依次是：个体积极主动的内在控制中心（V9），总影响的取值为 0.665；大学生个体在多角色下的要事处理能力（V11），总影响的取值为 0.533。上述观察变量的 $p < 0.001$，影响显著。

表 3-14 客观环境因子对规划控制能力影响的标准化直接影响表
(Standardized Direct Effects)

	客观环境因子	规划控制能力
规划控制能力	0.307	0.000
V21	0.351	0.000
V18	0.559	0.000

第三章 客观环境因子对相关因素作用的影响机制

续表

	客观环境因子	规划控制能力
V22	0.562	0.000
V20	0.430	0.000
V9	0.000	0.665
V11	0.000	0.533

（五）标准化间接影响的结果分析

如表3-15所示，客观环境因子对规划控制能力的观察变量具有间接影响。间接影响力由大到小是：对个体积极主动的内在控制中心（V9），间接影响的取值为0.204；对大学生个体在多角色下的要事处理能力（V11），间接影响的取值为0.163。规划控制能力对参与分析的所有变量均无间接影响力。

表3-15 客观环境因子对规划控制能力影响的标准化间接影响表
（Standardized Indirect Effects）

	客观环境因子	规划控制能力
规划控制能力	0.000	0.000
V21	0.000	0.000
V18	0.000	0.000
V22	0.000	0.000
V20	0.000	0.000
V9	0.204	0.000
V11	0.163	0.000

三、违反估计的检验

变量的测量质量可以通过误差方差和标准化系数来确定。如果存在负的误差方差（S.E<0）或者标准化系数过于接近1（通常以标准化系数小于等于0.95为门槛），则模型违反估计。根据上述分析可知，模型的误差方差S.E在0.004至0.04之间，没有负数误差方差；模型的标准化系数绝

对值在 0.307 至 0.665 之间。模型无违反估计之现象。

四、模型拟合度的检验

（一）卡方检验

模型的卡方检验结果如下，模型具有良好的拟合度。

Chi-square = 1.4

Probability level = 0.936

（二）模型与数据适合度的 CMIN 检验

完全适合数据的 CMIN 取值为 0。笔者检验了预设模型（Default model）、饱和模型（Saturated model）和独立模型（Independence model）三种情况，其中，预设模型的 CMIN 取值为 29.536，饱和模型取值为 0，独立模型取值为 285.323。根据 CMIN 取值，越接近于 0 的模型拟合越好，因此模型应为饱和模型，对数据适合度最佳。预设模型还可进一步修正。

（三）模型拟合度的残差平方根检验

残差平方根检验 RMR（root mean square residual）越接近于 0，表明模型的拟合度越好，通常采用 RMR < 0.05，此处饱和模型的取值为 0，预设模型的取值为 0.012，独立模型的取值为 0.040，饱和模型和预设模型的拟合度较好。GFI 越接近于 1 表明模型的拟合度越好，计算结果为预设模型的 GFI 取值为 0.984，接近 1 而饱和模型 GFI 等于 1，饱和模型和预设模型的拟合效果良好，独立模型的拟合度为 0.848，相对来说较差。

（四）模型的基准比较

相关统计指标有 NFI、RFI、IFI、TLI、CFI，其取值均在 0 至 1 之间，取值越大，拟合效果越好，当数据完全拟合时，上述相关统计指标取值为 1。本模型计算结果为在饱和模型下，NFI、IFI、CFI 取值为 1，数据可完全拟合，预设模型 NFI 取值为 0.896，RFI 取值为 0.806、IFI 为 0.922、TLI 为 0.851、CFI 为 0.920，预设模型具有较好的拟合度，而独立模型的五个指标取值均为 0。

（五）数据与模型的差异程度比较

FMIN 表示数据与模型的差异程度，F0 表示总体与模型的差异程度，

LO90 表示总体差异值 90% 的置信区间的下限值，HI90 表示总体差异值的 90% 置信区间的上限值，FMIN 取值为 0，表示数据完全拟合。本模型计算结果为，饱和模型的 FMIN、F0、LO90、HI90 取值均为 0。预设模型的 FMIN、F0、LO90、HI90 取值分别为 0.049、0.036、0.014、0.070。独立模型的 FMIN、F0、LO90、HI90 取值分别为 0.476、0.451、0.366、0.549。饱和模型和预设模型的拟合度较好，独立模型的拟合度较差。

（六）模型的平均平方误差平方根检验

RMSEA 是平均平方误差平方根，当其小于 0.05 时，可以判断模型的拟合度好。大于 0.05 但小于 0.1 时，表示模型处于灰色地带，不满意但可以接受，当其大于 0.1 时，模型的拟合度差，需要调整模型。经计算，预设模型的平均平方误差平方根检验取值为 0.067，模型拟合度可以接受。独立模型的取值为 0.173，大于 0.1。因此，预设模型可以接受，但应进一步调整。

（七）模型复杂性处罚检验

对模型的复杂性，即参数过多的处罚，常用的指标是 AIC、BCC、BIC、CAIC，这些指标用于判断多种模型中哪一个较优，取值小的模型较优，取值大时的处罚程度 AIC 较轻，CAIC 较重。经计算，预设模型的 AIC、BCC、BIC、CAIC 取值分别为：55.536、55.843、112.696、125.696。饱和模型的 AIC、BCC、BIC、CAIC 取值分别为：42.000、42.497、134.336、155.336。独立模型的 AIC、BCC、BIC、CAIC 取值分别为：297.323、297.465、323.705、329.705。结构方程模型应为预设模型，该模型可进一步修改。

五、模型的修正

该模型在平均平方误差平方根检验及模型的复杂性的处罚中可修正。计算结果表明，模型的误差变量之间具有相关关系：e5 与 e3 具有相关关系，e2 与 e3 具有相关关系。

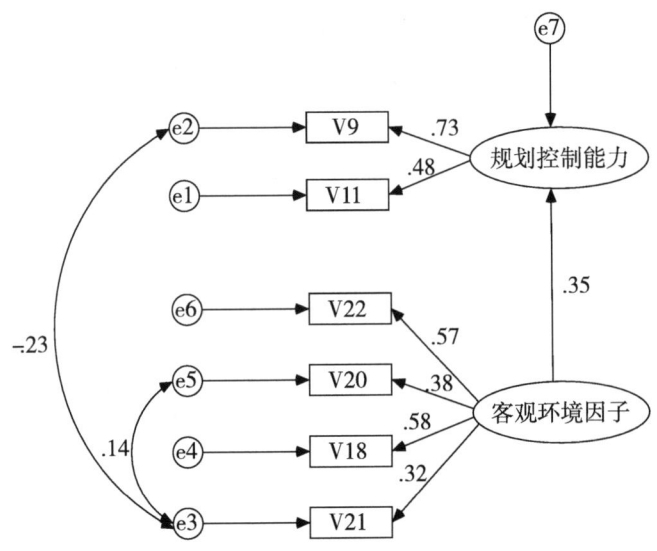

图 3-10　修正后的客观环境因子对规划控制能力影响
结构方程模型标准化路径系数图

据此，对模型的误差变量建立相关关系，并命名相关系数分别为 C1、C2，修正原有预设模型。修正后的标准化结构方程模型如图 3-10 所示。

修正后模型的适配性我们采用平均平方误差平方根检验进行，计算结果为：预设模型平均平方误差平方根 RMSEA 经过修正后的取值为 0，LO90 取值为 0，HI90 取值为 0.027，均较为接近于 0。独立模型平均平方误差平方根 RMSEA 经过修正后的取值为 0.173，LO90 取值为 0.156，HI90 取值为 0.191。比较两种结果，预设模型的拟合度较好。

修正后的模型复杂性处罚的指标 AIC、BCC、BIC、CAIC 取值小的模型较优。修正后的预设模型的 AIC 为 32.507，BCC 为 32.862，BIC 为 98.461，CAIC 为 113.461。修正后的饱和模型的 AIC 为 42.000，BCC 为 42.497，BIC 为 134.336，CAIC 为 155.336。修正后的独立模型的 AIC 为 297.323，BCC 为 297.465，BIC 为 323.705，CAIC 为 329.705。经比较。预设模型具有较好的拟合度。

第四节 客观环境因子对决策沟通学习能力影响的结构方程模型

一、模型的构建

(一) 模型初始条件

客观环境因子由四个观察变量的综合特质反映,分别是大学生对未来的客观成就预期(V18)、家庭对大学生成长的支持(V21)、校园对大学生自我管理能力的引导(V20)、社会对大学生自我管理能力的影响(V22)。决策沟通学习能力这一潜在变量由六个观察变量综合反映其特质,分别是自我学习效率提升的针对性(V12)、决策的行动能力(V13)、决策思维能力(V14)、沟通中的信息处理能力(V15)、沟通中的倾听能力(V16)、沟通中的诉说能力(V17)。

设客观环境因子为外因潜在变量,由位于方框中的四个观察变量表示;决策沟通学习能力为内因潜在变量,由位于方框中的六个观察变量表示。

上述每个观察变量的误差变量用 e1、e2……e10 表示。设内因潜在变量间因果关系结构模型方程式残差为 e11,残差回归系数 regression weight 为 1。设决策沟通学习能力中决策的行动能力(V13)因素负荷量为 1,客观环境因子中社会对大学生自我管理能力的影响(V22)因素负荷量为 1,其余各观察变量因素负荷量为 W1,W2……W8,结构方程模型的因素负荷量为 W9。模型如图 3-11 所示:

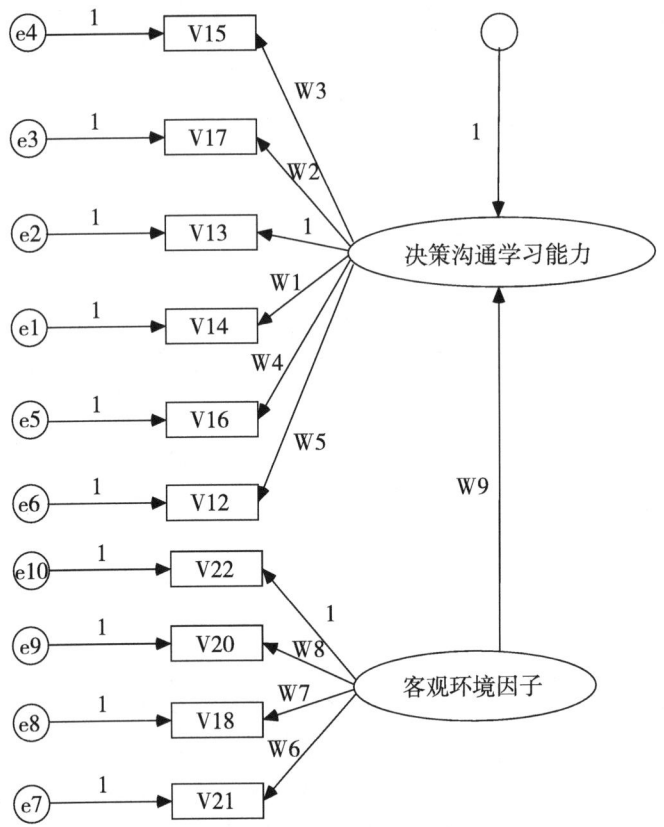

图 3-11 客观环境因子对决策沟通学习能力影响的结构方程模型图

(二) 模型的输出参数设置

要求输出模型的卡方检验，自由度检验和假设检验中的 P 值。在误差项目中，采用极大似然法拟合样本数据的参数估计量。在输出结果中，显示最小化历史、标准估计值、模型的修正指标、间接影响、直接影响和总影响。参数名称设置：在 AMOS Graphic 中显示 SEM 模型回归系数，使路径图上输出量显示在变量上方。

(三) 模型测算结果

未标准化下的客观环境因子对决策沟通学习能力影响的测算结果如图 3-12 所示：

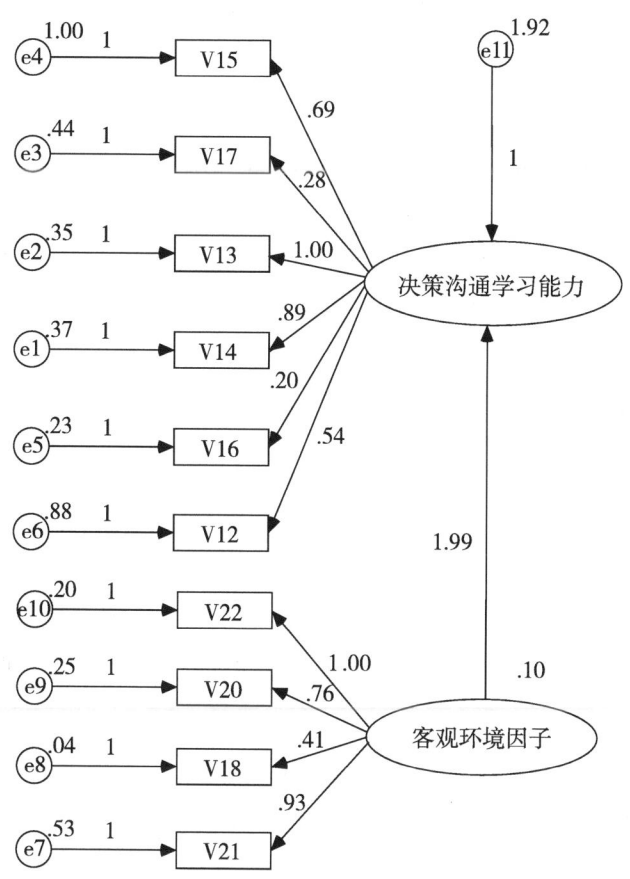

图 3-12　客观环境因子对决策沟通学习能力影响的未标准化路径系数图

据此，客观环境因子对决策沟通学习能力影响的 SEM 结构方程模型为：

沟通中的信息处理能力 = 0.69 * 决策沟通学习能力 + 1

沟通中的诉说能力 = 0.28 * 决策沟通学习能力 + 0.44

决策的行动能力 = 1 * 决策沟通学习能力 + 0.35

决策的思维能力 = 0.89 * 决策沟通学习能力 + 0.37

沟通中的倾听能力 = 0.2 * 决策沟通学习能力 + 0.23

自我学习效率提升的针对性 = 0.54 * 决策沟通学习能力 + 0.88

客观环境因子 = 1 * 社会对大学生自我管理能力的影响 + 0.2

客观环境因子 = 0.76 * 校园对大学生自我管理能力的引导 + 0.25

客观环境因子 = 0.41 * 大学生对未来的客观成就预期 + 0.04

客观环境因子 = 0.93 * 家庭对大学生成长的支持 + 0.53

决策沟通学习能力 = 1.99 * 客观环境因子 + 1.92

模型分析结果表明，客观环境因子对大学生自我管理的决策沟通学习能力具有显著的影响力。客观环境因子每提高 1 个单位，将带来决策沟通学习能力提高 1.99 个单位。由此，1 个单位客观环境因子的提高，将带来沟通中的信息处理能力提高 1.3731 个单位；带来沟通诉说能力提高 0.5572 个单位；带来决策的行动能力提高 1.99 个单位；带来决策的思维能力提高 1.7711 个单位；沟通中的倾听能力提高 0.398 个单位；自我学习效率提升的针对性提高 1.0746 个单位。

标准化下客观环境因子对决策沟通学习能力影响的模型测算结果如图 3-13 所示：

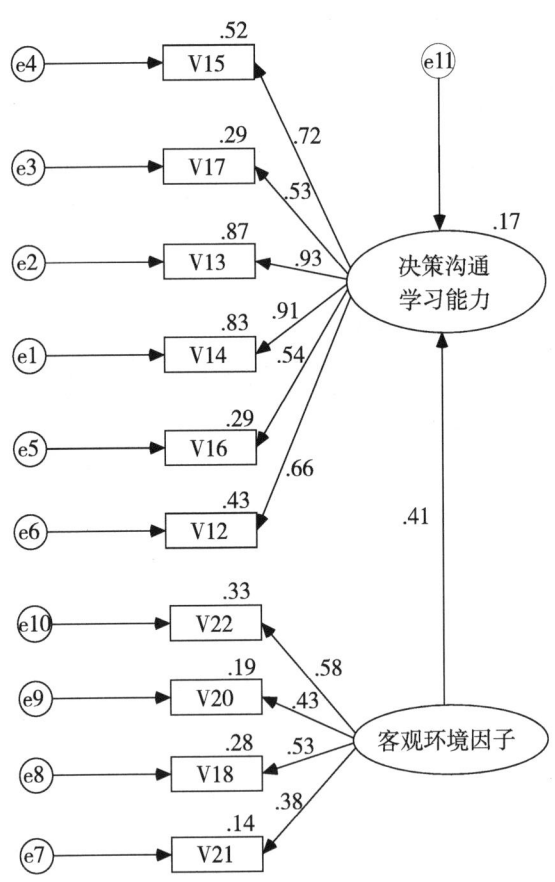

图 3-13 客观环境因子对决策沟通学习能力影响的标准化路径系数图

第三章 客观环境因子对相关因素作用的影响机制

标准化下的外因潜在变量客观环境因子对内因潜在变量决策沟通学习能力影响的因果关系成立,其因素负荷量为 0.41。

客观环境因子对其观察变量的影响强度由大到小依次是:社会对大学生自我管理能力的影响、大学生本人对未来客观成就预期、校园对大学生的合理引导、家庭对大学生成长的支持。其中,客观环境因子对观察变量"社会对大学生自我管理能力的影响"(V22),因素负荷量为 0.58;潜在变量客观环境因子对观察变量"大学生对未来的客观成就预期"(V18)的影响显著,因素负荷量为 0.53;客观环境因子对观察变量"校园对大学生自我管理能力的引导"(V20)的影响较为显著,因素负荷量为 0.43;潜在变量客观环境因子对观察变量"家庭对大学生成长的支持"(V21)的影响较为显著,因素负荷量为 0.38。

决策沟通学习能力对其观察变量的影响强度由大到小依次是:决策的行动能力(V13),因素负荷量为 0.93;决策的思维能力(V14),因素负荷量 0.91;沟通中的信息处理能力(V15),因素负荷量为 0.72;自我学习效率提升的针对性(V12),因素负荷量为 0.66;沟通中的倾听能力(V16),因素负荷量为 0.54;沟通中的诉说能力(V17),因素负荷量为 0.53。

二、模型的影响机制分析

(一) 未标准化回归结果分析

如表 3-16 所示,Estimates 为未标准化回归系数(非标准化因素负荷量),通过其取值可比较各因素的相对影响力大小。数据表明,客观环境因子对决策沟通学习能力影响显著,$p < 0.001$,回归系数为 1.988;决策沟通学习能力对各观察变量的影响中,对决策的行动能力(V13)影响最为显著,其次是对决策思维能力(V14)的影响,回归系数为 0.89。未标准化下,客观环境因子对个观察变量影响大小依次是:社会对大学生自我管理能力的影响(V22)、家庭对大学生成长的支持(V21)的影响、校园对大学生自我管理能力的引导(V20)的影响、大学生对未来的客观成就预期(V18)。上述观察变量 $p < 0.001$,影响显著。

大学生自我管理能力影响机制评价

表 3-16 客观环境因子对决策沟通学习能力影响的未标准化回归系数表
(Regression Weights)

			Estimate	S.E.	C.R.	P	Label
决策沟通学习能力	←	客观环境因子	1.988	0.326	6.105	***	W9
V14	←	决策沟通学习能力	0.893	0.025	35.367	***	W1
V13	←	决策沟通学习能力	1.000				
V17	←	决策沟通学习能力	0.276	0.019	14.395	***	W2
V15	←	决策沟通学习能力	0.689	0.031	22.376	***	W3
V16	←	决策沟通学习能力	0.204	0.014	14.687	***	W4
V12	←	决策沟通学习能力	0.539	0.028	19.246	***	W5
V21	←	客观环境因子	0.934	0.158	5.897	***	W6
V18	←	客观环境因子	0.405	0.059	6.919	***	W7
V20	←	客观环境因子	0.761	0.119	6.400	***	W8
V22	←	客观环境因子	1.000				

(二) 标准化回归结果分析

如表 3-17 所示,标准化回归系数中,客观环境因子对决策沟通学习能力有一定的影响,系数取值 0.414。决策沟通学习能力对各观察变量的影响强度由大到小依次是:对决策行动能力(V13)的影响最为显著,影响系数为 0.932;其次是对决策思维能力(V14)的影响,回归方程系数为 0.913;沟通中的信息处理能力(V15)的影响,影响系数为 0.723;自我学习效率提升的针对性(V12)的影响,影响系数为 0.658;对沟通中的倾听能力(V16)的影响,影响系数为 0.543;对沟通中的诉说能力(V17)的影响,影响系数为 0.534。

客观环境因子对其观察变量的影响强度由大到小依次是:社会对大学生自我管理能力的影响(V22),影响系数为 0.575;大学生个体对未来客观成就预期(V18),影响系数为 0.5260;校园对大学生的合理引导(V20),影响系数为 0.431;家庭对大学生成长的支持(V21),影响系数为 0.376。

第三章 客观环境因子对相关因素作用的影响机制

表3-17 客观环境因子对决策沟通学习能力影响的标准化回归系数表

			Estimate
决策沟通学习能力	←	客观环境因子	0.414
V14	←	决策沟通学习能力	0.913
V13	←	决策沟通学习能力	0.932
V17	←	决策沟通学习能力	0.534
V15	←	决策沟通学习能力	0.723
V16	←	决策沟通学习能力	0.543
V12	←	决策沟通学习能力	0.658
V21	←	客观环境因子	0.376
V18	←	客观环境因子	0.526
V20	←	客观环境因子	0.431
V22	←	客观环境因子	0.575

(三) 标准化总影响的结果分析

如表3-18所示,客观环境因子对所有观察变量均有影响。

表3-18 客观环境因子对决策沟通学习能力影响的标准化总影响表
(**Standardized Total Effects**)

	客观环境因子	决策沟通学习能力
决策沟通学习能力	0.414	0.000
V22	0.575	0.000
V20	0.431	0.000
V18	0.526	0.000
V21	0.376	0.000
V12	0.272	0.658
V16	0.225	0.543
V15	0.299	0.723
V17	0.221	0.534
V13	0.385	0.932
V14	0.377	0.913

对决策沟通学习能力标准化总影响为 0.414，对"社会对大学生自我管理能力"（V22）的影响系数为 0.575；对"大学生个体对未来客观成就预期"（V18）的影响系数为 0.526；对"校园对大学生的合理引导"（V20）的影响系数为 0.431；对"家庭对大学生成长的支持"（V21）的影响系数为 0.376。客观环境因子对决策沟通学习能力的观察变量的影响强度由大到小是：对决策行动能力（V13）的影响最为显著，影响系数为 0.385；其次是对决策思维能力（V14）的影响，影响系数为 0.377；对沟通中的信息处理能力（V15）的影响，影响系数为 0.299；对自我学习效率提升的针对性（V12）的影响，影响系数为 0.272；对沟通中的倾听能力（V16）的影响，影响系数为 0.225；对沟通中的诉说能力（V17）影响，影响系数为 0.221。而决策沟通学习能力仅仅影响积极行动的观察变量，对客观环境因子的观察变量无影响。

（四）标准化直接影响的结果分析

如表 3-19 所示，标准化直接影响中，客观环境因子的直接影响力表现在"社会对大学生自我管理能力的影响"上最为显著，其次是表现在"大学生个体对未来客观成就预期"上。决策沟通学习能力最显著表现在观察变量"决策的行动能力"上，其次是表现在"决策思维能力"上。

表 3-19 客观环境因子对决策沟通学习能力影响的标准化直接影响表
(Standardized Direct Effects)

	客观环境因子	决策沟通学习能力
决策沟通学习能力	0.414	0.000
V22	0.575	0.000
V20	0.431	0.000
V18	0.526	0.000
V21	0.376	0.000
V12	0.000	0.658
V16	0.000	0.543
V15	0.000	0.723
V17	0.000	0.534
V13	0.000	0.932
V14	0.000	0.913

（五）标准化间接影响的结果分析

如表 3-20 所示，客观环境因子对决策沟通学习能力的观测变量均有影响。

表 3-20　客观环境因子对决策沟通学习能力影响的标准化间接影响表
（Standardized Indirect Effects）

	客观环境因子	决策沟通学习能力
决策沟通学习能力	0.000	0.000
V22	0.000	0.000
V20	0.000	0.000
V18	0.000	0.000
V21	0.000	0.000
V12	0.272	0.000
V16	0.225	0.000
V15	0.299	0.000
V17	0.221	0.000
V13	0.385	0.000
V14	0.377	0.000

影响力强度由大到小依次为：对决策行动能力（V13）的影响，系数为 0.385；对决策思维能力（V14）的影响，系数为 0.377；对沟通中的信息处理能力（V15）的影响，系数为 0.299；对自我学习效率提升针对性（V12）的影响，系数为 0.272；对沟通中的倾听能力（V16）的影响，系数为 0.225；对沟通中的诉说能力（V17）的影响，系数为 0.221。而决策沟通学习能力对客观环境因子的观察变量无间接影响。

三、违反估计的检验

变量的测量质量可以通过误差方差和标准化系数来确定。如果存在负的误差方差（S.E<0）或者标准化系数过于接近 1（通常以标准化系数小于等于 0.95 为门槛），则模型违反估计。根据上述分析可知，模型的误差方差 S.E 在 0.003 至 0.149 之间，没有负数误差方差；模型的标准化系数

绝对值在 0.414 至 0.932 之间。模型无违反估计之现象。

四、模型拟合度的检验

（一）卡方检验

模型的卡方检验结果如下，模型具有良好的拟合度。

Chi-square = 1.32

Probability level = 0.942

（二）模型与数据适合度的 CMIN 检验

完全适合数据的 CMIN 取值为 0。笔者检验了预设模型（Default model）、饱和模型（Saturated model）和独立模型（Independence model）三种情况。其中，预设模型的 CMIN 取值为 3.027，饱和模型取值为 0，独立模型取值为 74.032。根据 CMIN 取值，越接近于 0 的模型拟合越好，因此模型应为饱和模型，对数据适合度最佳。预设模型还可进一步修正。

（三）模型拟合度的残差平方根检验

残差平方根检验 RMR（root mean square residual）越接近于 0，表明模型的拟合度越好，通常采用 RMR < 0.05，此处饱和模型的取值为 0，预设模型的取值为 0.069，独立模型的取值为 0.515，饱和模型和预设模型的拟合度较好，独立模型的拟合度较差。GFI 越接近于 1 表明模型的拟合度越好，计算结果为预设模型的 GFI 取值为 0.808，接近 1 而饱和模型 GFI 等于 1，饱和模型和预设模型的拟合效果良好，独立模型的取值为 0.451，拟合度较差。

（四）模型的基准比较

相关统计指标有 NFI、RFI、IFI、TLI、CFI，其取值均在 0 至 1 之间，取值越大，拟合效果越好，当数据完全拟合时，上述相关统计指标取值为 1。本模型计算结果为在饱和模型下，NFI、IFI、CFI 取值为 1，数据可完全拟合，预设模型 NFI 取值为 0.771，RFI 取值为 0.697、IFI 为 0.781、TLI 为 0.709、CFI 为 0.780，预设模型具有较好的拟合度，而独立模型的五个指标取值均为 0。

（五）数据与模型的差异程度

FMIN 表示数据与模型的差异程度，F0 表示总体与模型的差异程度，

LO90 表示总体差异值 90% 的置信区间的下限值，HI90 表示总体差异值的 90% 置信区间的上限值，FMIN 取值为 0，表示数据完全拟合。本模型计算结果为，饱和模型的 FMIN、F0、LO90、HI90 取值均为 0。预设模型的 FMIN、F0、LO90、HI90 取值分别为 1.023、0.967、0.839、1.107。独立模型的 FMIN、F0、LO90、HI90 取值分别为 4.464、4.389、4.112、4.678。饱和模型拟合度较好，独立模型的拟合度差，预设模型需要修正。

（六）平均平方误差平方根检验

RMSEA 是平均平方误差平方根，当其小于 0.05 时，可以判断模型的拟合度好。大于 0.05 但小于 0.1 时，表示模型处于灰色地带，不满意但可以接受，当其大于 0.1 时，模型的拟合度差，需要调整模型。经计算，预设模型的平均平方误差平方根检验取值为 0.169，独立模型取值为 0.312，预设模型较好但需调整。

（七）模型复杂性处罚检验

对模型的复杂性，即参数过多的处罚，常用的指标是 AIC、BCC、BIC、CAIC，这些指标用于判断多种模型中哪一个较优，取值小的模型较优，取值大时的处罚程度 AIC 较轻，CAIC 较重。经计算，预设模型的 AIC、BCC、BIC、CAIC 取值分别为：655.027、655.813、747.363、768.363。饱和模型的 AIC、BCC、BIC、CAIC 取值分别为：110.000、112.058、351.831、406.831。独立模型的 AIC、BCC、BIC、CAIC 取值分别为：2694.032、2694.406、2738.001、2748.001。结构方程模型应为预设模型或饱和模型，该模型可进一步修改。

五、模型的修正

该模型在平均平方误差平方根检验及模型的复杂性的处罚中可修正。计算结果表明，模型的误差变量 e4 与 e5、e3 与 e5、e3 与 e4、e4 与 e1、e1 与 e2 之间均具有相关性。据此建立模型的误差变量相关关系，并命名相关系数分别为 C1、C2、C3、C4、C5 修正原预设模型。修正后的标准化结构方程模型如图 3-14。

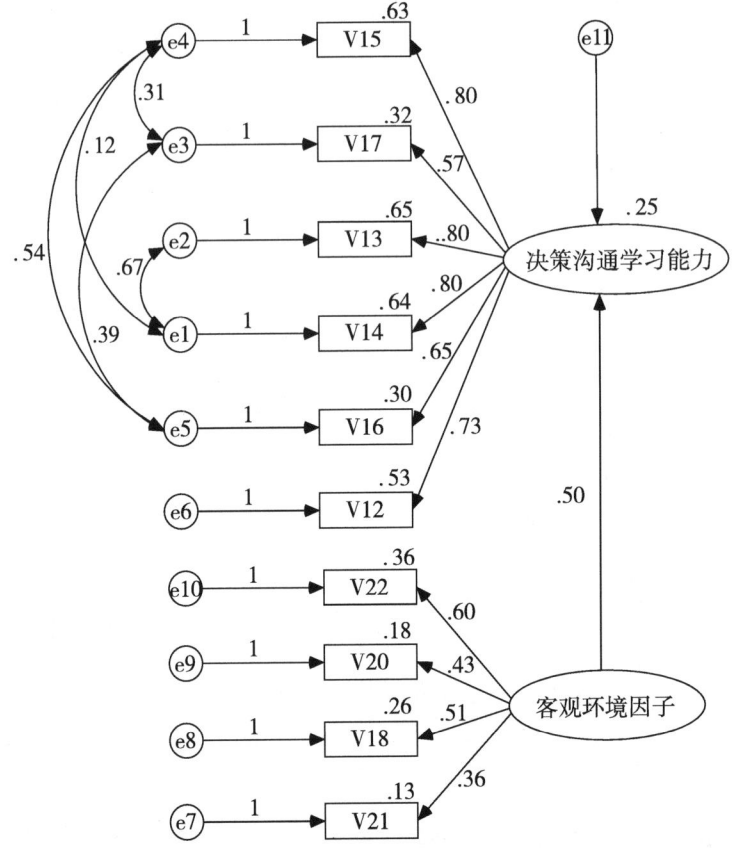

图 3-14 修正后的客观环境因子对决策沟通学习能力影响的标准化路径系数图

对修正后模型的适配性采用平均平方误差平方根检验进行，计算结果为：预设模型平均平方误差平方根 RMSEA 经过修正后的取值为 0.079，LO90 取值为 0.066，HI90 取值为 0.093，均较为接近于 0。独立模型平均平方误差平方根 RMSEA 经过修正后的取值为 0.312，LO90 取值为 0.302，HI90 取值为 0.322。预设模型的拟合度良好。

第五节 客观环境因子对职业选择能力影响的结构方程模型

一、模型的构建

（一）模型初始条件

客观环境因子由四个观察变量的综合反映，分别是大学生对未来的客观成就预期（V18）、家庭对大学生成长的支持（V21）、校园对大学生自我管理能力的引导（V20）、社会对大学生自我管理能力的影响（V22）。职业选择能力由三个观察变量反映，分别为大学生自我职业价值观成熟程度（V2）、自我职业锚与职业兴趣的定位准确度（V3）、自我职业定位与外在需求的吻合度（V4）。如图3-15，设客观环境因子为外因潜在变量，职业选择能力为内因潜在变量。观察变量的误差变量用e1、e2……e7表示。设内因潜在变量间的结构模型方程式残差为e8，回归系数为1。设职业选择能力的V2因素负荷量为1，客观环境因子中的V22影响因素负荷量为1，其余各变量因素负荷量为W1，W2……W6（见图3-15）。

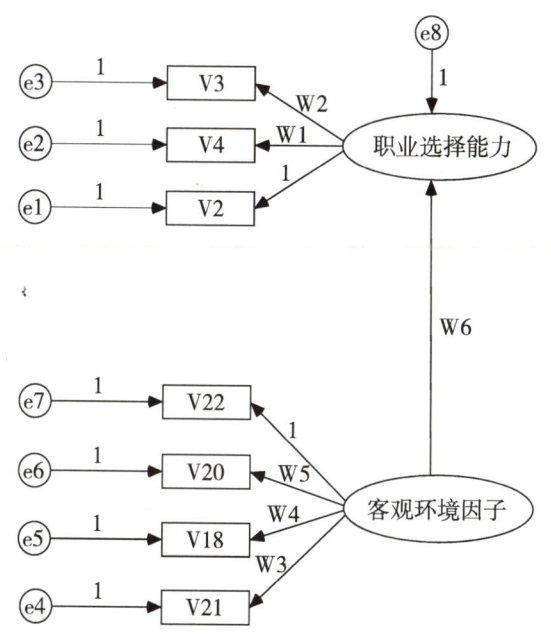

图3-15 客观环境因子对职业选择能力影响的结构方程模型图

（二）模型的输出参数设置

输出模型的卡方检验，自由度检验和假设检验中的P值。在误差项目中，采用极大似然法拟合样本数据的参数估计量。在输出结果中，显示最小化历史、标准估计值、模型的修正指标、模型的间接影响、直接影响和总影响。在AMOS Graphic中，要求显示SEM模型回归系数，使路径图上输出量显示在变量的上方。

(三) 模型测算结果

未标准化下的客观环境因子对职业选择能力影响的模型测算结果如图 3-16 所示：

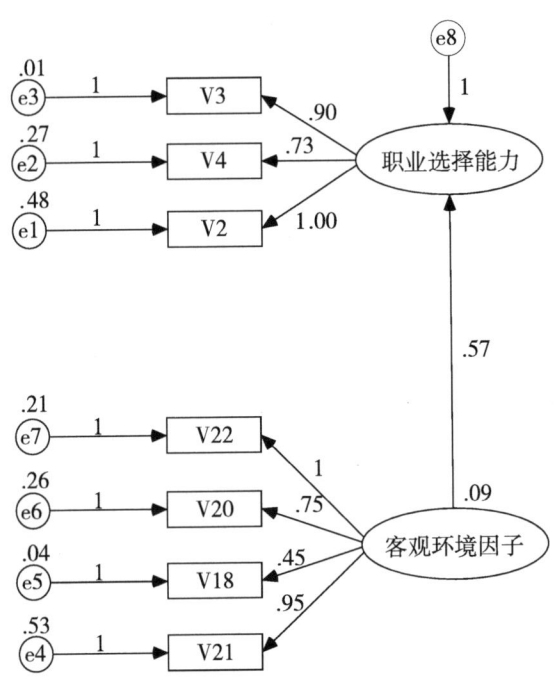

图 3-16 客观环境因子对职业选择能力影响的未标准化路径系数图

据此构造大学生自我管理能力的客观环境因子对职业选择能力影响的 SEM 模型：

自我职业锚与职业兴趣的定位准确度 = 0.90 * 职业选择能力 + 0.01

自我职业定位与外在需求的吻合度 = 0.73 * 职业选择能力 + 0.27

大学生自我职业价值观成熟程度 = 1 * 职业选择能力 + 0.48

社会对大学生自我管理能力的影响 = 1 * 客观环境因子 + 0.21

校园对大学生自我管理能力的引导 = 0.75 * 客观环境因子 + 0.26

大学生对未来的客观成就预期 = 0.45 * 客观环境因子 + 0.04

家庭对大学生成长的支持 = 0.95 * 客观环境因子 + 0.53

职业选择能力 = 0.57 * 客观环境因子 + 0.33

模型分析结果表明，客观环境因子对大学生的职业选择能力具有较为显著的影响，客观环境因子每提高 1 个单位，会带来职业选择能力提高 0.57 个单位。客观环境因子每提高 1 个单位，带来职业锚与职业兴趣的定位准确度提高 0.513 个单位，带来职业定位与外在需求的吻合度提高 0.4161 个单位，带来大学生自我职业价值观成熟程度提高 0.57 个单位。

客观环境因子的影响力按强弱依次表现在社会对大学生的影响、家庭对大学生的支持、校园对大学生的引导、大学生自身对未来客观成就的预期上。

标准化下的客观环境因子对职业选择能力影响的模型测算结果如图 3－17：

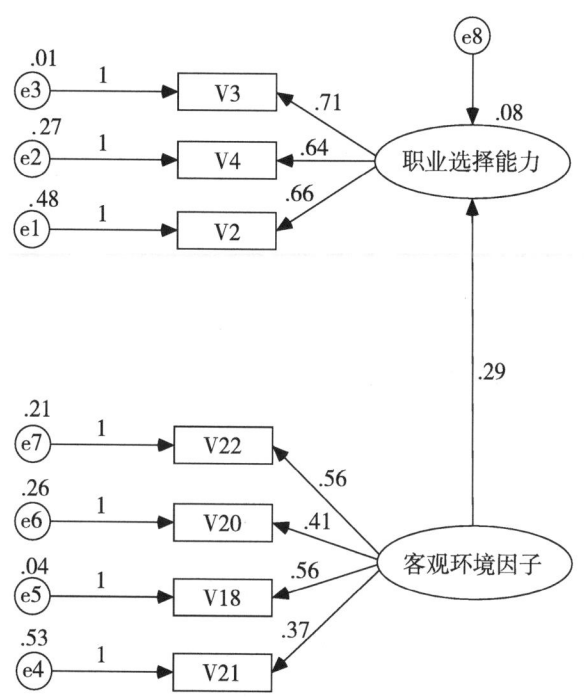

图 3－17　客观环境因子对职业选择能力影响的标准化路径系数图

标准化下的外因潜在变量客观环境因子对内因潜在变量职业选择能力影响的因果关系成立，其因素负荷量为 0.29。

职业选择能力对其观察变量的影响强度由大到小依次是：职业锚与职业兴趣的定位准确度（V3），因素负荷量为 0.71；自我职业价值观成熟程度（V2），因素负荷量为 0.66；自我职业定位与外在需求的吻合度（V4），因素负荷量为 0.64。

客观环境因子对其观察变量的影响强度由大到小依次是：社会对大学生自我管理能力的影响（V22），因素负荷量为 0.56；大学生对未来的客观成就预期（V18），因素负荷量为 0.56；校园对大学生自我管理能力的引导（V20），因素负荷量为 0.41；家庭对大学生成长的支持（V21），因素负荷量为 0.37。

二、模型的影响机制分析

（一）未标准化回归结果分析

如表 3-21 所示，Estimates 为未标准化回归系数，其取值可比较各因素的相对影响力大小。从表可得，客观环境因子对职业选择能力有显著影响，$p<0.001$，回归方程系数为 0.566；职业选择能力对各观察变量的影响中，对自我职业价值观成熟程度（V2）的影响最为显著，其次是对职业锚与职业兴趣的定位准确度（V3）的影响。未标准化下，客观环境因子对各观察变量影响大小依次是：社会对大学生自我管理能力的影响（V22）；家庭对大学生成长的支持（V21）；校园对大学生自我管理能力的引导（V20）；大学生对未来的客观成就预期（V18）。

表 3-21 客观环境因子对职业选择能力影响的未标准化回归系数表
(Regression Weights)

			Estimate	S. E.	C. R.	P	Label
职业选择能力	←	客观环境因子	0.566	0.126	4.507	***	W6
V2	←	职业选择能力	1.000				
V4	←	职业选择能力	0.726	0.049	14.912	***	W1
V3	←	职业选择能力	0.904	0.070	14.288	***	W2
V21	←	客观环境因子	0.950	0.168	5.646	***	W3
V18	←	客观环境因子	0.448	0.068	6.557	***	W4
V20	←	客观环境因子	0.755	0.125	6.032	***	W5
V22	←	客观环境因子	1.000				

（二）标准化回归结果分析

如表 3-22 所示，标准化回归中，客观环境因子对职业选择能力有一定影响力。

表 3-22　客观环境因子对职业选择能力影响的标准化回归系数表

			Estimate
职业选择能力	←	客观环境因子	0.287
V2	←	职业选择能力	0.656
V4	←	职业选择能力	0.641
V3	←	职业选择能力	0.710
V21	←	客观环境因子	0.370
V18	←	客观环境因子	0.563
V20	←	客观环境因子	0.414
V22	←	客观环境因子	0.557

影响系数为 0.287。职业选择能力对各观察变量的影响中，对职业锚与职业兴趣的定位准确度（V3）的影响系数为 0.710，最为显著；其次，是对大学生自我职业价值观成熟程度（V2），影响系数为 0.656；第三，是对自我职业定位与外在需求的吻合度（V4），影响系数为 0.641。而标准化下，客观环境因子对各观察变量影响大小依次是：大学生对未来的客观成就预期（V18），回归方程系数为 0.563；社会对大学生自我管理能力的影响（V22），回归方程系数为 0.557；校园对大学生自我管理能力的引导（V20），回归方程系数为 0.414；家庭对大学生成长的支持（V21），回归方程系数为 0.370。上述观察变量的 $p<0.001$，影响显著。

（三）标准化总影响的结果分析

客观环境因子对参与观察变量均有影响，对大学生未来的客观成就预期（V18）的影响取值为 0.563；其次是社会对大学生自我管理能力（V22）的影响；客观环境因子对职业选择能力的影响力最为显著的是对职业锚与职业兴趣的定位准确度（V3）；其次为对大学生自我职业价值观成熟程度（V2）的影响；职业选择能力仅仅影响到其自身的观察变量，对客观环境因子无影响（见表 3-23）。

表 3-23　客观环境因子对职业选择能力影响的标准化总影响表

	客观环境因子	职业选择能力
职业选择能力	0.287	0.000
V22	0.557	0.000
V20	0.414	0.000
V18	0.563	0.000
V21	0.370	0.000
V3	0.291	0.710
V4	0.184	0.641
V2	0.189	0.656

（四）标准化直接影响的结果分析

如表 3-24，客观环境因子对职业选择能力有直接影响力，影响系数为 0.287。

表 3-24　客观环境因子对职业选择能力影响的标准化直接影响表

	客观环境因子	职业选择能力
职业选择能力	0.287	0.000
V22	0.557	0.000
V20	0.414	0.000
V18	0.563	0.000
V21	0.370	0.000
V3	0.000	0.710
V4	0.000	0.641
V2	0.000	0.656

职业选择能力对各观察变量的影响中，对职业锚与职业兴趣的定位准确度（V3）的影响最为显著，系数为 0.710；其次是对大学生自我职业价值观成熟程度（V2）的影响，影响系数为 0.656；第三是对自我职业定位与外在需求的吻合度（V4）的影响，影响系数为 0.641。标准化下客观环

第三章 客观环境因子对相关因素作用的影响机制

境因子对各观察变量影响大小依次是：大学生对未来的客观成就预期（V18），影响系数为 0.563；社会对大学生自我管理能力的影响（V22），回归系数为 0.557；校园对大学生自我管理能力的引导（V20），影响系数为 0.414；家庭对大学生成长的支持（V21），影响系数为 0.370。

（五）标准化间接影响的结果分析

客观环境因子对职业选择能力的影响力最为显著的是对职业锚与职业兴趣的定位准确度（V3）的影响；第二是对大学生自我职业价值观成熟程度（V2）的影响；第三是职业定位与外在需求的吻合度（V4）的影响（见表 3-25）。

表 3-25 客观环境因子对职业选择能力影响的标准化间接影响表

	客观环境因子	职业选择能力
职业选择能力	0.000	0.000
V22	0.000	0.000
V20	0.000	0.000
V18	0.000	0.000
V21	0.000	0.000
V3	0.291	0.000
V4	0.184	0.000
V2	0.189	0.000

三、违反估计的检验

如果存在负的误差方差（S.E<0）或者标准化系数过于接近1，则模型违反估计。上述模型误差方差 S.E 在 0.004 至 0.04 之间，没有负数误差方差；模型的标准化系数绝对值在 0.287 至 0.710 之间。模型无违反估计之现象。

四、模型拟合度的检验

（一）卡方检验

模型的卡方检验结果如下，模型具有良好的拟合度。

Chi-square = 1.6

Probability level = 0.921

（二）模型与数据适合度的 CMIN 检验

完全适合数据的 CMIN 取值为 0。笔者检验了预设模型（Default model）、饱和模型（Saturated model）和独立模型（Independence model）三种情况，其中，预设模型的 CMIN 取值为 28.559，饱和模型取值为 0，独立模型取值为 890.546。根据 CMIN 取值，越接近于 0 的模型拟合越好，因此模型应为饱和模型，对数据适合度最佳。预设模型还可进一步修正。

（三）模型拟合度的残差平方根检验

残差平方根检验 RMR（root mean square residual）越接近于 0，表明模型的拟合度越好，通常采用 RMR < 0.05，此处饱和模型的取值为 0，预设模型的取值为 0.014，独立模型的取值为 0.106，饱和模型和预设模型的拟合度较好，独立模型的拟合度较差。GFI 越接近于 1 表明模型的拟合度越好，计算结果为预设模型的 GFI 取值为 0.986，接近 1 而饱和模型 GFI 等于 1，独立模型的 GFI 取值为 0.694，饱和模型和预设模型的拟合效果良好，独立模型的拟合度较差。

（四）模型的基准比较

相关统计指标有 NFI、RFI、IFI、TLI、CFI，其取值均在 0 至 1 之间，取值越大，拟合效果越好，当数据完全拟合时，上述相关统计指标取值为 1。本模型计算结果为在饱和模型下，NFI、IFI、CFI 取值为 1，数据可完全拟合，预设模型 NFI 取值为 0.968，RFI 取值为 0.948、IFI 为 0.982、TLI 为 0.971、CFI 为 0.982，预设模型具有较好的拟合度，而独立模型的五个指标取值均为 0。

（五）数据与模型的差异程度比较

FMIN 表示数据与模型的差异程度，FO 表示总体与模型的差异程度，LO90 表示总体差异值 90% 的置信区间的下限值，HI90 表示总体差异值的 90% 置信区间的上限值，FMIN 取值为 0，表示数据完全拟合。本模型计算结果为，饱和模型的 FMIN、FO、LO90、HI90 取值均为 0。预设模型的 FMIN、FO、LO90、HI90 取值分别为 0.048、0.026、0.006、0.058。独立模型的 FMIN、FO、LO90、HI90 取值分别为 1.487、1.452、1.295、

1.621。饱和模型和预设模型的拟合度较好,独立模型的拟合度较差。

(六) 模型的平均平方误差平方根检验

RMSEA 是平均平方误差平方根,当其小于 0.05 时,可以判断模型的拟合度好。大于 0.05 但小于 0.1 时,表示模型处于灰色地带,不满意但可以接受,当其大于 0.1 时,模型的拟合度差,需要调整模型。经计算,预设模型的平均平方误差平方根检验取值为 0.045,模型拟合度可以接受。

(七) 模型复杂性处罚标准

对模型复杂性处理常用的指标是 AIC、BCC、BIC、CAIC,这些指标用于判断多种模型中哪一个较优,取值小的模型较优,取值大时的处罚程度 AIC 较轻,CAIC 较重。经计算,预设模型的 AIC、BCC、BIC、CAIC 取值分别为:58.559、58.965、124.513、139.513。饱和模型的 AIC、BCC、BIC、CAIC 取值分别为:56.000、56.758、179.114、207.114。独立模型的 AIC、BCC、BIC、CAIC 取值分别为:904.546、904.735、935.324、942.324。结构方程模型应为预设模型。

本章小结

本章探讨客观环境因子对相关因子的影响机制,主要结论如下:

客观环境因子对自我激励能力、时间管理能力、规划控制能力、决策沟通学习能力、职业选择能力的影响力显著。标准化下客观环境因子对内因潜在变量影响力由大到小依次为:自我激励能力、决策沟通学习能力、时间管理能力、规划控制能力、职业选择能力。标准化下客观环境因子对各个观察变量影响力由大到小为:主观成就预期、决策的行动能力、决策思维能力、时间管理目标明确程度、时间管理条理性、时间管理行动连续性、沟通中的信息处理能力、学习效率提升的针对性、时间管理观念主动程度、自我长处挖掘能力、沟通中的倾听能力、以终为始能力、沟通中的诉说能力、个体内在控制中心、多角色下的要事处理能力。

大学生面临的社会、家庭、学校等环境因子中的压力与机遇显著影响大学生自我管理的主观积极性,并作用于大学生的决策沟通学习能力、时间管理能力、规划控制能力和职业选择能力。分析结果表明,环境因子中的压力与机遇使大多数学生普遍对未来成就的主观重视程度提高;重视决策的行动与思维能力；在时间管理中注重围绕与成就高度相关的决策事件行动、能分清要事并较为有效地节约时间、注重时间管理的连续性、时间管理效率提高；沟通中能较有效地获取、利用信息；等等。但大学生结合自身学习风格订立适合的学习计划改进学习的能力亟待提高；时间管理观念的主动性亟待提高；正确自我认知，挖掘自我长处的能力亟待提高；结合自身特长、优势进行职业选择的能力亟待提高。

  沟通中的倾听、诉说能力受环境因子的影响较弱。被调查的大学生以关注沟通信息本身为主，忽略人际互动；沟通中换位思考能力较欠缺；诉说中非言语信息少；自我控制能力较弱；部分学生将失败归咎于外界环境，较少从自身找原因改进；订立目标中，多受外在环境影响缺乏主观内在控制，短期目标多长期目标少。

  环境因子对大学生多角色下处理要事的能力影响较弱，说明校园和家庭环境还不能有效培养学生成为"社会人"所必需的多重角色，校园、家庭对大学生的培养角色单一，社会角色要求滞后于社会对职业人士基本素养的要求。

第四章　自我激励能力对相关因素作用的影响机制

本章应用结构方程模型，把大学生的自我激励能力作为外因潜在变量，分析其对作为内因潜在变量时间管理能力、规划控制能力、决策沟通学习能力、职业选择能力产生的具体影响。

第一节　自我激励能力对时间管理能力影响的结构方程模型

一、模型的构建

（一）模型初始条件

自我激励能力由两个观察变量"以终为始能力"（V10）、"主观成就预期"（V19）的综合特质反映。时间管理能力由五个观察变量综合反映其特质，分别是自我长处挖掘能力（V1）、自我时间管理目标明确程度（V5）、自我时间管理观念主动程度（V6）、自我时间管理条理性（V7）、自我时间管理行动连续性（V8）。

如图4-1所示，自我激励能力由方框中的两个观察变量表示，自我激励能力影响到个体的时间管理能力，设自我时间管理条理性（V7）和"以终为始能力"（V10）的初始回归系数为1，其余观察变量回归系数为W1、W2……W6。上述每个观察变量的误差变量用e1、e2……e8表示。

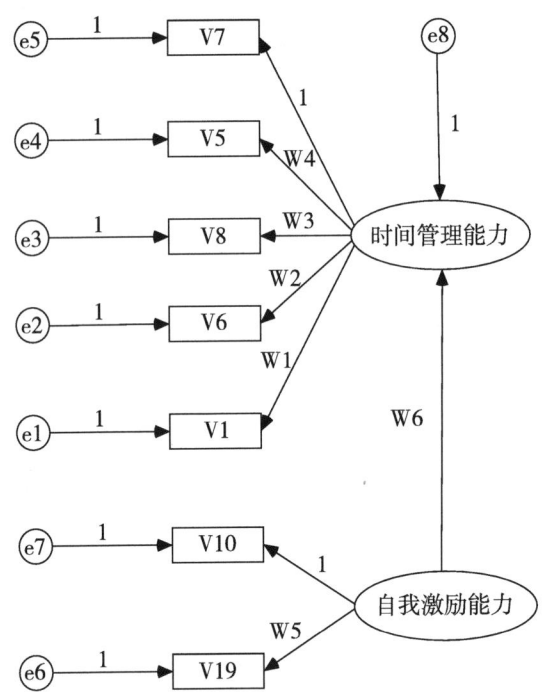

图 4-1　自我激励能力对时间管理能力影响的结构方程模型图

（二）模型的输出参数设置

要求输出模型的卡方检验，自由度检验和假设检验中的 P 值。在误差项目中，采用极大似然法拟合样本数据的参数估计量。在输出结果中，显示最小化历史、标准估计值、模型的修正指标、模型的间接影响、直接影响和总影响。

参数名称设置：在 AMOS Graphic 中，要求显示 SEM 模型回归系数，使路径图上呈现的输出量显示在变量的上方。

（三）模型测算结果

未标准化下的自我激励能力对时间管理能力影响的模型测算结果如图 4-2：

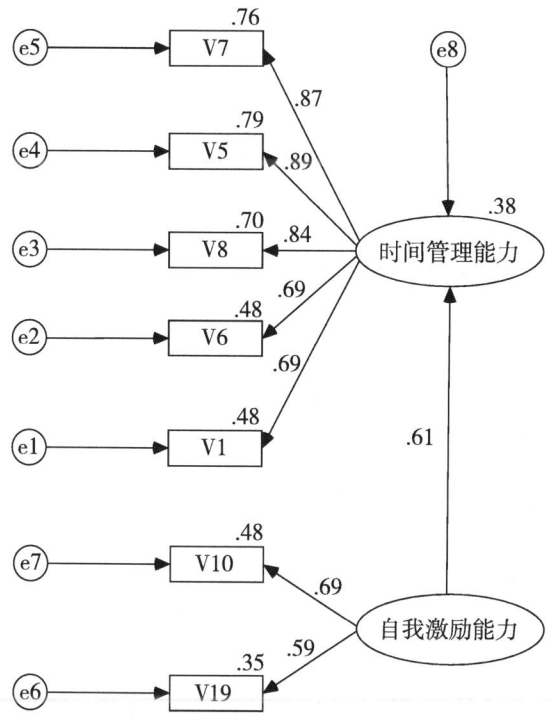

图 4-2　自我激励能力对时间管理能力影响的结构方程模型未标准化路径系数图

在自我激励能力对时间管理能力影响的 SEM 模型中,自我激励能力对时间管理能力影响的因果关系成立,标准化回归系数为 0.61,表明两个因素之间具有较为明显的回归关系。

时间管理能力显著影响了观察变量:自我时间管理目标明确程度(V5),回归系数为 0.89;自我时间管理条理性(V7),回归系数为 0.87。较为明显地影响了观察变量自我时间管理行动连续性(V8),回归系数为 0.84;对观察变量自我时间管理观念主动程度(V6)具有一定影响力,回归系数为 0.69;对自我长处挖掘能力(V1)具有一定影响力,回归系数为 0.69。

自我激励能力对观察变量以终为始能力(V10)的回归系数为 0.69。自我激励能力较显著地影响了大学生个体的主观成就预期(V19),回归系数为 0.53。

构造大学生自我激励能力对时间管理能力的标准化 SEM 模型如下:

时间管理条理性 = 0.87 * 时间管理能力 + 0.76

时间管理目标明确程度 = 0.89 * 时间管理能力 + 0.79

时间管理行动连续性 = 0.84 * 时间管理能力 + 0.70

时间管理观念主动程度 = 0.69 * 时间管理能力 + 0.48

自我长处挖掘能力 = 0.69 * 时间管理能力 + 0.48

以终为始能力 = 0.69 * 自我激励能力 + 0.48

主观成就预期 = 0.59 * 自我激励能力 + 0.35

时间管理能力 = 0.61 * 自我激励能力 + 0.38

时间管理能力与自我激励能力之间的因果关系成立,回归系数为 0.61,表明两个因素之间互相影响力较为明显。

大学生自我激励能力每提高 1 个单位,带来大学生时间管理能力提升 0.61 个单位。自我激励能力每提高 1 个单位,带来大学生时间管理条理性提升约 0.53 个单位;时间管理目标明确程度提高约 0.54 个单位;时间管理行动连续性提升约 0.51 个单位;时间管理观念主动程度提升约 0.42 个单位;自我长处挖掘能力提高约 0.42 个单位。自我激励能力每提高 1 个单位,带来以终为始能力提高 0.69 个单位,带来主观成就预期提高 0.59 个单位。

二、模型的影响机制分析

(一) 未标准化回归结果分析

表 4-1 为未标准化回归系数表,其取值可比较各因素相对影响力大小。自我激励能力对时间管理能力具有显著影响,$p < 0.001$,回归方程系数为 1.245。

表 4-1 自我激励能力对时间管理能力的未标准化回归系数表

			Estimate	S. E.	C. R.	P	Label
时间管理能力	←	自我激励能力	1.245	0.150	8.284	***	W6
V1	←	时间管理能力	0.932	0.048	19.485	***	W1
V6	←	时间管理能力	0.511	0.026	19.458	***	W2
V8	←	时间管理能力	0.724	0.027	26.395	***	W3
V5	←	时间管理能力	0.960	0.033	28.886	***	W4
V7	←	时间管理能力	1.000				
V19	←	自我激励能力	0.531	0.063	8.413	***	W5
V10	←	自我激励能力	1.000				

第四章 自我激励能力对相关因素作用的影响机制

时间管理能力对各因子作用力相对按影响大小排序依次为：时间管理目标明确程度、自我长处挖掘能力、自我时间管理行动连续性、自我时间管理观念主动程度。其中，时间管理目标明确程度（V5）具有显著影响，回归方程系数为 0.960；时间管理能力对自我长处挖掘能力（V1）具有显著影响，回归方程系数为 0.932；

自我激励能力对主观成就预期（V19）具有显著影响，回归方程系数为 0.531；自我激励能力对以终为始能力（V10）具有显著影响，回归方程系数为 1。

（二）标准化回归结果分析

表 4-2 为标准化回归系数表，用于解释标准化后各因素间的相对影响力大小。其中，时间管理能力对自我时间管理目标明确程度（V5）的影响力最大，为 0.886，其次为对自我时间管理条理性（V7）的影响，为 0.872；第三，是对自我时间管理行动连续性（V8）的影响，为 0.839；自我激励能力对以终为始能力（V10）影响力较大，为 0.694，自我激励能力的影响力按照由大到小排序为影响大学生以终为始能力（V10）、影响大学生对未来的主观预期（V19）。

表 4-2　自我激励能力对时间管理能力的标准化回归系数表

			Estimate
时间管理能力	←	自我激励能力	0.614
V1	←	时间管理能力	0.692
V6	←	时间管理能力	0.691
V8	←	时间管理能力	0.839
V5	←	时间管理能力	0.886
V7	←	时间管理能力	0.872
V19	←	自我激励能力	0.592
V10	←	自我激励能力	0.694

（三）标准化总影响的结果分析

如表 4-3 所示，自我激励能力对所有参与分析的变量均有影响。其中，影响力最为显著的是"以终为始能力"（V10），其次是自我激励能力

大学生自我管理能力影响机制评价

对时间管理能力的总影响。自我激励能力对时间管理的观察变量的作用力最显著地体现在对自我时间管理目标的明确上。

表4-3 自我激励能力对时间管理能力的标准化总影响表

	自我激励能力	时间管理能力
时间管理能力	0.614	0.000
V10	0.694	0.000
V19	0.592	0.000
V7	0.536	0.872
V5	0.545	0.886
V8	0.516	0.839
V6	0.425	0.691
V1	0.425	0.692

(四) 标准化直接影响的结果分析

如表4-4所示,自我激励能力对以终为始能力(V10)的总影响力为0.694,对学生未来主观预期(V19)的总影响力为0.592,时间管理能力对自我时间管理条理性(V7)的总影响力为0.872;对自我时间管理目标明确程度(V5)的总影响力为0.886;对自我时间管理行动连续性(V8)的总影响力为0.839;对自我时间管理观念主动程度(V6)的总影响力为0.691;对自我长处挖掘能力(V1)的总影响力为0.692。

表4-4 自我激励能力对时间管理能力的标准化直接影响表

	自我激励能力	时间管理能力
时间管理能力	0.614	0.000
V10	0.694	0.000
V19	0.592	0.000
V7	0.000	0.872
V5	0.000	0.886
V8	0.000	0.839
V6	0.000	0.691
V1	0.000	0.692

第四章 自我激励能力对相关因素作用的影响机制

（五）标准化间接影响的结果分析

如表 4-5 所示，自我激励能力对时间管理能力的观察变量有间接影响力，从大到小依次是：对自我时间管理目标明确程度的影响力；对自我时间管理条理性的影响力；对自我时间管理行动连续性的影响力；对自我时间管理观念主动程度的影响力和对自我长处挖掘能力的影响力。

表 4-5 自我激励能力对时间管理能力的标准化间接影响表

	自我激励能力	时间管理能力
时间管理能力	0.000	0.000
V10	0.000	0.000
V19	0.000	0.000
V7	0.536	0.000
V5	0.545	0.000
V8	0.516	0.000
V6	0.425	0.0000
V1	0.425	0.000

三、违反估计的检验

如果存在负的误差方差（S.E<0）或者标准化系数过于接近 1（通常以标准化系数小于等于 0.95 为门槛），则模型违反估计。根据上述分析可知，模型的误差方差 S.E 在 0.026 至 0.15 之间，没有负数误差方差；模型的标准化回归系数绝对值在 0.592 至 0.886 之间。模型无违反估计之现象。

四、模型拟合度的检验

（一）卡方检验

模型的卡方检验结果如下，模型具有良好的拟合度。

Chi-square = 3.012

Probability level = 0.899

（二）模型与数据适合度的 CMIN 检验

完全适合数据的 CMIN 取值为 0。笔者检验了预设模型（Default model)、饱和模型（Saturated model）和独立模型（Independence model）三种情况，其中，预设模型的 CMIN 取值为 165.215，饱和模型取值为 0，独立模型取值为 2211.607。根据 CMIN 取值，越接近于 0 的模型拟合越好，因此模型应为饱和模型，对数据适合度最佳。预设模型还可进一步修正。

（三）模型拟合度的残差平方根检验

残差平方根检验 RMR（root mean square residual）越接近于 0，表明模型的拟合度越好，通常采用 RMR<0.05，此处饱和模型的取值为 0，预设模型的取值为 0.109，独立模型的取值为 1.043，饱和模型的拟合度较好，预设模型和独立模型的拟合度较差。GFI 越接近于 1 表明模型的拟合度越好，计算结果为预设模型的 GFI 取值为 0.931，接近 1 而饱和模型 GFI 等于 1，独立模型的 GFI 取值为 0.391，饱和模型和预设模型的拟合效果良好，独立模型的拟合度较差。

（四）模型的基准比较

相关统计指标有 NFI、RFI、IFI、TLI、CFI，其取值均在 0 至 1 之间，取值越大，拟合效果越好，当数据完全拟合时，上述相关统计指标取值为 1。本模型计算结果为在饱和模型下，NFI、IFI、CFI 取值为 1，数据可完全拟合，预设模型 NFI 取值为 0.925，RFI 取值为 0.879、IFI 为 0.931、TLI 为 0.888、CFI 为 0.931，预设模型具有较好的拟合度，而独立模型的五个指标取值均为 0。

（五）数据与模型的差异程度比较

FMIN 表示数据与模型的差异程度，FO 表示总体与模型的差异程度，LO90 表示总体差异值 90% 的置信区间的下限值，HI90 表示总体差异值的 90% 置信区间的上限值，FMIN 取值为 0，表示数据完全拟合。本模型计算结果为，饱和模型的 FMIN、FO、LO90、HI90 取值为 0。预设模型的 FMIN、FO、LO90、HI90 取值分别为 0.276、0.254、0.191、0.330。独立模型的 FMIN、FO、LO90、HI90 取值分别为 3.692、3.657、3.405、3.921。饱和模型和预设模型的拟合度较好，独立模型的拟合度较差。

（六）模型的平均平方误差平方根检验

平均平方误差平方根，当其小于 0.05 时，可以判断模型的拟合度好。大于 0.05 但小于 0.1 时，表示模型处于灰色地带，不满意但可以接受，当其大于 0.1 时,模型的拟合度差,需要调整模型。经计算,预设模型的平均平方误差平方根检验取值为 0.084,模型拟合度可以接受。

(七) 模型复杂性处罚检验

对模型的复杂性,即参数过多的处罚,常用的指标是 AIC、BCC、BIC、CAIC,这些指标用于判断多种模型中哪一个较优,取值小的模型较优,取值大时的处罚程度 AIC 较轻,CAIC 较重。经计算,预设模型的 AIC、BCC、BIC、CAIC 取值分别为:195.215、195.621、261.169、276.169。饱和模型的 AIC、BCC、BIC、CAIC 取值分别为:56.000、56.758、179.114、207.114。独立模型的 AIC、BCC、BIC、CAIC 取值分别为:2225.607、2225.797、2256.386、2263.386。结构方程模型应为饱和模型,预设模型应修正。

五、模型的修正

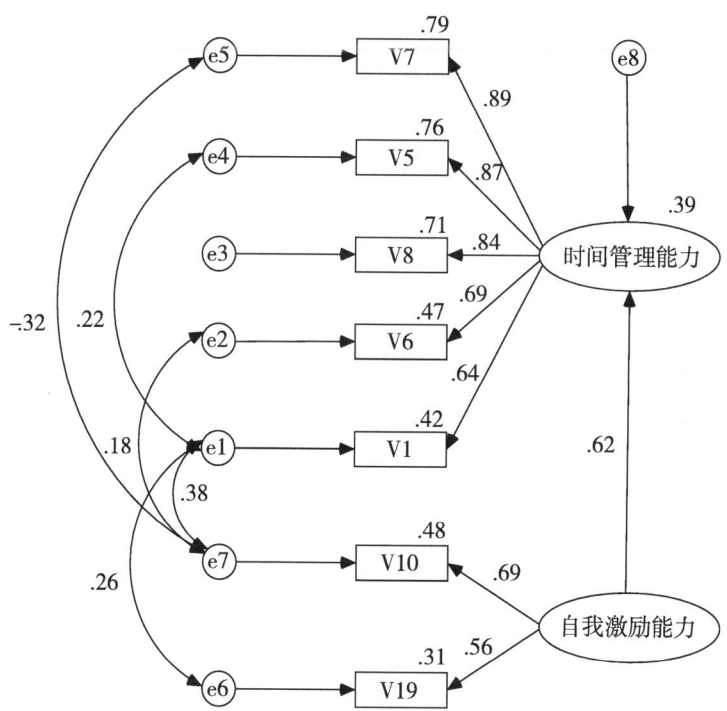

图 4-3 修正后的自我激励能力对时间管理能力影响的
结构方程模型标准化路径系数图

大学生自我管理能力影响机制评价

模型在平均平方误差平方根检验及模型的复杂性的处罚中可修正。计算结果表明,模型的误差变量 e5 与 e7、e1 与 e7、e2 与 e7、e1 与 e4、e1 与 e6 之间具有相关性。据此建立模型的误差变量相关关系,并命名相关系数分别为 C1、C2、C3、C4、C5 修正原有预设模型。修正后的标准化结构方程模型如图 4-3。

修正后模型的适配性我们采用平均平方误差平方根检验进行,计算结果为:预设模型平均平方误差平方根 RMSEA 经过修正后的取值为 0.065,LO90 取值为 0.040,HI90 取值为 0.092,均较为接近于 0。独立模型平均平方误差平方根 RMSEA 经过修正后的取值为 0.417,LO90 取值为 0.403,HI90 取值为 0.432。预设模型的平均平方误差平方根检验结果较修正以前降低,拟合度良好。

第二节 自我激励能力对规划控制能力影响的结构方程模型

一、模型的构建

(一)模型初始条件

如图 4-4 所示,自我激励能力由"以终为始能力"(V10)、"主观成就预期"(V19)的综合特质反映。规划控制能力这一潜在变量由大学生个体的内在控制中心(V9)、大学生个体在多角色下的要事处理能力(V11)综合反映其特质。设自我激励能力为外因潜在变量,它由方框中的两个观察变量 V10、V19 表示;规划控制能力为内因潜在变量,它由方框中的观察变量 V9、V11 表示。

上述观察变量的误差变量用 e1、e2、e3、e4 表示。设内因潜在变量的结构模型方程式残差为 e5,残差 e5 的回归系数为 1。自我激励能力的 V10 回归系数为 1,规划控制能力的 V11 回归系数为 1,其余各观察变量的回归系数为 W1,W2,结构方程模型的回归系数为 W3。

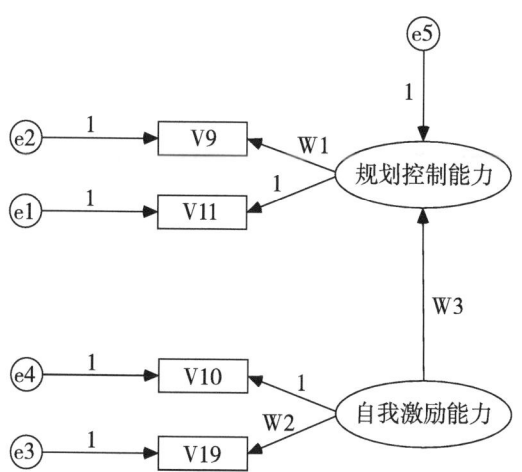

图 4-4　自我激励能力对规划控制能力影响的结构方程模型图

（二）模型的输出参数设置

要求输出模型的卡方检验，自由度检验和假设检验中的 P 值。在误差项目中，采用极大似然法拟合样本数据的参数估计量。在输出结果中，显示最小化历史、标准估计值、模型的修正指标、模型的间接影响、直接影响和总影响。在 AMOS Graphic 中要求显示 SEM 模型回归系数，使路径图上输出量显示在变量的上方。

（三）模型测算结果

未标准化下自我激励能力对规划控制能力影响的模型测算结果如图 4-5：

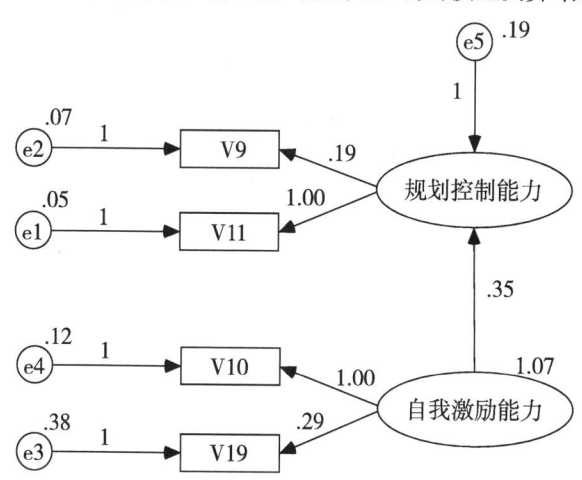

图 4-5　自我激励能力对规划控制能力影响的未标准化路径系数图

构造大学生自我管理能力的自我激励能力对规划控制能力影响的 SEM 模型为：

规划控制能力 = 0.35 * 自我激励能力 + 0.19

大学生个体积极主动的内在控制中心 = 0.19 * 规划控制能力 + 0.07

大学生个体多角色下的要事处理能力 = 1 * 规划控制能力 + 0.05

以终为始能力 = 1 * 自我激励能力 + 0.12

主观成就预期 = 0.29 * 自我激励能力 + 0.38

模型分析结果表明，自我激励能力对规划控制能力具有一定影响。自我激励能力每提高 1 个单位，可带来规划控制能力提高 0.35 个单位，由此带来积极主动的内在控制中心提高 0.0665 个单位，带来大学生个体在多角色下的要事处理能力提高 0.35 个单位。自我激励能力每提高 1 个单位，带来以终为始能力提高 1 个单位，并且带来主观成就预期提高 0.29 个单位。

标准化下的自我激励能力对规划控制能力影响的模型测算结果如图 4-6：

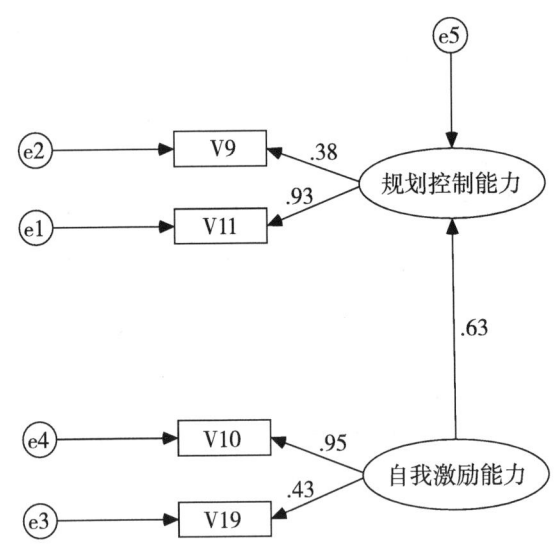

图 4-6　自我激励能力对规划控制能力影响的标准化路径系数图

标准化下的外因潜在变量自我激励能力对内因潜在变量规划控制能力影响的因果关系成立，其回归系数为 0.63。规划控制能力对其观察变量的影响强度由大到小依次是：大学生个体在多角色下的要事处理能力（V11），回归系数为 0.93；大学生个体积极主动的内在控制中心（V9），

第四章 自我激励能力对相关因素作用的影响机制

回归系数为 0.38。自我激励能力对其观察变量的影响强度由大到小依次是：以终为始能力（V10），回归系数为 0.95；主观成就预期（V19），回归系数为 0.43。

二、模型的影响机制分析

（一）未标准化回归结果分析

如表 4-6 所示，Estimates 为未标准化回归系数，取值可比较各因素相对影响力大小。从表可得，自我激励能力对规划控制能力具有显著影响，$p < 0.001$，回归方程系数为 0.345；规划控制能力对其观察变量的影响强度由大到小依次是：对大学生个体在多角色下的要事处理能力（V11）的影响；对大学生个体积极主动的内在控制中心（V9）的影响。

自我激励能力对其观察变量影响强度由大到小依次是：以终为始能力（V10）的影响；主观成就预期（V19）的影响。上述观察变量 $p < 0.001$，影响显著。

表 4-6 自我激励能力对规划控制能力影响的未标准化回归系数表

			Estimate	S. E.	C. R.	P	Label
规划控制能力	←	自我激励能力	0.345	0.046	7.451	***	W3
V11	←	规划控制能力	1.000				
V9	←	规划控制能力	0.191	0.032	5.963	***	W1
V19	←	自我激励能力	0.285	0.042	6.815	***	W2
V10	←	自我激励能力	1.000				

（二）标准化回归结果分析

如表 4-7 所示，标准化回归系数中，自我激励能力对规划控制能力的影响力较为显著，系数为 0.631。表中规划控制能力对其观察变量的影响强度由大到小依次是：大学生个体在多角色下的要事处理能力（V11），回归系数为 0.927；大学生个体积极主动的内在控制中心（V9），回归系数为 0.382。

表 4-7 自我激励能力对规划控制能力影响的标准化回归系数表

			Estimate
规划控制能力	←	自我激励能力	0.631
V11	←	规划控制能力	0.927
V9	←	规划控制能力	0.382
V19	←	自我激励能力	0.434
V10	←	自我激励能力	0.947

自我激励能力对其观察变量的影响强度由大到小依次是：以终为始能力（V10），标准化回归方程系数为 0.947；主观成就预期（V19），标准化系数 0.434。上述观察变量的 $p<0.001$，影响显著。

（三）标准化总影响的结果分析

如表 4-8 所示，自我激励能力对规划控制能力的总影响系数为 0.631，影响力较显著。对参与分析的所有观察变量均有影响，总影响力大小依次是对大学生个体在多角色下的要事处理能力（V11）的总影响力 0.585；对大学生个体积极主动的内在控制中心（V9）的总影响力为 0.241。

自我激励能力对其自身的观察变量的影响力由大到小依次是：以终为始能力（V10），标准化回归方程系数为 0.947；主观成就预期（V19），标准化系数 0.434。上述观察变量的 $p<0.001$，影响显著。

规划控制能力对其观察变量的总影响主要通过大学生个体多角色下的要事处理能力（V11）表现出来，规划控制能力对自我激励能力及其观察变量无影响。

表 4-8 自我激励能力对规划控制能力影响的标准化总影响表

	自我激励能力	规划控制能力
规划控制能力	0.631	0.000
V10	0.947	0.000
V19	0.434	0.000
V9	0.241	0.382
V11	0.585	0.927

第四章 自我激励能力对相关因素作用的影响机制

（四）标准化直接影响的结果分析

如表4-9所示，标准化直接影响中，自我激励能力直接影响规划控制能力，取值为0.631，规划控制能力表现在大学生个体在多角色下的要事处理能力（V11）上最为显著，取值为0.927，其次是表现在大学生个体积极主动的内在控制中心（V9）上，取值为0.382。

自我激励能力的直接影响力表现在以终为始能力（V10）上最为显著，标准化回归方程系数为0.947；其次是主观成就预期（V19），标准化系数为0.434。

表4-9 自我激励能力对规划控制能力影响的标准化直接影响表

	自我激励能力	规划控制能力
规划控制能力	0.631	0.000
V10	0.947	0.000
V19	0.434	0.000
V9	0.000	0.382
V11	0.000	0.927

（五）标准化间接影响的结果分析

如表4-10所示，自我激励能力对规划控制能力的观察变量具有间接影响。间接影响力表现在大学生个体在多角色下的要事处理能力（V11）上较显著，取值为0.585，其次是大学生个体积极主动的内在控制中心（V9）上，取值为0.241。

表4-10 自我激励能力对规划控制能力影响的标准化间接影响表

	自我激励能力	规划控制能力
规划控制能力	0.000	0.000
V10	0.000	0.000
V19	0.000	0.000
V9	0.241	0.000
V11	0.585	0.000

三、违反估计的检验

根据上述分析可知,模型误差方差 S.E 在 0.032 至 0.046 之间,没有负数误差方差;模型标准化系数绝对值在 0.382 至 0.947 之间。模型无违反估计现象。

四、模型拟合度的检验

(一) 卡方检验

模型的卡方检验结果如下,模型具有良好的拟合度。

Chi-square = 1.97

Probability level = 0.982

(二) 模型与数据适合度的 CMIN 检验

完全适合数据的 CMIN 取值为 0。笔者检验了预设模型（Default model）、饱和模型（Saturated model）和独立模型（Independence model）三种情况,其中,预设模型的 CMIN 取值为 0.000,饱和模型取值为 0.000,独立模型取值为 411.887。根据 CMIN 取值,越接近于 0 的模型拟合越好,因此模型应为饱和模型或预设模型,对数据适合度高。

(三) 模型拟合度的残差平方根检验

残差平方根检验 RMR（root mean square residual）越接近于 0,表明模型的拟合度越好,通常采用 RMR < 0.05,此处饱和模型的取值为 0,预设模型的取值为 0,独立模型的取值为 0.158,饱和模型和预设模型的拟合度好,独立模型的拟合度较差。GFI 越接近于 1 表明模型的拟合度越好,计算结果为预设模型的 GFI 取值为 1,饱和模型 GFI 等于 1,独立模型的 GFI 取值为 0.733,饱和模型和预设模型的拟合效果好,独立模型的拟合度较差。

(四) 模型的基准比较

相关统计指标有 NFI、RFI、IFI、TLI、CFI,其取值均在 0 至 1 之间,取值越大,拟合效果越好,当数据完全拟合时,上述相关统计指标取值为 1。本模型计算结果为在饱和模型下,NFI、IFI、CFI 取值为 1,数据可完全拟合,预设模型的 NFI、RFI、IFI、TLI、CFI 取值为 1,预设模型具有较好的拟合度,而独立模型的五个指标取值均为 0,独立模型的拟合度较差。

(五) 数据与模型的差异程度比较

FMIN 表示数据与模型的差异程度,FO 表示总体与模型的差异程度,LO90 表示总体差异值 90% 的置信区间的下限值,HI90 表示总体差异值的 90% 置信区间的上限值,FMIN 取值为 0,表示数据完全拟合。本模型计算结果为,饱和模型的 FMIN、FO、LO90、HI90 取值分别为 0。预设模型的 FMIN、FO、LO90、HI90 取值分别为 0。独立模型的 FMIN、FO、LO90、HI90 取值分别为 0.688、0.678、0.573、0.795。饱和模型和预设模型的拟合度好,独立模型的拟合度较差。

(六) 模型的平均平方误差平方根检验

RMSEA 是平均平方误差平方根,当其小于 0.05 时,可以判断模型的拟合度好。大于 0.05 但小于 0.1 时,表示模型处于灰色地带,不满意但可以接受,当其大于 0.1 时,模型的拟合度差,需要调整模型。经计算,预设模型的平均平方误差平方根检验取值为 0,模型拟合度好。

(七) 模型复杂性处罚检验

对模型参数过多处罚的常用的指标是 AIC、BCC、BIC、CAIC,这些指标用于判断多种模型中哪一个较优,取值小的模型较优,取值大时的处罚程度 AIC 较轻,CAIC 较重。经计算,预设模型的 AIC、BCC、BIC、CAIC 取值分别为:18.000、18.152、57.573、66.573。饱和模型的 AIC、BCC、BIC、CAIC 取值分别为:20.000、20.168、63.969、73.969。独立模型的 AIC、BCC、BIC、CAIC 取值分别为:419.887、419.954、437.474、441.474。结构方程模型应为预设模型。

第三节 自我激励能力对决策沟通学习能力影响的结构方程模型

一、模型的构建

(一) 模型初始条件

自我激励能力由两个观察变量"以终为始能力"(V10)、"主观成就预期"(V19)的综合特质反映。决策沟通学习能力这一潜在变量由六个观察变量综合反映其特质,分别是自我学习效率提升的针对性(V12)、决策的行动能力(V13)、决策思维能力(V14)、沟通中的信息处理能力(V15)、沟通中的倾听能力(V16)、沟通中的诉说能力(V17)。

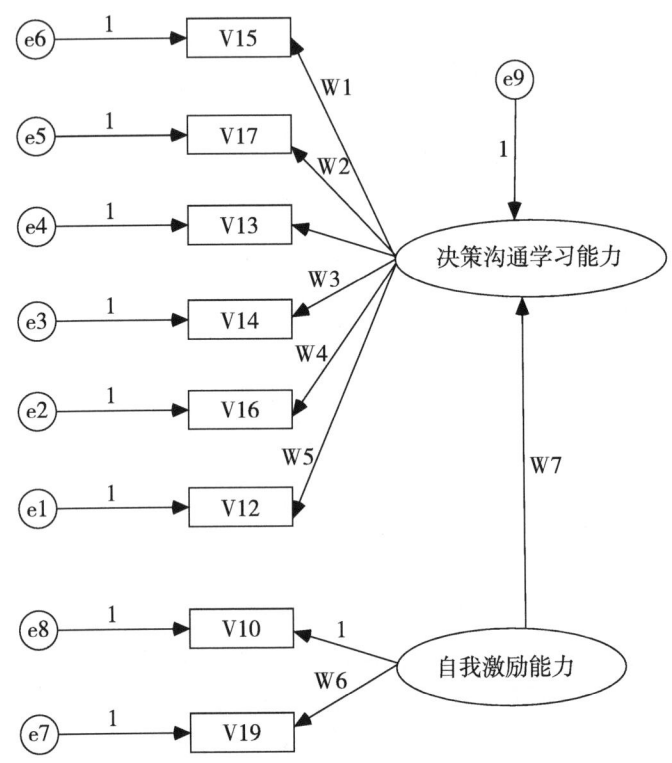

图4-7 自我激励能力对决策沟通学习能力影响的结构方程模型图

如图4-7,设内因潜在变量间的因果关系的结构模型方程式的残差的回归系数为1,残差为e9。观察变量的误差变量用e1、e2……e8表示。设决策沟通学习能力的观察变量中决策的行动能力(V13)的回归系数为1,自我激励能力中"以终为始能力"(V10)的回归系数为1,W1,W2……W6为其余各观察变量的回归系数。自我激励能力对决策沟通学习能力影响的结构方程模型回归系数为W7。

(二)模型的输出参数设置

要求输出模型的卡方检验,自由度检验和假设检验中的P值。在误差项目中,采用极大似然法合样本数据的参数估计量。在输出结果中,显示最小化历史、标准估计值、模型的修正指标、模型的间接影响、直接影响和总影响。要求显示 SEM 模型回归系数。

(三) 模型测算结果

未标准化下自我激励能力对决策沟通学习能力影响的测算结果如图 4-8：

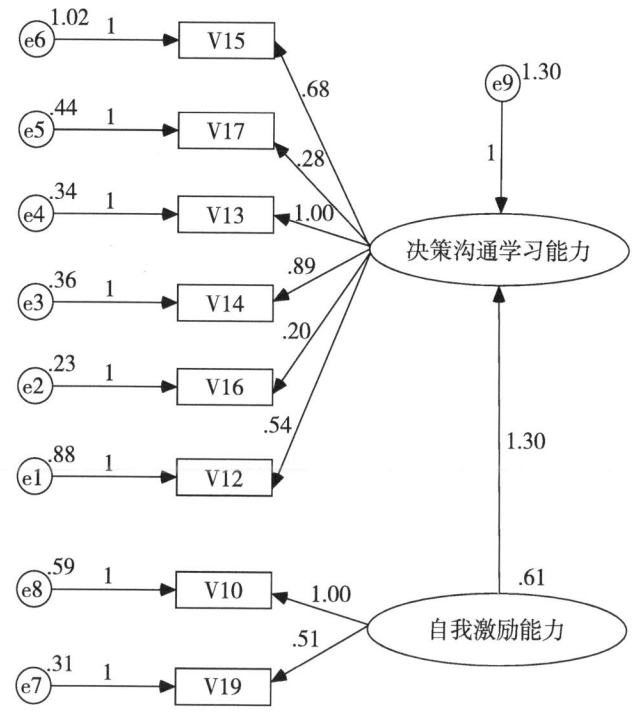

图 4-8　自我激励能力对决策沟通学习能力影响的未标准化路径系数图

据此，构造大学生自我激励能力对决策沟通学习能力影响的 SEM 模型。

沟通中的信息处理能力 = 0.68 * 决策沟通学习能力 + 1.02

沟通中的诉说能力 = 0.28 * 决策沟通学习能力 + 0.44

决策行动能力 = 决策沟通学习能力 + 0.34

决策思维能力 = 0.89 * 决策沟通学习能力 + 0.36

沟通中的倾听能力 = 0.20 * 决策沟通学习能力 + 0.36

自我学习效率提升的针对性 = 0.54 * 决策沟通学习能力 + 0.88

以终为始能力 = 1 * 自我激励能力 + 0.59

主观成就预期 = 0.51 * 自我激励能力 + 0.31

决策沟通学习能力 = 1.3 * 自我激励能力 + 1.3

SEM方程模型分析表明，自我激励能力每提升1个单位，将带来决策沟通学习能力提升1.3个单位，其中沟通中的信息处理能力提高0.884个单位；沟通中的诉说能力可提高0.364个单位；决策行动能力可提高1.3个单位；决策思维能力可以提高1.157个单位；沟通中的倾听能力可以提高0.26个单位；自我学习效率提升针对性可以提高0.702个单位。自我激励能力每提升1个单位，将带来以终为始能力提升1个单位，自我激励能力提升0.51个单位。

标准化下的自我激励能力对决策沟通学习能力影响的测算结果如图4-9：

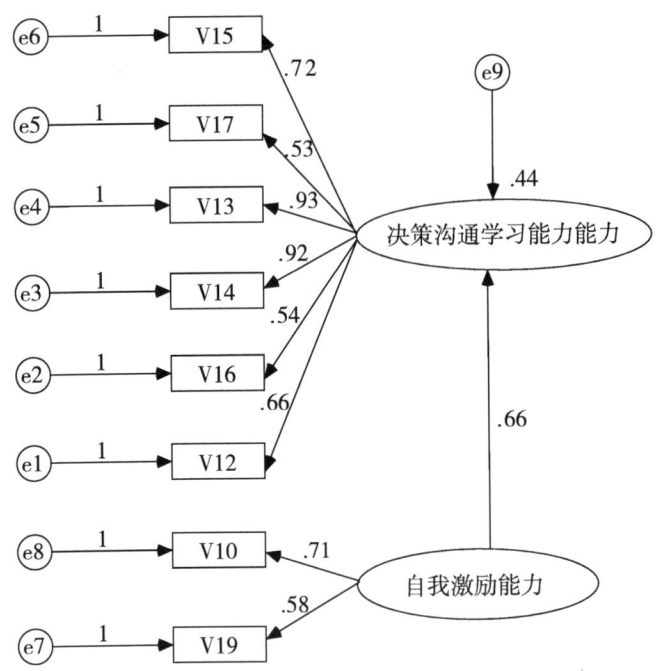

图4-9 自我激励能力对决策沟通学习能力影响的标准化路径系数图

标准化下的外因潜在变量自我激励能力对内因潜在变量决策沟通学习能力影响的因果关系成立，其回归系数为0.66，自我激励能力对决策沟通学习能力具有明显的促进作用。决策沟通学习能力对其观察变量影响力强度由大到小排列依次是：决策行动能力（V13）、决策思维能力（V14）、沟通中的信息处理能力（V15）、自我学习效率提升的针对性（V12）、沟

第四章 自我激励能力对相关因素作用的影响机制

通中的倾听能力（V16）、沟通中的诉说能力（V17）。自我激励能力对其观察变量影响力强度由大到小依次是："以终为始能力"（V10）、"主观成就预期"。

二、模型的影响机制分析

（一）未标准化回归结果分析

如表 4-11 所示，Estimates 为未标准化回归系数，其取值可比较各因素的相对影响力大小。从表可得，自我激励能力对决策沟通学习能力存在显著影响，$p<0.001$，回归方程系数为 1.300；决策沟通学习能力对各观察变量的影响中，对决策行动能力（V13）的影响最为显著，其次是决策思维能力，未标准化系数为 0.894。而未标准化下，自我激励能力对个观察变量影响大小依次是：以终为始能力、主观成就预期。上述观察变量的 $p<0.001$，影响显著。

表 4-11　自我激励能力对决策沟通学习能力的未标准化回归系数表

			Estimate	S. E.	C. R.	P	Label
决策沟通学习能力	←	自我激励能力	1.300	0.143	9.059	***	W7
V15	←	决策沟通学习能力	0.682	0.031	22.149	***	W1
V17	←	决策沟通学习能力	0.275	0.019	14.404	***	W2
V13	←	决策沟通学习能力	1.000				
V14	←	决策沟通学习能力	0.894	0.025	36.232	***	W3
V16	←	决策沟通学习能力	0.201	0.014	14.454	***	W4
V12	←	决策沟通学习能力	0.539	0.028	19.338	***	W5
V10	←	自我激励能力	1.000				
V19	←	自我激励能力	0.505	0.055	9.116	***	W6

（二）标准化回归结果分析

如表 4-12 所示，在标准化回归系数中，自我激励能力对决策沟通学习能力有较明显的影响，系数取值为 0.664。

决策沟通学习能力对各观察变量的影响强度由大到小依次是：决策行动能力（V13），影响系数为 0.933；决策思维能力（V14），影响系数为

0.915；沟通中的信息处理能力（V15），影响系数为0.715；自我学习效率提升的针对性（V12）影响系数为0.658；沟通中的倾听能力（V16），影响系数为0.535；沟通中的诉说能力（V17），影响系数为0.534。

主观激励因子对其观察变量的影响强度由大到小依次是：对"以终为始能力"（V10），影响系数0.712；对"主观成就预期"（V19），影响系数0.577。

表4-12 自我激励能力对决策沟通学习能力的标准化回归系数表

			Estimate
决策沟通学习能力	←	自我激励能力	0.664
V15	←	决策沟通学习能力	0.716
V17	←	决策沟通学习能力	0.534
V13	←	决策沟通学习能力	0.933
V14	←	决策沟通学习能力	0.915
V16	←	决策沟通学习能力	0.535
V12	←	决策沟通学习能力	0.658
V10	←	自我激励能力	0.712
V19	←	自我激励能力	0.577

（三）标准化总影响的结果分析

如表4-13所示，自我激励能力对所有参与研究的观察变量都有影响。而决策沟通学习能力仅对积极行动方面的观察变量产生影响，对自我激励能力无影响。自我激励能力对决策沟通学习能力的总影响显著，回归系数为0.664；自我激励能力对决策沟通学习能力各个观察变量的总影响由大到小依次是：对决策行动能力（V13）的影响系数为0.620；对决策思维能力（V14）的影响系数为0.608；对沟通中的信息处理能力（V15）的影响系数为0.476；对自我学习效率提升的针对性（V12）的影响系数为0.437；对沟通中的倾听能力（V16）的影响系数为0.355，对沟通中的诉说能力（V17）的影响系数为0.354。

表4-13 自我激励能力对决策沟通学习能力的标准化总影响表

	自我激励能力	决策沟通学习能力
决策沟通学习能力	0.664	0.000
V10	0.712	0.000
V19	0.577	0.000
V15	0.476	0.716
V17	0.354	0.534
V13	0.620	0.933
V14	0.608	0.915
V16	0.355	0.535
V12	0.437	0.658

（四）标准化直接影响的结果分析

如表4-14所示，标准化直接影响中，自我激励能力直接影响决策沟通学习能力；自我激励能力的直接影响表现在"以终为始能力"上最显著，其次是"主观成就预期"上。决策沟通学习能力直接影响表现在决策行动能力上最为明显，其次是在决策思维能力上。

表4-14 自我激励能力对决策沟通学习能力的标准化直接影响表

	自我激励能力	决策沟通学习能力
决策沟通学习能力	0.664	0.000
V10	0.712	0.000
V19	0.577	0.000
V15	0.000	0.716
V17	0.000	0.534
V13	0.000	0.933
V14	0.000	0.915
V16	0.000	0.535
V12	0.000	0.658

(五) 标准化间接影响的结果分析

如表4-15所示,自我激励能力对决策沟通学习能力的六个观察变量均有间接影响。其影响力强度由大到小依次为:决策的行动能力(V13),影响系数为0.62;决策的思维能力(V14),影响系数为0.608;沟通中的信息处理能力(V15),影响系数为0.476;自我学习效率提升的针对性(V12),影响系数为0.437;沟通中的倾听能力(V16),影响系数为0.355;沟通中的诉说能力(V17),影响系数为0.354。决策沟通学习能力对所有观察变量均无间接影响。

表4-15 自我激励能力对决策沟通学习能力的标准化间接影响表

	自我激励能力	决策沟通学习能力
决策沟通学习能力	0.000	0.000
V10	0.000	0.000
V19	0.000	0.000
V15	0.476	0.000
V17	0.354	0.000
V13	0.620	0.000
V14	0.608	0.000
V16	0.355	0.000
V12	0.437	0.000

三、违反估计的检验

如果存在负的误差方差(S.E<0)或者标准化系数过于接近1(通常以标准化系数小于等于0.95为门槛),则模型违反估计。根据上述分析可知,模型的误差方差S.E在0.014至0.143之间,没有负数误差方差;模型的标准化系数绝对值在0.534至0.933之间。模型无违反估计之现象。

四、模型拟合度的检验

(一) 卡方检验

模型的卡方检验结果如下，模型具有良好的拟合度。

Chi-square = 1.286

Probability level = 0.884

(二) 模型与数据适合度的 CMIN 检验

完全适合数据的 CMIN 取值为 0。笔者检验了预设模型（Default model）、饱和模型（Saturated model）和独立模型（Independence model）三种情况，其中，预设模型的 CMIN 取值为 532.367，饱和模型取值为 0，独立模型取值为 2661.614。根据 CMIN 取值，越接近于 0 的模型拟合越好，因此模型应为饱和模型，对数据适合度最佳。预设模型还可进一步修正。

(三) 模型拟合度的残差平方根检验

残差平方根检验 RMR（root mean square residual）越接近于 0，表明模型的拟合度越好，通常采用 RMR < 0.05，此处饱和模型的取值为 0，预设模型的取值为 0.083，独立模型的取值为 0.675，饱和模型的拟合度较好，预设模型和独立模型的拟合度较差。GFI 越接近于 1 表明模型的拟合度越好，计算结果为预设模型的 GFI 取值为 0.807，接近 1 而饱和模型 GFI 等于 1，独立模型的 GFI 取值为 0.387，饱和模型和预设模型的拟合效果良好，独立模型的拟合度较差。

(四) 模型的基准比较

相关统计指标有 NFI、RFI、IFI、TLI、CFI，其取值均在 0 至 1 之间，取值越大，拟合效果越好，当数据完全拟合时，上述相关统计指标取值为 1。本模型计算结果为在饱和模型下，NFI、IFI、CFI 取值为 1，数据可完全拟合，预设模型 NFI 取值为 0.800，RFI 取值为 0.705、IFI 为 0.806、TLI 为 0.713、CFI 为 0.805，预设模型具有较好的拟合度，而独立模型的五个指标取值为 0。

(五) 数据与模型的差异程度

FMIN 表示数据与模型的差异程度，FO 表示总体与模型的差异程度，

LO90 表示总体差异值 90% 的置信区间的下限值，HI90 表示总体差异值的 90% 置信区间的上限值，FMIN 取值为 0，表示数据完全拟合。本模型计算结果为，饱和模型的 FMIN、F0、LO90、HI90 取值为 0。预设模型的 FMIN、F0、LO90、HI90 取值分别为 0.889、0.857、0.738、0.989。独立模型的 FMIN、F0、LO90、HI90 取值分别为 4.443、4.397、4.120、4.685。饱和模型和预设模型的拟合度较好，独立模型的拟合度较差。

（六）模型的平均平方误差平方根检验

RMSEA 是平均平方误差平方根，当其小于 0.05 时，可以判断模型的拟合度好。大于 0.05 但小于 0.1 时，表示模型处于灰色地带，不满意但可以接受，当其大于 0.1 时，模型的拟合度差，需要调整模型。经计算，预设模型的平均平方误差平方根检验取值为 0.212，模型应修正。

（七）模型复杂性处罚检验

对模型的复杂性，即参数过多的处罚，常用的指标是 AIC、BCC、BIC、CAIC，这些指标用于判断多种模型中哪一个较优，取值小的模型较优，取值大时的处罚程度 AIC 较轻，CAIC 较重。经计算，预设模型的 AIC、BCC、BIC、CAIC 取值分别为：566.367、566.886、641.115、658.115。饱和模型的 AIC、BCC、BIC、CAIC 取值分别为：72.000、73.098、230.289、266.289。独立模型的 AIC、BCC、BIC、CAIC 取值分别为：2677.614、2677.858、2712.789、2720.789。结构方程模型应为饱和模型，预设模型需要进一步修改。

五、模型的修正

该模型没有通过平均平方误差平方根检验，应修改。计算结果表明，模型的误差变量之间具有相关关系：e5 与 e6 具有相关关系，e2 与 e6 具有相关关系，e2 与 e5 具有相关关系，e5 与 e8 具有相关关系。据此，对模型的误差变量建立相关关系，并命名相关系数分别为 C1、C2、C3、C4，修正原有预设模型。修正后的标准化结构方程模型图如图 4-10 所示。

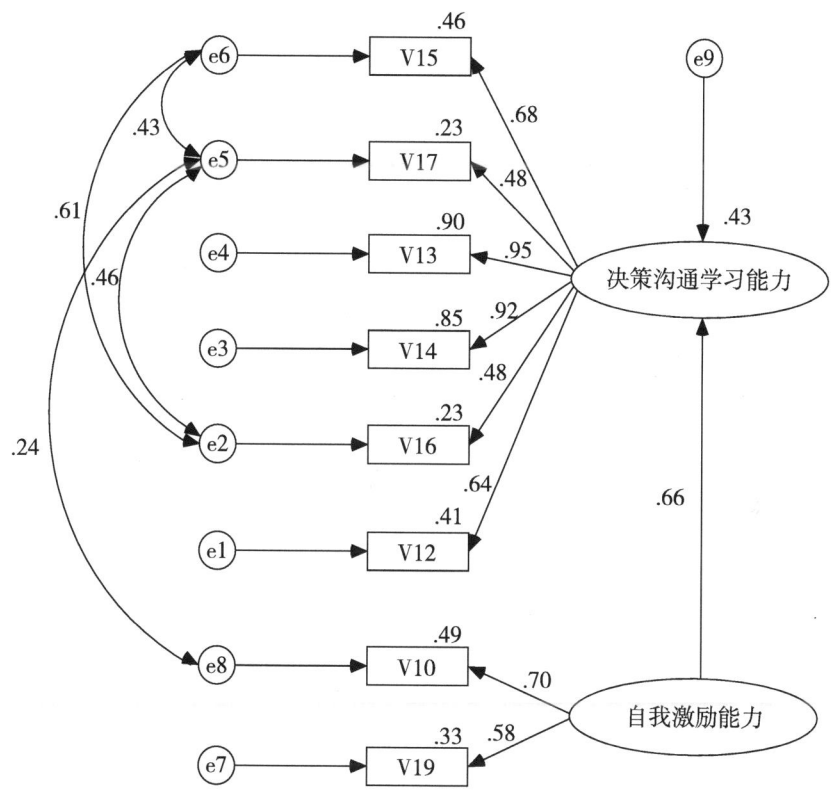

图 4-10 修正后的自我激励能力对决策沟通学习能力影响的标准化路径系数图

修正后模型的适配性我们采用平均平方误差平方根检验进行，计算结果为：预设模型平均平方误差平方根 RMSEA 经过修正后的取值为 0.091，LO90 取值为 0.074，HI90 取值为 0.109，均较为接近于 0。独立模型平均平方误差平方根 RMSEA 经过修正后的取值为 0.396，LO90 取值为 0.384，HI90 取值为 0.409。经比较，预设模型的修正后的 RMSEA 取值小于 0.1，修正后的拟合度可以接受。

第四节 自我激励能力对职业选择能力影响的结构方程模型

一、模型的构建

（一）模型初始条件

自我激励能力由两个观察变量"以终为始能力"（V10）、"主观成就预期"(V19)的综合特质反映。

职业选择能力这一潜在变量由三个观察变量综合特质反映,分别为大学生自我职业价值观成熟程度(V2)、自我职业锚与职业兴趣的定位准确度(V3)、自我职业定位与外在需求的吻合度(V4)。

如图4-11,设自我激励能力为外因潜在变量,它由方框中的两个观察变量表示出来;职业选择能力为内因潜在变量,它由方框中的三个观察变量表示出来。

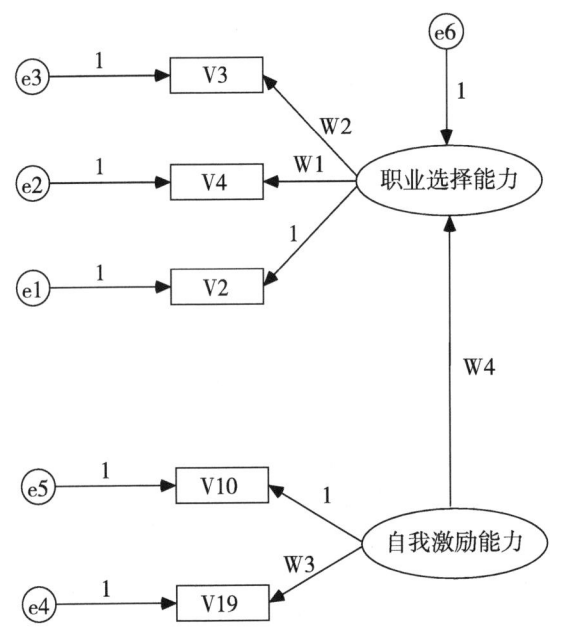

图4-11 自我激励能力对职业选择能力影响的结构方程模型图

上述各观察变量的误差变量分别用e1、e2……e5表示。设内因潜在变量间的结构模型方程式残差为e6,e6回归系数为1。设自我激励能力中"以终为始能力"回归系数为1,职业选择能力中大学生自我职业价值观成熟程度回归系数为1,其余各观察变量回归系数分别为W1、W2、W3,结构方程模型回归系数为W4。

(二)模型的输出参数设置

输出模型的卡方检验,自由度检验和假设检验中的P值。在误差项目中,采用极大似然法拟合样本数据参数估计量。在输出结果中显示最小化历史、标准估计值、模型修正指标、模型间接影响、直接影响和总影响。在 AMOS Graphic 中要求显示模型回归系数,使路径图上输出量显示在变量上方。

(三) 模型测算结果

未标准化下自我激励能力对职业选择能力影响的模型测算结果如图4-12:

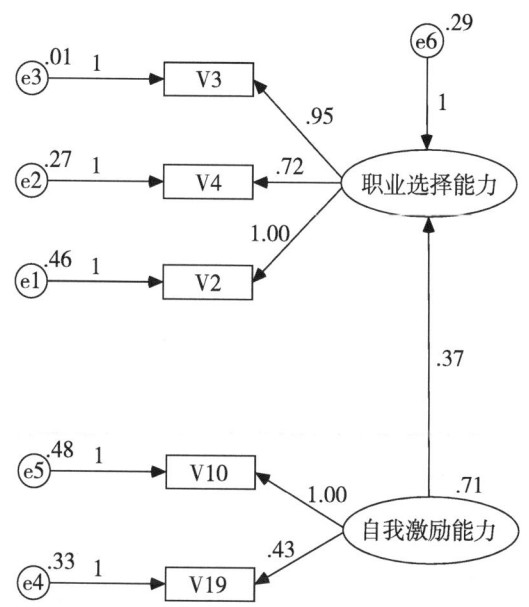

图4-12 自我激励能力对职业选择能力影响的未标准化路径系数图

据此构造大学生自我管理能力的自我激励能力对职业选择能力影响的 SEM 模型:

职业锚与职业兴趣的定位准确度 = 0.95 * 职业选择能力 + 0.01

自我职业定位与外在需求的吻合度 = 0.72 * 职业选择能力 + 0.27

自我职业价值观成熟程度 = 1 * 职业选择能力 + 0.46

以终为始能力 = 1 * 自我激励能力 + 0.48

主观成就预期 = 0.43 * 自我激励能力 + 0.33

职业选择能力 = 0.37 * 自我激励能力 + 0.29

标准化下的自我激励能力对职业选择能力影响的模型测算结果如图4-13:

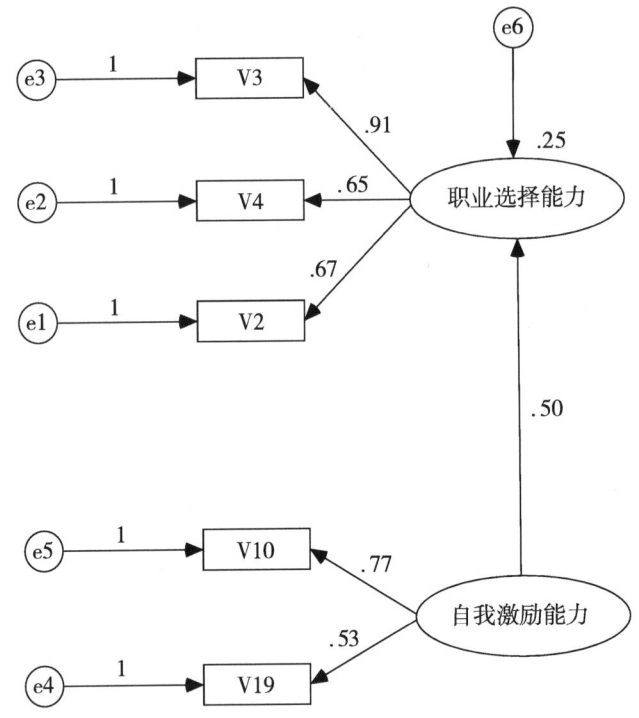

图 4-13　自我激励能力对职业选择能力影响的标准化路径系数图

模型分析结果表明，自我激励能力对大学生自我管理的职业选择能力具有一定的影响力。自我激励能力每提高 1 个单位，将带来职业选择能力提高 0.37 个单位，由此将带来职业锚与职业兴趣的定位准确度提高 0.3515 个单位；带来职业定位与外在需求的吻合度提高 0.2664 个单位；带来自我职业价值观成熟程度提高 0.37 个单位。自我激励能力每提高 1 个单位，将带来以终为始能力提高 1 个单位；主观成就预期提高 0.43 个单位。

标准化下的外因潜在变量自我激励能力对内因潜在变量职业选择能力影响的因果关系成立，影响力较为显著，其回归系数为 0.5。

标准化下职业选择能力对其观察变量的影响强度由大到小依次是：自我职业锚与职业兴趣的定位准确度（V3），影响最为显著，影响系数为 0.91；大学生自我职业价值观成熟程度（V2），影响较为显著，影响系数为 0.67；自我职业定位与外在需求的吻合度（V4），影响较为显著，影响系数为 0.65。

标准化下自我激励能力对其观察变量的影响强度由大到小依次是："以终为始能力"（V10），影响较为显著，影响系数为0.77；"主观成就预期"（V19），影响较为显著，影响系数为0.53。

二、模型的影响机制分析

（一）未标准化回归结果分析

表4-16中，Estimates为未标准化回归系数，通过其取值可以比较各因素的相对影响力。自我激励能力对职业选择能力有显著影响，$p < 0.001$，回归方程系数为0.367；各观察变量的影响中，对"以终为始能力"（V10）的影响最显著，其次是"主观成就预期"（V19）的影响。未标准化下，职业选择能力对各观察变量影响大小依次是：大学生自我职业价值观成熟程度（V2）、自我职业锚与职业兴趣定位准确度（V3）、自我职业定位与外在需求的吻合度（V4），上述观察变量$p < 0.001$，影响显著。

表4-16 自我激励能力对职业选择能力影响的未标准化回归系数表

			Estimate	S.E.	C.R.	P	Label
职业选择能力	←	自我激励能力	0.367	0.059	6.221	***	W4
V2	←	职业选择能力	1.000				
V4	←	职业选择能力	0.724	0.048	15.163	***	W1
V3	←	职业选择能力	0.946	0.059	15.977	***	W2
V19	←	自我激励能力	0.430	0.064	6.764	***	W3
V10	←	自我激励能力	1.000				

（二）标准化回归结果分析

如表4-17所示，在标准化回归系数中，主观激励因子对职业选择能力有一定的影响，系数取值0.501。其对各观察变量的影响强度由大到小依次是：对"以终为始能力"（V10）的影响最显著，回归方程系数为0.771；其次是对"主观成就预期"（V19）的影响，回归方程系数为0.533。而未标准化下，职业选择能力对各观察变量的影响大小依次是：自我职业锚与职业兴趣的定位准确度（V3），回归方程系数为0.907；大学生自我职业价值观成熟程度（V2），回归方程系数是0.673；自我职业定

位与外在需求的吻合度（V4），回归方程系数 0.655，上述观察变量的 p <
0.001，影响显著。

表 4-17 自我激励能力对职业选择能力影响的标准化回归系数表

			Estimate
职业选择能力	←	自我激励能力	0.501
V2	←	职业选择能力	0.673
V4	←	职业选择能力	0.655
V3	←	职业选择能力	0.907
V19	←	自我激励能力	0.533
V10	←	自我激励能力	0.771

（三）标准化总影响的结果分析

如表 4-18 所示，自我激励能力对参与分析的所有观察变量均有影响，对职业选择能力的标准化总影响的系数为 0.501。对其观察变量的影响力依次是"以终为始能力"（V10），回归方程系数为 0.771；"主观成就预期"（V19），回归方程系数为 0.533。自我激励能力对职业选择能力的观察变量具有影响，按强度由强到弱依次是：自我职业锚与职业兴趣的定位准确度（V3），影响系数为 0.495；大学生自我职业价值观成熟程度（V2），影响系数为 0.337；自我职业定位与外在需求的吻合度（V4），影响系数为 0.328。职业选择能力仅仅影响其自身的观察变量，对自我激励能力无影响。

表 4-18 自我激励能力对职业选择能力影响的标准化总影响表

	自我激励能力	职业选择能力
职业选择能力	0.501	0.000
V10	0.771	0.000
V19	0.533	0.000
V3	0.495	0.907
V4	0.328	0.655
V2	0.337	0.673

第四章 自我激励能力对相关因素作用的影响机制

（四）标准化直接影响的结果分析

如表4-19所示，标准化直接影响中，自我激励能力直接影响职业选择能力，影响系数为0.501。其表现在"以终为始能力"（V10）上最显著，取值为0.771。大学生能设立有效最终职业目标并以此来考虑在校期间日常的目标安排，其次是表现在"主观成就预期"（V19）上，取值为0.533。职业选择能力表现在大学生职业锚与职业兴趣的定位准确度上（V3），取值为0.907，大学生能根据职业兴趣较准确地定位未来的职业道路，其次是大学生自我职业价值观成熟程度（V2），取值为0.673。

表4-19 自我激励能力对职业选择能力影响的标准化直接影响表

	自我激励能力	职业选择能力
职业选择能力	0.501	0.000
V10	0.771	0.000
V19	0.533	0.000
V3	0.000	0.907
V4	0.000	0.655
V2	0.000	0.673

（五）标准化间接影响的结果分析

如表4-20所示，自我激励能力对职业选择能力的观察变量具有间接影响力，间接影响力由强到弱依次是：自我职业锚与职业兴趣的定位准确度（V3），影响力度0.495；大学生自我职业价值观成熟程度（V2），影响力度0.337；自我职业定位与外在需求的吻合度（V4），影响力度0.328，而职业选择能力对参与观察的变量无间接影响。

表4-20 自我激励能力对职业选择能力影响的标准化间接影响表

	自我激励能力	职业选择能力
职业选择能力	0.000	0.000
V10	0.000	0.000
V19	0.000	0.000

续表

	自我激励能力	职业选择能力
V3	0.495	0.000
V4	0.328	0.000
V2	0.337	0.000

三、违反估计的检验

如果存在负的误差方差（S.E<0）或者标准化系数过于接近1（通常以标准化系数小于等于0.95为门槛），则模型违反估计。根据上述分析可知，模型的误差方差S.E在0.015至0.117之间，没有负数误差方差；模型的标准化系数绝对值在0.533至0.907之间。模型无违反估计之现象。

四、模型拟合度的检验

（一）卡方检验

模型的卡方检验结果如下，模型具有良好的拟合度。

Chi-square = 1.5

Probability level = 0.905

（二）模型与数据适合度的 CMIN 检验

完全适合数据的 CMIN 取值为0。笔者检验了预设模型（Default model）、饱和模型（Saturated model）和独立模型（Independence model）三种情况，其中，预设模型的 CMIN 取值为24.331，饱和模型取值为0，独立模型取值为912.173。根据 CMIN 取值，越接近于0的模型拟合越好，因此模型应为饱和模型，对数据适合度最佳。

（三）模型拟合度的残差平方根检验

残差平方根检验 RMR（root mean square residual）越接近于0，表明模型的拟合度越好，通常采用 RMR < 0.05，此处饱和模型的取值为0，预设模型的取值为0.004，独立模型的取值为0.204，预设模型的拟合度好，独立模型的拟合度较差。GFI 越接近于1表明模型的拟合度越好，计算结果为预设模型的 GFI 取值为0.984，接近1，而饱和模型 GFI 等于1，独立模

第四章 自我激励能力对相关因素作用的影响机制

型的 GFI 取值为 0.598，饱和模型和预设模型的拟合效果良好，独立模型的拟合度较差。

（四）模型的基准比较

相关统计指标有 NFI、RFI、IFI、TLI、CFI，其取值均在 0 至 1 之间，取值越大，拟合效果越好，当数据完全拟合时，上述相关统计指标取值为 1。本模型计算结果为在饱和模型下，NFI、IFI、CFI 取值为 1，数据可完全拟合，预设模型 NFI 取值为 0.973，RFI 取值为 0.933、IFI 为 0.978、TLI 为 0.944、CFI 为 0.977，预设模型具有较好的拟合度，而独立模型的五个指标取值均为 0。

（五）数据与模型的差异程度比较

FMIN 表示数据与模型的差异程度，F0 表示总体与模型的差异程度，LO90 表示总体差异值 90% 的置信区间的下限值，HI90 表示总体差异值的 90% 置信区间的上限值，FMIN 取值为 0，表示数据完全拟合。本模型计算结果为，饱和模型的 FMIN、F0、LO90、HI90 取值为 0。预设模型的 FMIN、F0、LO90、HI90 取值分别为 0.041、0.034、0.014、0.066。独立模型的 FMIN、F0、LO90、HI90 取值分别为 1.523、1.506、1.347、1.678。饱和模型和预设模型的拟合度较好，独立模型的拟合度较差。

（六）模型的平均平方误差平方根检验

RMSEA 是平均平方误差平方根，当其小于 0.05 时，可以判断模型的拟合度好。大于 0.05 但小于 0.1 时，表示模型处于灰色地带，不满意但可以接受，当其大于 0.1 时，模型的拟合度差，需要调整模型。经计算，预设模型的平均平方误差平方根检验取值为 0.092，模型拟合度可以接受。

（七）模型复杂性处罚检验

对模型参数过多处罚的常用指标是 AIC、BCC、BIC、CAIC，这些指标用于判断多种模型中哪一个较优，取值小的模型较优，取值大时的处罚程度 AIC 较轻，CAIC 较重。经计算，预设模型的 AIC、BCC、BIC、CAIC 取值分别为：26.331、26.554、94.697、105.697。饱和模型的 AIC、BCC、BIC、CAIC 取值分别为：30.000、30.304、95.954、110.954。独立模型的 AIC、BCC、BIC、CAIC 取值分别为：922.173、922.274、944.157、949.157。结构方程模型应为预设模型。

本章小结

本章探讨了自我激励能力对相关因子的影响机制，主要结论如下：

自我激励能力作为外因潜在变量，对内因潜在变量时间管理能力、规划控制能力、决策沟通学习能力、职业选择能力具有明显间接影响力。

标准化下自我激励能力对内因潜在变量影响力由大到小依次为：决策沟通学习能力、规划控制能力、时间管理能力、职业选择能力。

标准化下自我激励能力对各个观察变量影响力由大到小为：决策的行动能力、多角色下的要事处理能力、决策思维能力、自我时间管理目标明确程度、自我时间管理条理性、自我时间管理行动连续性、沟通中的信息处理能力、自我长处挖掘能力、自我时间管理观念主动程度、自我学习效率提升的针对性、主观成就预期、沟通中的倾听能力、沟通中的诉说能力。

大学生在自我激励能力的影响下，决策行动能力、决策思维能力和多角色下的要事处理能力显著提高，这说明内在动力是影响大学生行为和处事能力变化的关键。主观激励能力显著影响了大学生时间管理目标明确程度、条理性和行为连续性。自我主观激励强的学生，沟通中的信息处理能力、自我长处挖掘能力、时间管理观念主动程度、学习效率提高的针对性和主观成就预期较为明显地提高。

但自我激励能力对沟通中的倾听能力和诉说能力的影响较弱，对个体内在控制中心的影响很低，反映出大学生即使主观上有很强的自我激励性，仍难以有效克服沟通中的互动不足的问题，也难以有效地从失败中发掘自身可以改进之处，易将得失归咎于外在环境。

第五章　规划控制能力对相关因素作用的影响机制

本章应用结构方程模型，定量分析大学生的规划控制能力作为外因潜在变量，对作为其内因潜在变量时间管理能力、决策沟通学习能力、职业选择能力所产生的具体影响。

第一节　规划控制能力对时间管理能力的结构方程模型

一、模型的构建

（一）模型初始条件

规划控制能力这一潜在变量由两个观察变量的综合特质反映：大学生个体具备积极主动的内在控制中心（V9）、大学生个体在多角色下的要事处理能力（V11）。

时间管理能力这一潜在变量由五个观察变量综合反映，分别是自我长处挖掘能力（V1）、自我时间管理目标明确程度（V5）、自我时间管理观念主动程度（V6）、自我时间管理条理性（V7）、自我时间管理行动连续性（V8）（见图5-1）。我们设规划控制能力为外因潜在变量，它由方框中的两个观察变量表示；时间管理能力为内因潜在变量，它由方框中的五个观察变量表示。设内因潜在变量间的结构模型方程式初始回归系数为1，残差为e8。上述每个观察变量的误差变量分别用e1、e2……e7表示。W1，W2……W7为各个观察变量的因素负荷量。

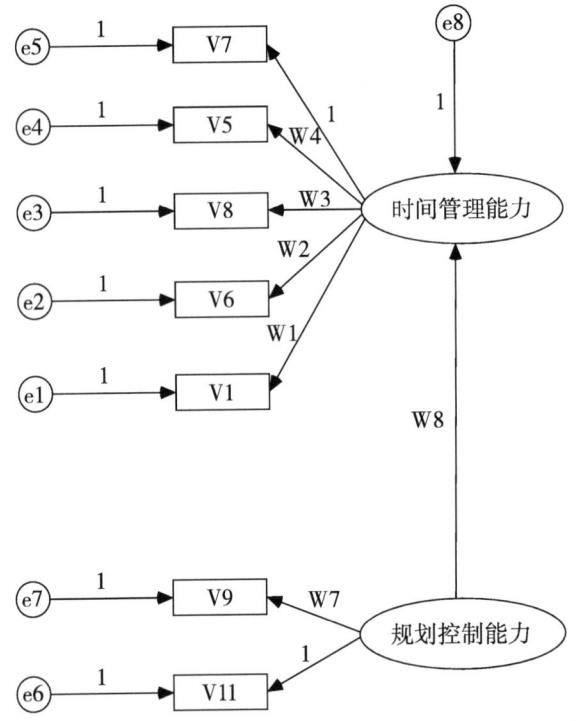

图 5-1　规划控制能力对时间管理能力影响的结构方程模型图

(二) 模型的输出参数设置

要求输出模型的卡方检验,假设检验中的 P 值。在误差项目中,采用极大似然法拟合样本数据的参数估计量。在输出结果中,显示最小化历史、标准估计值、模型的间接影响、直接影响和总影响。

参数名称设置:在 AMOS Graphic 中,要求显示 SEM 模型回归系数,使路径图上呈现的输出量显示在变量的上方。

(三) 模型测算结果

未标准化下规划控制能力对时间管理能力影响的模型测算结果如图 5-2:

第五章 规划控制能力对相关因素作用的影响机制

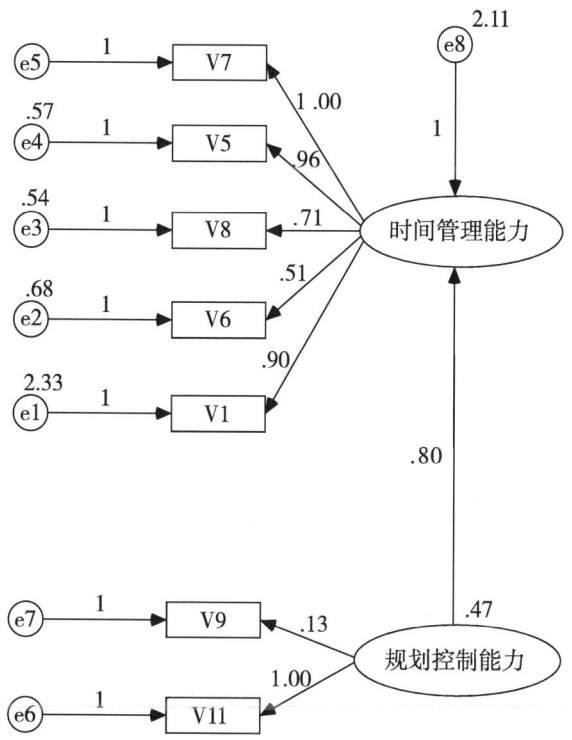

图 5-2 规划控制能力对时间管理能力影响的未标准化路径系数图

由此构造大学生规划控制能力对时间管理能力的 SEM 结构方程模型：

个体积极主动的内在控制中心 = 0.13 * 规划控制能力 + 0.07

个体在多角色下的要事处理能力 = 1 * 规划控制能力 + 0.09

时间管理条理性 = 1 * 时间管理能力 + 0.7

时间管理目标明确程度 = 0.96 * 时间管理能力 + 0.57

时间管理行动连续性 = 0.71 * 时间管理能力 + 0.54

时间管理观念主动程度 = 0.51 * 时间管理能力 + 0.68

自我长处挖掘能力 = 0.90 * 时间管理能力 + 2.33

时间管理能力 = 0.8 * 规划控制能力 + 2.11

大学生自我管理能力中的规划控制能力对时间管理能力的 SEM 方程模型分析表明，规划控制能力每改善 1 个单位，可带来学生时间管理能力显著提高 0.8 个单位，其中时间管理条例性提高 0.8 个单位，时间管理目标明确程度提高 0.768 个单位，时间管理行动连续性提高 0.568 个单位，时间管理观念主动程度提高 0.408 个单位，自我长处挖掘能力提高 0.72 个单位。

标准化下的规划控制能力对时间管理能力影响的模型测算结果如图 5-3：

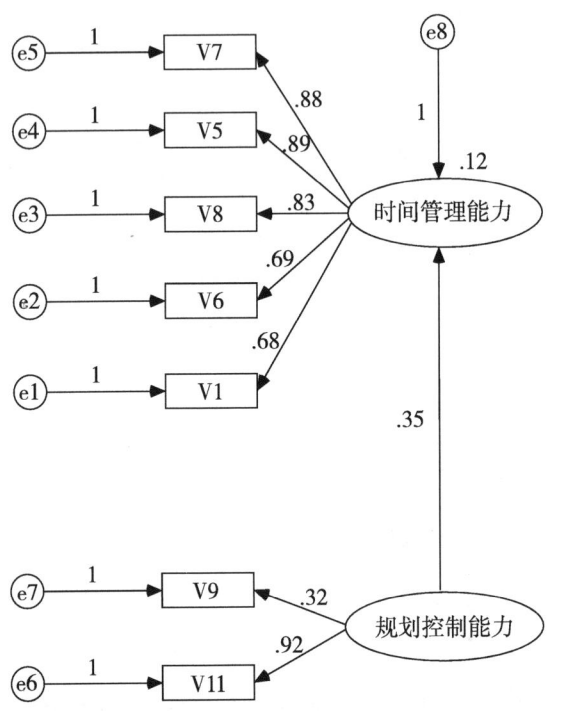

图 5-3 规划控制能力对时间管理能力影响的标准化路径系数图

规划控制能力对时间管理能力影响的 SEM 模型中，规划控制能力对其观察变量的影响强度由大到小依次是：大学生个体在多角色下的要事处理能力（V11），影响系数 0.92；个体积极主动的内在控制中心（V9），影响系数 0.32，规划控制能力主要由多个角色下的要事处理能力表现出来。

时间管理能力对其观察变量的影响强度由大到小依次是：时间管理目标明确程度、时间管理条理性、时间管理行为、时间管理观念、自我长处挖掘能力。

标准化下的外因潜在变量规划控制能力对内因潜在变量时间管理能力影响的因果关系成立，其因素负荷量为 0.35。

二、模型的影响机制分析

（一）未标准化回归结果分析

表 5-1 中，Estimates 为未标准化回归系数，其取值可比较各因素的相对影响力大小。

表 5-1 规划控制能力对时间管理能力影响的未标准化回归系数表
(Regression Weights)

			Estimate	S. E.	C. R.	P	Label
时间管理能力	←	规划控制能力	0.799	0.284	2.810	.005	W8
V1	←	时间管理能力	0.904	0.048	19.029	***	W1
V6	←	时间管理能力	0.505	0.026	19.531	***	W2
V8	←	时间管理能力	0.713	0.027	26.475	***	W3
V5	←	时间管理能力	0.957	0.032	29.650	***	W4
V7	←	时间管理能力	1.000				
V11	←	规划控制能力	1.000				
V9	←	规划控制能力	0.132	0.047	2.789	.005	W7

表中规划控制能力对时间管理能力存在显著影响，$p<0.001$，回归方程系数为 0.799；时间管理能力对各观察变量的影响中，对自我时间管理目标明确程度（V5）的影响最为显著，回归方程系数为 0.957。未标准化下的规划控制能力对各观察变量影响大小依次是：大学生个体在多角色下的要事处理能力、个体积极主动的内在控制中心。上述观察变量的 $p<0.001$，影响显著。

（二）标准化回归结果分析

如表 5-2 所示，标准化回归系数中，规划控制能力对时间管理能力有一定的影响，系数取值为 0.352。时间管理能力对各观察变量的影响强度由大到小依次是：时间管理目标明确程度（V5），影响系数为 0.891；时间管理目标条理性（V7），影响系数为 0.880；时间管理行动连续性（V8），影响系数为 0.834；时间管理观念主动程度（V6），影响系数为 0.689；自我长处挖掘能力（V1），影响系数为 0.677。

大学生自我管理能力影响机制评价

规划控制能力对其观察变量时间管理能力的影响强度由大到小依次是：大学生个体在多角色下的要事处理能力（V11），影响系数为0.920；大学生积极主动的内在控制中心（V9），影响系数为0.317。

表5-2 规划控制能力对时间管理能力影响的标准化回归系数表
（Standardized Regression Weights）

			Estimate
时间管理能力	←	规划控制能力	0.352
V1	←	时间管理能力	0.677
V6	←	时间管理能力	0.689
V8	←	时间管理能力	0.834
V5	←	时间管理能力	0.891
V7	←	时间管理能力	0.880
V11	←	规划控制能力	0.920
V9	←	规划控制能力	0.317

（三）标准化总影响的结果分析

如表5-3所示，规划控制能力对时间管理能力的总影响系数为0.352。规划控制能力除影响其两个观察变量V9、V11之外，对时间管理能力的五个观察变量均有影响。规划控制能力对时间管理能力的影响从大到小依次是：时间管理目标明确程度、时间管理条理性、时间管理行动连续性、时间管理观念主动性、自我长处挖掘能力。而时间管理能力对规划控制能力的观察变量无影响。

表5-3 规划控制能力对时间管理能力影响的标准化总影响表
（Standardized Total Effects）

	规划控制能力	时间管理能力
时间管理能力	0.352	0.000
V9	0.317	0.000
V11	0.920	0.000
V7	0.310	0.880

续表

	规划控制能力	时间管理能力
V5	0.314	0.891
V8	0.293	0.834
V6	0.242	0.689
V1	0.238	0.677

(四) 标准化直接影响的结果分析

如表 5-4 所示，规划控制能力对时间管理能力的直接影响系数为 0.352。在直接影响力中，规划控制能力对时间管理能力无直接影响，时间管理能力对规划控制能力也无直接影响。

表 5-4　规划控制能力对时间管理能力影响的标准化直接影响表
（Standardized Direct Effects）

	规划控制能力	时间管理能力
时间管理能力	0.352	0.000
V9	0.317	0.000
V11	0.920	0.000
V7	0.000	0.880
V5	0.000	0.891
V8	0.000	0.834
V6	0.000	0.689
V1	0.000	0.677

(五) 标准化间接影响的结果分析

如表 5-5 所示规划控制能力对时间管理能力具有间接影响。

表 5-5 规划控制能力对时间管理能力影响的标准化间接影响表
(Standardized Indirect Effects)

	规划控制能力	时间管理能力
时间管理能力	0.000	0.000
V9	0.000	0.000
V11	0.000	0.000
V7	0.310	0.000
V5	0.314	0.000
V8	0.293	0.000
V6	0.242	0.000
V1	0.238	0.000

其影响力表现在时间管理能力的观察变量上，从大到小依次是：时间管理目标明确程度、时间管理条理性、时间管理行动连续性、时间管理观念主动性、自我长处挖掘能力。而时间管理能力对规划控制能力无间接影响。

三、违反估计的检验

变量的测量质量可以通过误差方差和标准化系数来确定。如果存在负的误差方差或者标准化系数过于接近 1，则模型违反估计。根据上述分析可知，模型的误差方差 S.E 在 0.026 至 0.284 之间，没有负数误差方差；模型的标准化系数绝对值在 0.317 至 0.920 之间。模型无违反估计之现象。

四、模型拟合度的检验

（一）卡方检验

模型的卡方检验结果如下，模型具有良好的拟合度。

Chi-square = 1.253

Probability level = .907

（二）模型与数据适合度的 CMIN 检验

完全适合数据的 CMIN 取值为 0。笔者检验了预设模型（Default mod-

第五章 规划控制能力对相关因素作用的影响机制

el)、饱和模型（Saturated model）和独立模型（Independence model）三种情况，其中，预设模型的 CMIN 取值为 124.979，饱和模型取值为 0，独立模型取值为 2096.398。根据 CMIN 取值，越接近于 0 的模型拟合越好，因此模型应为饱和模型或预设模型，对数据适合度最佳。

（三）模型拟合度的残差平方根检验

残差平方根检验 RMR（root mean square residual）越接近于 0，表明模型的拟合度越好，通常采用 RMR < 0.05，此处饱和模型的取值为 0，预设模型的取值为 0.045，独立模型的取值为 0.995，饱和模型和预设模型的拟合度较好，独立模型的拟合度较差。GFI 越接近于 1 表明模型的拟合度越好，计算结果为预设模型的 GFI 取值为 0.944，接近 1 而饱和模型 GFI 等于 1，独立模型的 GFI 取值为 0.422，饱和模型和预设模型的拟合效果良好，独立模型的拟合度较差。

（四）模型的基准比较

相关统计指标有 NFI、RFI、IFI、TLI、CFI，其取值均在 0 至 1 之间，取值越大，拟合效果越好，当数据完全拟合时，上述相关统计指标取值为 1。本模型计算结果为在饱和模型下，NFI、IFI、CFI 取值为 1，数据可完全拟合，预设模型 NFI 取值为 0.940，RFI 取值为 0.904、IFI 为 0.946、TLI 为 0.913、CFI 为 0.946，预设模型具有较好的拟合度，而独立模型的五个指标取值为 0。

（五）数据与模型的差异程度

FMIN 表示数据与模型的差异程度，F0 表示总体与模型的差异程度，LO90 表示总体差异值 90% 的置信区间的下限值，HI90 表示总体差异值的 90% 置信区间的上限值，FMIN 取值为 0，表示数据完全拟合。本模型计算结果为，饱和模型的 FMIN、F0、LO90、HI90 取值分别为 0。预设模型的 FMIN、F0、LO90、HI90 取值分别为 0.209、0.187、0.133、0.253。独立模型的 FMIN、F0、LO90、HI90 取值分别为 3.500、3.465、3.220、3.722。饱和模型和预设模型的拟合度较好，独立模型的拟合度较差。

（六）模型的平均平方误差平方根检验

RMSEA 是平均平方误差平方根，当其小于 0.05 时，可以判断模型的拟合度好。大于 0.05 但小于 0.1 时，表示模型处于灰色地带，不满意但可以接受,当其大于0.1时,模型的拟合度差,需要调整模型。经计算,预设模型的平均平方误差平方根检验取值为0.02,模型拟合度好。

(七) 模型复杂性处罚检验

对模型的复杂性,即参数过多的处罚,常用的指标是 AIC、BCC、BIC、CAIC,这些指标用于判断多种模型中哪一个较优,取值小的模型较优,取值大时的处罚程度 AIC 较轻,CAIC 较重。经计算,预设模型的 AIC、BCC、BIC、CAIC 取值分别为:54.979、55.385、120.933、135.933。饱和模型的 AIC、BCC、BIC、CAIC 取值分别为:56.000、56.758、179.114、207.114。独立模型的 AIC、BCC、BIC、CAIC 取值分别为:2110.398、2110.587、2141.176、2148.176。结构方程模型应为预设模型(见表5-6)。

表5-6 规划控制能力对时间管理能力影响模型的复杂性处罚检验表

Model	AIC	BCC	BIC	CAIC
Default model	54.979	55.385	120.933	135.933
Saturated model	56.000	56.758	179.114	207.114
Independence model	2110.398	2110.587	2141.176	2148.176

第二节 规划控制能力与决策沟通学习能力的结构方程模型

一、模型的构建

(一) 模型初始条件

规划控制能力这一潜在变量由两个观察变量综合反映,分别是大学生个体具备积极主动的内在控制中心(V9)、大学生个体在多角色下的要事处理能力(V11)。

决策沟通学习能力由六个观察变量综合反映其特质,分别是自我学习效率提升的针对性(V12)、决策的行动能力(V13)、决策思维能力(V14)、沟通中的信息处理能力(V15)、沟通中的倾听能力(V16)、沟通中的诉说能力(V17)。

如图5-4,设规划控制能力为外因潜在变量,它由方框中的两个观察变量表示；决策沟通学习能力为内因潜在变量，它由方框中的六个观察变量表示。

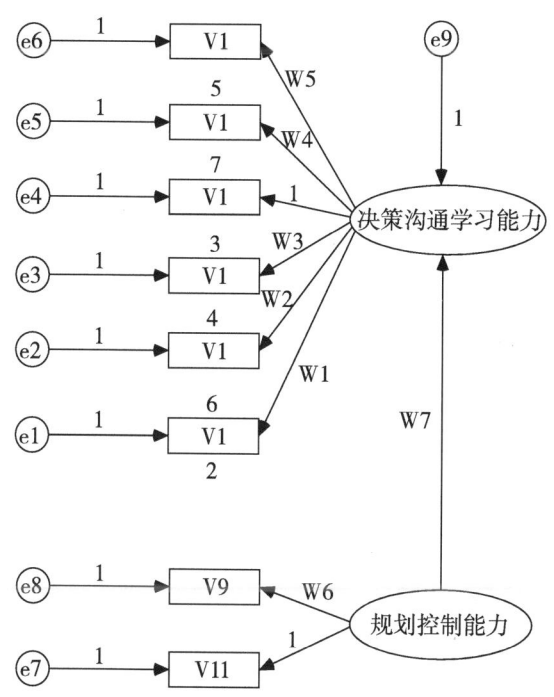

图5-4 规划控制能力对决策沟通学习能力影响的结构方程模型图

上述观察变量的误差变量分别用 e1、e2……e8 表示。我们设内因潜在变量间的因果关系的结构模型方程式残差为 e9，残差 e9 的回归系数为 1。决策沟通学习能力中的决策行动能力（V13）的因素负荷量为 1，规划控制能力中的大学生个体在多角色下的要事处理能力（V11）的因素负荷量为 1，其余各个观察变量的因素负荷量为 W1，W2……W6，结构方程模型的因素负荷量为 W7。

（二）模型的输出参数设置

要求输出模型的卡方检验，自由度检验和假设检验中的 P 值。在误差项目中，采用极大似然法拟合样本数据的参数估计量。在输出结果中，显示最小化历史、标准估计值、模型的修正指标、模型的间接影响、直接影响和总影响。

参数名称设置：在 AMOS Graphic 中，要求显示 SEM 模型回归系数，使路径图上呈现的输出量显示在变量的上方。

(三) 模型测算结果

未标准化下自我激励能力对决策沟通学习能力影响的测算结果见图 5-5：

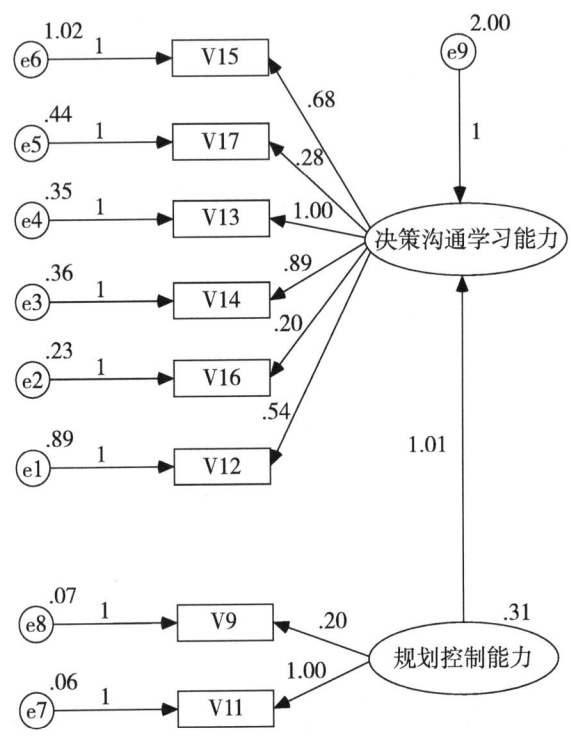

图 5-5 规划控制能力对决策沟通学习能力影响的未标准化路径系数图

构造大学生自我管理能力的规划控制能力对决策沟通学习能力影响的 SEM 模型：

沟通中的信息处理能力 = 0.68 * 决策沟通学习能力 + 1.02

沟通中的诉说能力 = 0.28 * 决策沟通学习能力 + 0.44

决策的行动能力 = 1 * 决策沟通学习能力 + 0.35

决策的思维能力 = 0.89 * 决策沟通学习能力 + 0.36

沟通中的倾听能力 = 0.2 * 决策沟通学习能力 + 0.23

自我学习效率提升的针对性 = 0.54 * 决策沟通学习能力 + 0.89

个体积极主动的内在控制中心 = 0.2 * 规划控制能力 + 0.07

个体在多角色下的要事处理能力 = 1 * 规划控制能力 + 0.06

决策沟通学习能力 = 1.01 * 规划控制能力 + 2

模型分析结果表明，规划控制能力对大学生自我管理的决策沟通学习能力具有显著的影响力。规划控制能力每提高 1 个单位，将带来决策沟通学习能力提高 1.01 个单位，由此对决策沟通学习能力的各个观察变量的提高具有影响，1 个单位客观环境因子的提高，将带来沟通中的信息处理能力提高 0.6868 个单位；带来沟通诉说能力提高 0.2828 个单位；带来决策的行动能力提高 1.01 个单位；带来决策的思维能力提高 0.8989 个单位；沟通中的倾听能力提高 0.202 个单位；自我学习效率提升的针对性提高 0.5454 个单位。

标准化下的规划控制能力对决策沟通学习能力影响的测算结果如图 5-6：

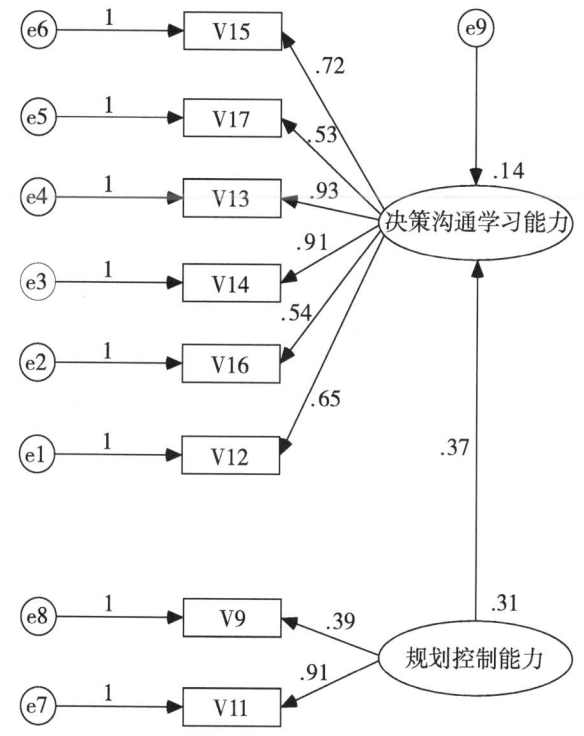

图 5-6　规划控制能力对决策沟通学习能力影响的标准化路径系数图

标准化下的外因潜在变量规划控制能力对内因潜在变量决策沟通学习能力影响的因果关系成立，其因素负荷量为 0.37。

规划控制能力对其观察变量的影响强度由大到小依次是：大学生个体

在多角色下的要事处理能力（V11），因素负荷量为 0.91；大学生个体积极主动的内在控制中心（V9），因素负荷量为 0.39。决策沟通学习能力对其观察变量的影响强度由大到小依次是：决策的行动能力（V13），因素负荷量为 0.93；决策的思维能力（V14），因素负荷量为 0.91；沟通中的信息处理能力（V15），因素负荷量为 0.72；自我学习效率提升的针对性（V12），因素负荷量为 0.65；沟通中的倾听能力（V16），因素负荷量为 0.54；沟通中的诉说能力（V17），因素负荷量为 0.53。

二、模型的影响机制分析

（一）未标准化回归结果分析

表 5-7 中，Estimates 为未标准化回归系数，其取值可比较各因素的相对影响力大小。从表可得，规划控制能力对决策沟通学习能力有显著影响，$p<0.001$，回归方程系数为 1.012；决策沟通学习能力对各观察变量的影响中，对决策行动能力（V13）的影响最为显著，其次是对决策思维能力（V14）的影响，回归方程系数为 0.893。而未标准化下，规划控制能力对各观察变量影响强度由大到小依次是：大学生个体在多角色下的要事处理能力（V11）；大学生个体积极主动的内在控制中心（V9），回归方程系数为 0.197，上述观察变量的 $p<0.001$，影响显著。

表 5-7 规划控制能力对决策沟通学习能力影响的未标准化回归系数表
(Regression Weights)

			Estimate	S.E.	C.R.	P	Label
决策沟通学习能力	←	规划控制能力	1.012	0.282	3.592	***	W7
V12	←	决策沟通学习能力	0.536	0.028	19.139	***	W1
V16	←	决策沟通学习能力	0.203	0.014	14.662	***	W2
V14	←	决策沟通学习能力	0.893	0.025	35.694	***	W3
V13	←	决策沟通学习能力	1.000				
V17	←	决策沟通学习能力	0.276	0.019	14.430	***	W4
V15	←	决策沟通学习能力	0.684	0.031	22.201	***	W5
V11	←	规划控制能力	1.000				
V9	←	规划控制能力	0.197	0.054	3.631	***	W6

（二）标准化回归结果分析

如表5-8所示，在标准化回归系数中，规划控制能力对决策沟通学习能力有一定的影响，系数取值为0.371。决策沟通学习能力对各观察变量的影响强度由大到小依次是：决策行动能力（V13），影响系数为0.933；决策思维能力（V14），回归方程系数为0.914；沟通中的信息处理能力（V15），影响系数为0.719；自我学习效率提升的针对性（V12），影响系数为0.655；沟通中的倾听能力（V16），影响系数为0.542；沟通中的诉说能力（V17），影响系数为0.535。

规划控制能力对各观察变量的影响程度由大到小依次是：大学生个体在多角色下的要事处理能力（V11），标准化回归方程系数为0.914；大学生个体积极主动的内在控制中心（V9），标准化回归方程系数为0.387，上述观察变量的$p<0.001$，影响显著。

表5-8 规划控制能力对决策沟通学习能力影响的标准化回归系数表
(Standardized Regression Weights)

			Estimate
决策沟通学习能力	←	规划控制能力	0.371
V12	←	决策沟通学习能力	0.655
V16	←	决策沟通学习能力	0.542
V14	←	决策沟通学习能力	0.914
V13	←	决策沟通学习能力	0.933
V17	←	决策沟通学习能力	0.535
V15	←	决策沟通学习能力	0.719
V11	←	规划控制能力	0.914
V9	←	规划控制能力	0.387

（三）标准化总影响的结果分析

如表5-9所示，规划控制能力对参与分析的所有观察变量均有影响，它对决策沟通学习能力的标准化总影响为0.371，对决策沟通学习能力的观察变量的影响依次是：对决策行动能力（V13）的影响最为显著，影响系数为0.346；其次是对决策思维能力（V14）的影响，回归方程系数为0.339；沟通中的信息处理能力（V15）的影响，影响系数为0.267；自我学习效率提升的针对性（V12）的影响，影响系数为0.242；对沟通中的倾听能力（V16）的影响，影响系数为0.201；对沟通中的诉说能力（V17）影响，影响系数为0.199。

规划控制能力对积极计划方面的观察变量的影响大小依次是：个体在多角色下的要事处理能力（V11），影响系数的0.914；个体积极主动的内在控制中心（V9），影响系数为0.387。决策沟通学习能力仅影响自身的观察变量，对规划控制能力的观察变量无影响。

表5-9　规划控制能力对决策沟通学习能力影响的标准化总影响表
（Standardized Total Effects）

	规划控制能力	决策沟通学习能力
决策沟通学习能力	0.371	0.000
V9	0.387	0.000
V11	0.914	0.000
V15	0.267	0.719
V17	0.199	0.535
V13	0.346	0.933
V14	0.339	0.914
V16	0.201	0.542
V12	0.243	0.655

（四）标准化直接影响的结果分析

如表5-10所示，标准化直接影响中，规划控制能力直接影响决策沟通学习能力，取值为0.371。

表 5-10 规划控制能力对决策沟通学习能力影响的标准化直接影响表
（Standardized Direct Effects）

	规划控制能力	决策沟通学习能力
决策沟通学习能力	0.371	0.000
V9	0.387	0.000
V11	0.914	0.000
V15	0.000	0.719
V17	0.000	0.535
V13	0.000	0.933
V14	0.000	0.914
V16	0.000	0.542
V12	0.000	0.655

规划控制能力表现在大学生个体在多角色下的要事处理能力（V11）上最为显著，取值 0.914，其次是大学生个体积极主动的内在控制中心（V9）上，取值 0.387。决策沟通学习能力最显著表现在观察变量"决策的行动能力（V13）"上，取值 0.933；其次是决策思维能力（V14），取值 0.914。

（五）标准化间接影响的结果分析

表 5-11 中，规划控制能力对决策沟通学习能力的观测变量具有标准化间接影响。其影响力强度由大到小依次为：决策行动能力（V13），影响系数为 0.346；决策思维能力（V14），回归方程系数为 0.339；沟通中的信息处理能力（V15），影响系数为 0.267；自我学习效率提升的针对性（V12），影响系数为 0.243；沟通中的倾听能力（V16），影响系数为 0.201；沟通中的诉说能力（V17），影响系数为 0.199。而决策沟通学习能力对规划控制能力因子的观察变量无间接影响。

大学生自我管理能力影响机制评价

表 5-11 规划控制能力对决策沟通学习能力的标准化间接影响表
(Standardized Indirect Effects)

	规划控制能力	决策沟通学习能力
决策沟通学习能力	0.000	0.000
V9	0.000	0.000
V11	0.000	0.000
V15	0.267	0.000
V17	0.199	0.000
V13	0.346	0.000
V14	0.339	0.000
V16	0.201	0.000
V12	0.243	0.000

三、违反估计的检验

变量的测量质量可以通过误差方差和标准化系数来确定。如果存在负的误差方差（S.E<0）或者标准化系数过于接近1，则模型违反估计。根据上述分析可知，模型的误差方差 S.E 在 0.014 至 0.282 之间，没有负数误差方差；模型的标准化系数绝对值在 0.371 至 0.933 之间。模型无违反估计之现象。

四、模型拟合度的检验

（一）卡方检验

模型的卡方检验结果如下，模型具有良好的拟合度。

Chi-square = 1.5

Probability level = 0.905

（二）模型与数据适合度的 CMIN 检验

完全适合数据的 CMIN 取值为 0。笔者检验了预设模型（Default model）、饱和模型（Saturated model）和独立模型（Independence model）三种情况，其中，预设模型的 CMIN 取值为 620.482，饱和模型取值为 0，独立模型取值为 2615.945。根据 CMIN 取值，越接近于 0 的模型拟合越好，因此模型应为饱和模型，对数据适合度最佳。预设模型还可进一步修正。

（三）模型拟合度的残差平方根检验

残差平方根检验 RMR（root mean square residual）越接近于 0，表明模型的拟合度越好，通常采用 RMR＜0.05，此处饱和模型的取值为 0，预设模型的取值为 0.081，独立模型的取值为 0.635，饱和模型拟合度好，预设模型、独立模型的拟合度较差。GFI 越接近于 1 表明模型的拟合度越好，计算结果为预设模型的 GFI 取值为 0.777，较接近 1 而饱和模型 GFI 等于 1，独立模型的 GFI 取值为 0.409，饱和模型的拟合效果良好，预设模型应修正。

（四）模型的基准比较

相关统计指标有 NFI、RFI、IFI、TLI、CFI，其取值均在 0 至 1 之间，取值越大，拟合效果越好，当数据完全拟合时，上述相关统计指标取值为 1。本模型计算结果为在饱和模型下，NFI、IFI、CFI 取值为 1，数据可完全拟合，预设模型 NFI 取值为 0.763，RFI 取值为 0.650、IFI 为 0.768、TLI 为 0.657、CFI 为 0.768，预设模型具有较好的拟合度，而独立模型的五个指标取值为 0。

（五）数据与模型的差异程度

FMIN 表示数据与模型的差异程度，F0 表示总体与模型的差异程度，LO90 表示总体差异值 90% 的置信区间的下限值，HI90 表示总体差异值的 90% 置信区间的上限值，FMIN 取值为 0，表示数据完全拟合。本模型计算结果为，饱和模型的 FMIN、F0、LO90、HI90 取值为 0。预设模型的 FMIN、F0、LO90、HI90 取值分别为 1.036、1.004、0.875、1.146。独立模型的 FMIN、F0、LO90、HI90 取值分别为 4.367、4.320、4.046、4.607。饱和模型和拟合度较好，独立模型拟合度较差，预设模型应修正。

（六）模型的平均平方误差平方根检验

RMSEA 是平均平方误差平方根，当其小于 0.05 时，可以判断模型的拟合度好。大于 0.05 但小于 0.1 时，表示模型处于灰色地带，不满意但可以接受，当其大于 0.1 时，模型的拟合度差，需要调整模型。经计算，预设模型的平均平方误差平方根检验取值为 0.230，模型应修正。

（七）模型复杂性处罚检验

对模型的复杂性，即参数过多的处罚，常用的指标是 AIC、BCC、BIC、CAIC，这些指标用于判断多种模型中哪一个较优，取值小的模型较优，取值大时的处罚程度 AIC 较轻，CAIC 较重。经计算，预设模型的

AIC、BCC、BIC、CAIC 取值分别为：654.482、655.001、729.230、746.230。饱和模型的 AIC、BCC、BIC、CAIC 取值分别为：72.000、73.098、230.289、266.289。独立模型的 AIC、BCC、BIC、CAIC 取值分别为：2631.945、2632.189、2667.120、2675.120。结构方程模型取值较优的是饱和模型，预设模型需修正。

五、模型的修正

该模型没有通过上述诸项检验，应予修正。计算结果表明，模型的误差变量 e5 与 e6、e2 与 e8、e2 与 e6、e2 与 e5 之间具有相关性。据此建立模型的误差变量相关关系，并命名相关系数分别为 C1、C2、C3、C4，修正原有预设模型。修正后的标准化结构方程模型如图 5-7 所示。

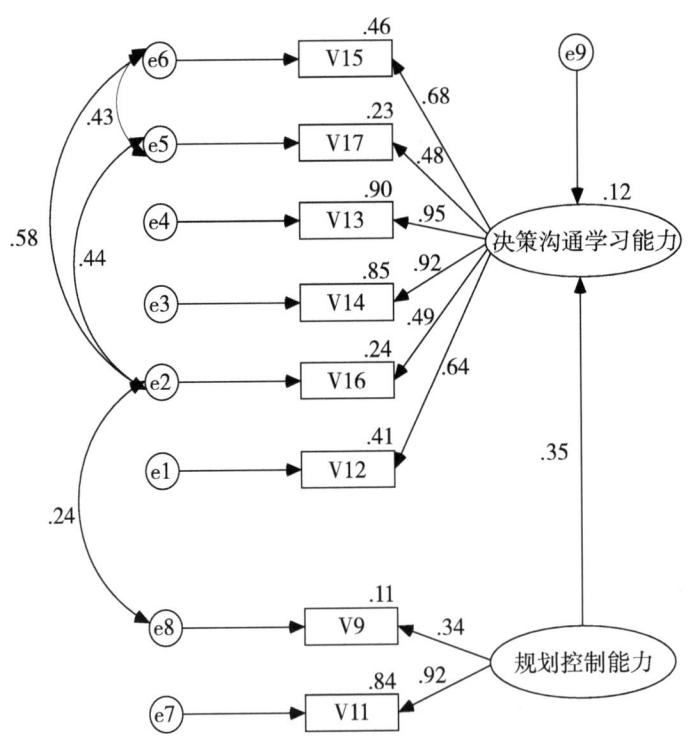

图 5-7 修正后的规划控制能力对决策沟通学习能力影响的标准化路径系数图

修正后模型的适配性我们采用平均平方误差平方根检验进行，计算结果为：规划控制能力对决策沟通学习能力的预设模型的平均平方误差平方根 RMSEA 修正后的取值为 0.029，LO90 取值为 0.012，HI90 取值为

0.048，均较为接近0。独立模型平均平方误差平方根 RMSEA 修正后取值为 0.393，LO90 取值为 0.380，HI90 取值为 0.406。RMSEA 小于 0.05，可以判断修正后的预设模型的拟合度好。

第三节 规划控制能力对职业选择能力影响的结构方程模型

一、模型的构建

（一）模型初始条件

如图 5-8 所示，潜在变量规划控制能力由两个观察变量反映：大学生个体具备积极主动的内在控制中心（V9）、个体在多角色下的要事处理能力（V11）。

潜在变量职业选择能力由三个观察变量综合反映：大学生自我职业价值观成熟程度（V2）、自我职业锚与职业兴趣定位准确度（V3）、自我职业定位与外在需求的吻合度（V4）。

设规划控制能力为外因潜在变量，它由方框中的两个观察变量表示；职业选择能力为内因潜在变量，它由方框中的三个观察变量表示出来。

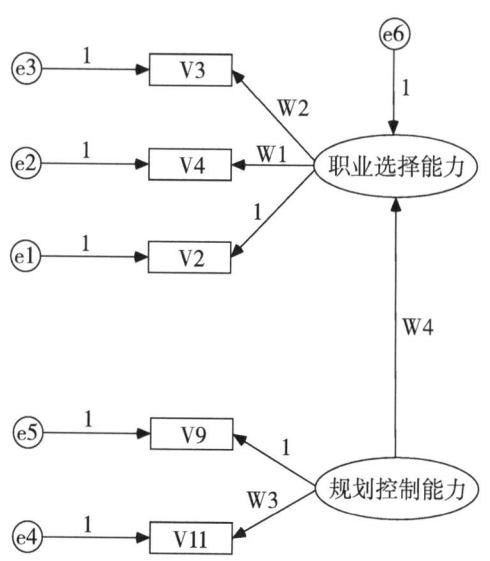

图 5-8　规划控制能力对职业选择能力影响的结构方程模型图

上述观察变量的误差变量分别用 e1、e2……e5 表示。设内因潜在变量间的结构模型方程式残差为 e6，残差 e6 的回归系数为 1。设大学生个体在多角色下的要事处理能力（V11）的因素负荷量为 1，大学生自我职业价值观成熟程度（V2）的因素负荷量为 1，其余各观察变量的因素负荷量为 W1，W2……W4。

（二）模型的输出参数设置

要求输出模型的卡方检验，自由度检验和假设检验中的 P 值。在误差项目中，采用极大似然法拟合样本数据的参数估计量。在输出结果中，显示最小化历史、标准估计值、模型的修正指标、模型的间接影响、直接影响和总影响。

参数名称设置：在 AMOS Graphic 中，要求显示 SEM 模型回归系数，使路径图上呈现的输出量显示在变量的上方。

（三）模型测算结果

未标准化下规划控制能力对职业选择能力影响的模型测算结果如图 5-9：

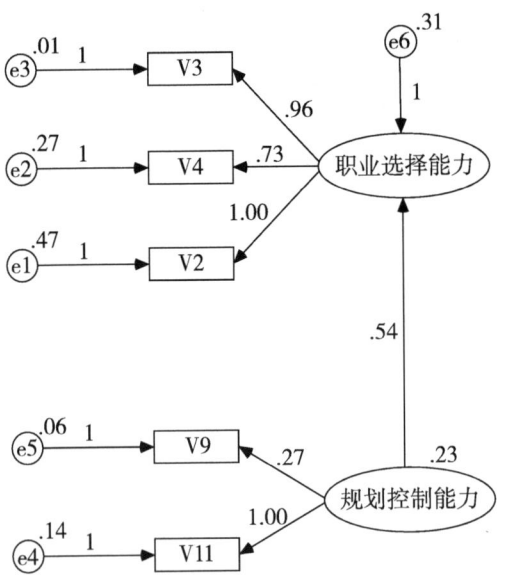

图 5-9 规划控制能力对职业选择能力影响的未标准化路径系数图

据此，构造大学生规划控制能力对职业选择能力影响的 SEM 模型为：
职业选择能力 = 0.54 * 规划控制能力 + 0.31

自我职业价值观成熟程度 = 1 * 职业选择能力 + 0.47
自我职业锚与职业兴趣的定位准确度 = 0.96 * 职业选择能力 + 0.01
自我职业定位与外在需求的吻合度 = 0.73 * 职业选择能力 + 0.27
自我积极主动的内在控制中心 = 0.27 * 规划控制能力 + 0.06
自我在多角色下的要事处理能力 = 1 * 规划控制能力 + 0.14

模型分析结果表明,规划控制能力对大学生自我职业选择能力能力具有较为显著的影响力。规划控制能力每提高 1 个单位,将带来职业选择能力提高 0.54 个单位,由此对职业选择能力的各个观察变量的提高具有影响,1 个单位规划控制能力的提高,将带来自我职业价值观成熟程度提高 0.54 个单位;带来自我职业锚与职业兴趣的定位准确度提高约 0.52 个单位;带来自我职业定位与外在需求的吻合度提高约 0.39 个单位;带来自我积极主动的内在控制中心提高约 0.15 个单位;带来多角色下的要事处理能力提高约 1 个单位。

标准化下规划控制能力对职业选择能力影响的模型测算结果如图 5 - 10:

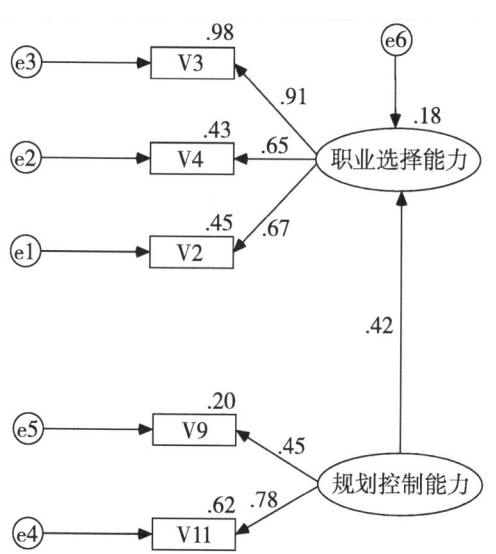

图 5 - 10　规划控制能力对职业选择能力影响的标准化路径系数图

标准化下的外因潜在变量规划控制能力对内因潜在变量职业选择能力影响的因果关系成立,其因素负荷量为 0.42。

规划控制能力对其观察变量的影响强度由大到小依次是:大学生个体

在多角色下的要事处理能力（V11），因素负荷量为0.78；大学生个体积极主动的内在控制中心（V9），因素负荷量为0.45。

职业选择能力对其观察变量的影响强度由大到小依次是：自我职业锚与职业兴趣的定位准确度（V3），因素负荷量0.91；自我职业价值观成熟程度（V2），因素负荷量0.67；自我职业定位与外在需求的吻合度（V4），因素负荷量0.65。

二、模型的影响机制分析

（一）未标准化回归结果分析

表5-12中，未标准化回归系数 Estimates 的取值可比较各因素相对影响力大小。表中规划控制能力对职业选择能力的未标准化影响力系数为0.538，未标准化下，职业选择能力对其观察变量影响力大小排序依次是：自我职业价值观成熟程度（V2）、自我职业锚与职业兴趣定位准确度（V3）、自我职业定位与外在需求吻合度（V4）。规划控制能力对其观察变量影响力大小排序依次是：多角色下的要事处理能力（V11）、积极主动的内在控制中心（V9）。

表5-12　规划控制能力对职业选择能力影响的未标准化回归系数表
(Regression Weights)

			Estimate	S. E.	C. R.	P	Label
职业选择能力	←	规划控制能力	0.538	0.118	4.557	***	W4
V2	←	职业选择能力	1.000				
V4	←	职业选择能力	0.727	0.048	15.124	***	W1
V3	←	职业选择能力	0.956	0.062	15.427	***	W2
V11	←	规划控制能力	1.000				
V9	←	规划控制能力	0.267	0.056	4.789	***	W3

（二）标准化回归结果分析

如表5-13所示，标准化下，规划控制能力对职业选择能力的影响力系数为0.420。职业选择能力对其观察变量的影响力大小排序依次是：自我职业锚与职业兴趣的定位准确度（V3）、自我职业价值观成熟程度

（V2）、自我职业定位与外在需求的吻合度（V4）。规划控制能力对其观察变量的影响力大小排序依次是：多角色下的要事处理能力（V11）、积极主动的内在控制中心（V9）。

表 5-13 规划控制能力对职业选择能力影响的标准化回归系数表
（Standardized Regression Weights）

			Estimate
职业选择能力	←	规划控制能力	0.420
V2	←	职业选择能力	0.669
V4	←	职业选择能力	0.654
V3	←	职业选择能力	0.911
V11	←	规划控制能力	0.785
V9	←	规划控制能力	0.451

（三）标准化总影响的结果分析

表 5-14 中，标准化总影响中，规划控制能力对参与观察的每个变量均有影响，按其影响力大小由大到小排序依次为：影响多角色下的要事处理能力（V11）、影响积极主动的内在控制中心（V9）、影响自我职业锚与职业兴趣的定位准确度（V3）、影响自我职业价值观成熟程度（V2）。而职业选择能力仅对自身的观察变量构成影响，影响力大小依次为自我职业锚与职业兴趣的定位准确度、自我职业价值观成熟程度、自我职业定位与外在需求的吻合度。

表 5-14 规划控制能力对职业选择能力影响的标准化总影响表
（Standardized Total Effects）

	规划控制能力	职业选择能力
职业选择能力	0.420	0.000
V9	0.451	0.000
V11	0.785	0.000
V3	0.417	0.911
V4	0.275	0.654
V2	0.281	0.669

大学生自我管理能力影响机制评价

(四) 标准化直接影响的结果分析

如表 5-15 所示，规划控制能力对职业选择能力具有直接影响力。

表 5-15　规划控制能力对职业选择能力影响的标准化直接影响表
(Standardized Direct Effects)

	规划控制能力	职业选择能力
职业选择能力	0.420	0.000
V9	0.451	0.000
V11	0.785	0.000
V3	0.000	0.911
V4	0.000	0.654
V2	0.000	0.669

规划控制能力的标准化直接影响按其影响力大小排序依次为多角色下的要事处理能力、个体具备积极主动的内在控制中心。职业选择能力的标准化直接影响按其影响力大小排序依次是自我职业锚与职业兴趣的定位准确度、自我职业价值观成熟程度、自我职业定位与外在需求的吻合度。

(五) 标准化间接影响的结果分析

表 5-16 中，规划控制能力对职业选择能力的观察变量有间接影响。按影响力大小排序依次为：自我职业锚与职业兴趣的定位准确度、自我职业价值观成熟程度、自我职业定位与外在需求的吻合度。职业选择能力对相关变量无间接影响。

表 5-16　规划控制能力对职业选择能力影响的标准化间接影响表
(Standardized Indirect Effects)

	规划控制能力	职业选择能力
职业选择能力	0.000	0.000
V9	0.000	0.000
V11	0.000	0.000
V3	0.417	0.000
V4	0.275	0.000
V2	0.281	0.000

三、违反估计的检验

变量的测量质量可以通过误差方差和标准化系数来确定。如果存在负的误差方差（S.E<0）或者标准化系数过于接近1（通常以标准化系数小于等于0.95为门槛），则模型违反估计。根据上述分析可知，模型的误差方差S.E在0.048至0.118之间，没有负数误差方差；模型的标准化系数绝对值在0.42至0.911之间。模型无违反估计之现象。

四、模型拟合度的检验

（一）卡方检验

模型的卡方检验结果如下，模型具有良好的拟合度。

Chi-square = 1.69

Probability level = 0.921

（二）模型与数据适合度的 CMIN 检验

完全适合数据的 CMIN 取值为0。笔者检验了预设模型（Default model）、饱和模型（Saturated model）和独立模型（Independence model）三种情况，其中，预设模型的 CMIN 取值为20.878，饱和模型取值为0，独立模型取值为846.329。根据 CMIN 取值，越接近于0的模型拟合越好，因此模型为饱和模型，对数据适合度最佳。

（三）模型拟合度的残差平方根检验

残差平方根检验 RMR（root mean square residual）越接近于0，表明模型的拟合度越好，通常采用 RMR<0.05，此处饱和模型的取值为0，预设模型的取值为0.003，独立模型的取值为0.146，预设模型的拟合度好，独立模型的拟合度较差。GFI 越接近于1表明模型的拟合度越好，计算结果为预设模型的 GFI 取值为0.986，接近1而饱和模型 GFI 等于1，独立模型的 GFI 取值为0.629，饱和模型和预设模型的拟合效果良好，独立模型的拟合度较差。

（四）模型的基准比较

相关统计指标有 NFI、RFI、IFI、TLI、CFI，其取值均在0至1之间，取值越大,拟合效果越好,当数据完全拟合时,上述相关统计指标取值为1。本模型计算结果为在饱和模型下,NFI、IFI、CFI 取值为 1,数据可完全拟合,预设模型 NFI 取值为 0.975,RFI 取值为 0.938、IFI 为 0.980、TLI 为 0.950、CFI 为 0.980,预设模型具有较好的拟合度,而独立模型的五个指标取值为 0。

(五)数据与模型的差异程度

FMIN 表示数据与模型的差异程度,FO 表示总体与模型的差异程度,LO90 表示总体差异值 90% 的置信区间的下限值,HI90 表示总体差异值的 90% 置信区间的上限值,FMIN 取值为 0,表示数据完全拟合。本模型计算结果为,饱和模型的 FMIN、FO、LO90、HI90 取值分别为 0。预设模型的 FMIN、FO、LO90、HI90 取值分别为 0.035、0.028、0.010、0.059。独立模型的 FMIN、FO、LO90、HI90 取值分别为 1.413、1.396、1.243、1.562。饱和模型和预设模型的拟合度较好,独立模型的拟合度较差。

(六)模型的平均平方误差平方根检验

RMSEA 是平均平方误差平方根,当其小于 0.05 时,可以判断模型的拟合度好。大于 0.05 但小于 0.1 时,表示模型处于灰色地带,不满意但可以接受,当其大于 0.1 时,模型的拟合度差,需要调整模型。经计算,规划控制能力对职业选择能力的预设模型的平均平方误差平方根取值 0.084,模型可以接受。

(七)模型复杂性处罚检验

对模型的复杂性的处罚,常用的指标是 AIC、BCC、BIC、CAIC,这些指标用于判断多种模型中哪一个较优,取值小的模型较优,取值大时的处罚程度 AIC 较轻,CAIC 较重。经计算,预设模型的 AIC、BCC、BIC、CAIC 取值分别为:42.878、43.100、91.244、102.244。饱和模型的 AIC、BCC、BIC、CAIC 取值分别为:30.000、30.304、95.954、110.954。独立模型的 AIC、BCC、BIC、CAIC 取值分别为:856.329、856.430、878.313、883.313。结构方程模型应为预设模型。

本章小结

本章探讨了规划控制能力对相关因子的影响机制，主要结论如下。

规划控制能力作为外因潜在变量，对内因潜在变量时间管理能力、决策沟通学习能力、职业选择能力具有明显的影响力。

标准化下规划控制能力对内因潜在变量的影响力由大到小依次为：对职业选择能力的影响、对决策沟通学习能力的影响、对时间管理能力的影响。

标准化下规划控制能力对各个观察变量的影响力由大到小依次为：自我职业锚与职业兴趣定位准确度、决策的行动能力、决策的思维能力、自我时间管理目标明确程度、时间管理条理性、时间管理行动连续性、自我职业价值观成熟程度、职业定位与外在需求的吻合度、沟通中的信息处理能力、自我学习效率提升的针对性、时间管理观念主动程度、自我长处挖掘能力、沟通中的倾听能力、沟通中的诉说能力。

规划控制能力显著影响了大学生的职业兴趣定位，当代大学生能积极地对自己的职业生涯进行长期计划，职业计划与个人兴趣相结合。规划控制能力也显著影响了大学生的决策行动能力和决策思维能力。

规划控制能力较为明显地影响着大学生的时间管理目标明确程度、时间管理条理性、时间管理行动连续性。规划控制能力较为明显地影响了自我职业价值观的成熟程度以及自我职业定位与外在需求的吻合度。规划控制能力对大学生沟通中的信息处理能力有一定的影响。

但规划控制能力对自我学习效率提升的针对性、自我时间管理观念主动程度、自我长处挖掘能力、沟通中的倾听能力、沟通中的诉说能力影响较弱。这反映出两个问题：一是计划的针对性不强，大学生不能完全针对自身学习特点订立计划、计划不能结合自身长处；二是积极计划与主动时间管理不能结合起来，有待办事项的计划但缺乏具体的时间规划；三是计划的互动性不足。计划重点是个人计划而缺乏群体互动计划或者团队协作的计划。

第六章 时间管理能力对相关因素作用的影响机制

本章应用结构方程模型,定量分析大学生的时间管理能力作为外因潜在变量,对其内因潜在变量职业选择能力和决策沟通学习能力所产生的具体影响。

第一节 时间管理能力对职业选择能力影响的结构方程模型

一、模型的构建

(一) 模型初始条件

时间管理能力这一潜在变量由五个观察变量综合反映其特质,分别是自我长处挖掘能力(V1)、自我时间管理目标明确程度(V5)、自我时间管理观念主动程度(V6)、自我时间管理条理性(V7)、自我时间管理行动连续性(V8)。

职业选择能力这一潜在变量由三个观察变量综合反映,分别为大学生自我职业价值观成熟程度(V2)、自我职业锚与职业兴趣的定位准确度(V3)、自我职业定位与外在需求的吻合度(V4)。

如图6-1所示,设内因潜在变量间的因果关系方程式的回归系数为1,残差为e9。上述每个观察变量的误差变量分别用e1、e2……e8表示。

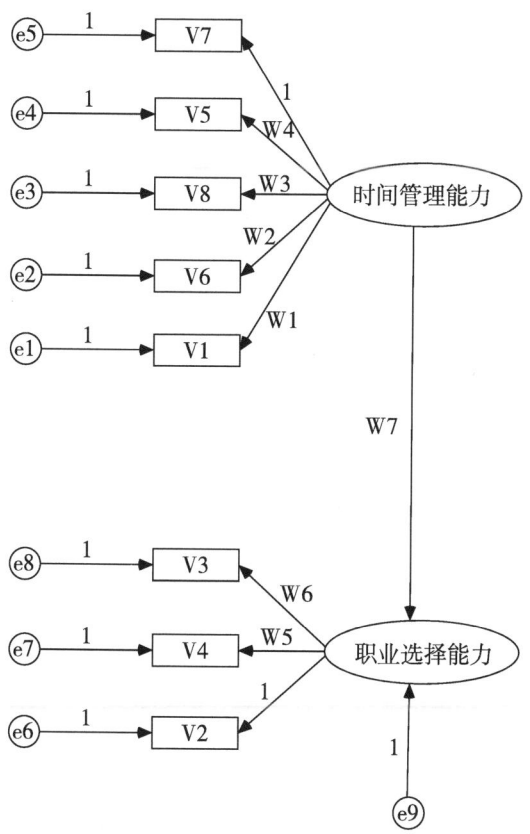

图 6-1　时间管理能力对职业选择能力影响的结构方程模型图

(二) 模型的输出参数设置

要求输出模型的卡方检验，自由度检验和假设检验中的 P 值。在误差项目中，用极大似然法拟合样本数据的参数估计量。输出结果中，显示最小化历史、标准估计值、模型的修正指标、模型的间接影响、直接影响和总影响。在 AMOS Graphic 中，要求显示结构方程模型回归系数，使输出量显示在路径图变量的上方。

(三) 模型测算结果

未标准化下的时间管理能力对职业选择能力影响的结构方程模型测算结果如图 6-2 所示：

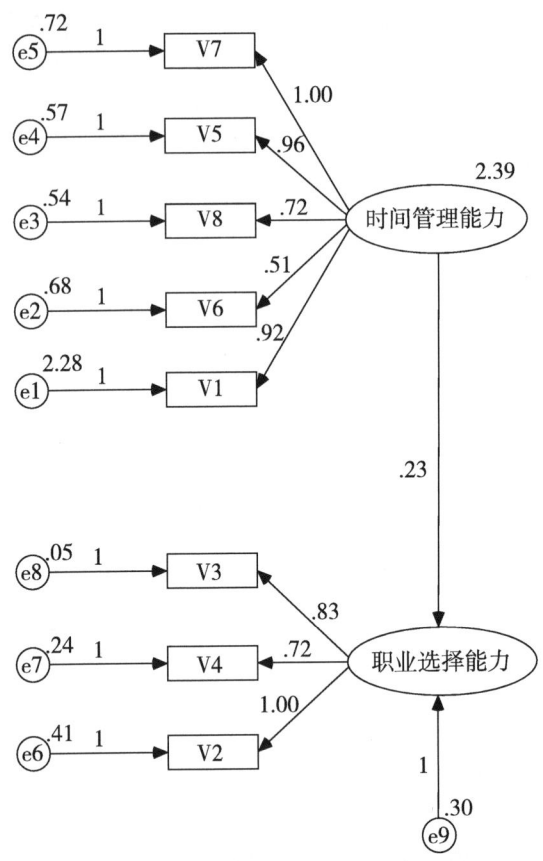

图6-2 时间管理能力对职业选择能力影响的未标准化路径系数图

在时间管理能力对职业选择能力影响的结构方程模型中,预先设置时间管理能力对观察变量自我时间管理条理性(V7)的因素负荷量为1。时间管理能力显著影响了自我时间管理目标明确程度(V5),因素负荷量为0.96;时间管理能力较为明显的影响了自我时间管理行动连续性(V8),因素负荷量为0.72;时间管理能力对自我时间管理观念主动程度(V6)具有一定影响力,因素负荷量为0.51,时间管理能力对自我长处挖掘能力(V1)具有显著影响,因素负荷量为0.92。

设职业选择能力对自我职业价值观成熟程度(V2)的因素负荷量为1。职业选择能力显著影响了自我职业锚与职业兴趣的定位准确度(V3),因素负荷量为0.83;显著影响了自我职业定位与外在需求的吻合度(V4),因素负荷量为0.72。

第六章 时间管理能力对相关因素作用的影响机制

外因潜在变量时间管理能力对内因潜在变量职业选择能力影响的因果关系成立，其因素负荷量为 0.23。

构造大学生时间管理能力对职业选择能力影响的 SEM 方程模型。

时间管理条理性 = 1 * 时间管理能力 + 0.72

时间管理目标明确程度 = 0.96 * 时间管理能力 + 0.57

时间管理行动连续性 = 0.72 * 时间管理能力 + 0.54

时间管理观念主动程度 = 0.51 * 时间管理能力 + 0.68

自我长处挖掘能力 = 0.92 * 时间管理能力 + 2.28

自我职业锚与职业兴趣的定位准确度 = 0.83 * 职业选择能力 + 0.05

自我职业定位与外在需求的吻合度 = 0.72 * 职业选择能力 + 0.24

自我职业价值观成熟程度 = 职业选择能力 + 0.41

职业选择能力 = 0.23 * 时间管理能力 + 0.3

大学生时间管理能力每提高 1 个单位，带来学生时间管理条理性提升 1 个单位；时间管理目标明确程度提升 0.96 个单位；时间管理行动连续性提升 0.72 个单位；时间管理观念主动程度提升 0.51 个单位；自我长处挖掘能力提升 0.92 个单位。大学生时间管理能力每提高 1 个单位，带来职业选择能力 0.23 个单位的提升。即时间管理能力每提升 1 个单位，将带来自我职业锚与职业兴趣定位准确度提升 0.1909 个单位，自我职业定位与外在需求的吻合度可提升 0.1656 个单位，自我职业价值观成熟程度可提升 0.23 个单位。

标准化下时间管理能力对职业选择能力影响的方程模型测算结果如图 6-3 所示：

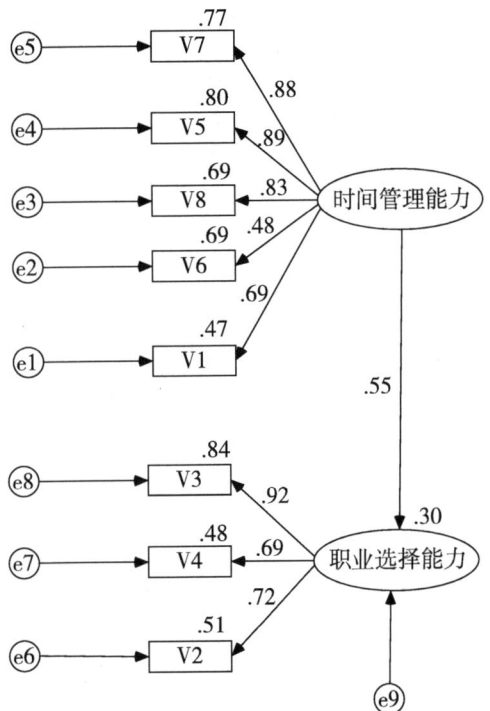

图 6-3 时间管理能力对职业选择能力影响的标准化路径系数图

标准化下外因潜在变量时间管理能力对内因潜在变量职业选择能力影响的因果关系成立，因素负荷量为 0.55。

时间管理能力对职业选择能力影响的标准化结构方程模型中，时间管理能力对其观察变量的影响力由大到小依次是：时间管理目标明确程度、时间管理条理性、时间管理行动连续性、自我长处挖掘能力、时间管理观念主动程度。

二、模型影响机制分析

（一）未标准化回归结果分析

如表 6-1 所示，Estimates 为未标准化回归系数，其取值可比较各因素的相对影响力大小。表中的未标准化回归系数中，时间管理能力对职业选择能力的回归方程影响系数为 0.234；对自我长处挖掘能力（V1）的回归方程影响系数为 0.920；对时间管理观念主动程度（V6）的回归方程影响系数为 0.508；对自我时间管理行动连续性（V8）的回归方程影响系数为

0.715；对自我时间管理条理性（V7）的回归方程影响系数为1；对自我时间管理目标明确程度（V5）的回归方程影响系数为0.961。

职业选择能力对自我职业定位与外在需求的吻合度（V4）具有显著影响，回归方程系数为0.718；对自我职业锚与职业兴趣的定位准确度（V3）也具有显著影响，回归方程系数为0.829。职业选择能力对职业锚与职业兴趣定位准确度的影响大于职业选择能力对自我职业定位与外在需求吻合度的影响。

表6-1 时间管理能力对职业选择能力的未标准化回归系数表
（Regression Weights）

			Estimate	S. E.	C. R.	P	Label
职业选择能力	←	时间管理能力	0.234	0.021	11.362	***	W7
V1	←	时间管理能力	0.920	0.048	19.337	***	W1
V6	←	时间管理能力	0.508	0.026	19.498	***	W2
V8	←	时间管理能力	0.715	0.027	26.275	***	W3
V5	←	时间管理能力	0.961	0.033	29.517	***	W4
V7	←	时间管理能力	1.000				
V2	←	职业选择能力	1.000				
V4	←	职业选择能力	0.718	0.045	15.787	***	W5
V3	←	职业选择能力	0.829	0.047	17.633	***	W6

（二）标准化回归结果分析

如表6-2所示，经标准化处理后的因素负荷量，用于解释标准化后各因素间的相对影响力大小。其中，时间管理能力对自我时间管理目标明确程度（V5）的影响力较大，为0.892；职业选择能力对自我职业锚与职业兴趣的定位准确度（V3）影响力较大，为0.919，按影响力由大到小依次为对自我职业锚与职业兴趣的定位准确度（V3）的影响力，对大学生自我职业价值观成熟程度（V2）的影响为0.716；对自我职业定位与外在需求的吻合度（V4）的影响力为0.690。

大学生自我管理能力影响机制评价

表6-2 时间管理能力对职业选择能力的标准化回归系数表
(Standardized Regression Weights)

			Estimate
职业选择能力	←	时间管理能力	0.551
V1	←	时间管理能力	0.686
V6	←	时间管理能力	0.690
V8	←	时间管理能力	0.833
V5	←	时间管理能力	0.892
V7	←	时间管理能力	0.876
V2	←	职业选择能力	0.716
V4	←	职业选择能力	0.690
V3	←	职业选择能力	0.919

(三) 标准化总影响的结果分析

时间管理能力对职业选择能力的总影响为0.551；对自我职业锚与职业兴趣的定位准确度（V3）为0.506；对自我职业定位与外在需求的吻合度（V4）为0.380；对自我职业价值观成熟程度（V2）为0.394。时间管理能力对职业选择能力的总影响机制是：时间管理能力通过影响大学生自我职业锚与职业兴趣的定位准确度、自我职业价值观成熟程度（V2）、自我职业定位与外在需求的吻合度（V4）来综合影响大学生自我职业选择能力。而职业选择能力仅影响自我职业锚与职业兴趣的定位准确度（V3）、自我职业价值观成熟程度（V2）、自我职业定位与外在需求的吻合度（V4）三个观察变量，对其余观察变量无影响（见表6-3）。

表6-3 时间管理能力对职业选择能力的标准化总影响表
(Standardized Total Effects)

	时间管理能力	职业选择能力
职业选择能力	0.551	0.000
V3	0.506	0.919
V4	0.380	0.690
V2	0.394	0.716

续表

	时间管理能力	职业选择能力
V7	0.876	0.000
V5	0.892	0.000
V8	0.833	0.000
V6	0.690	0.000
V1	0.686	0.000

(四) 标准化直接影响的结果分析

如表6-4所示,在标准化直接影响中,时间管理能力影响自我长处挖掘能力、自我时间管理目标明确程度、时间管理观念主动程度、自我时间管理条理性、自我时间管理行动连续性这五个观察变量,受到时间管理能力影响最显著的是自我时间管理目标明确程度;而职业选择能力则影响自我职业锚与职业兴趣的定位准确度、自我职业价值观成熟程度、自我职业定位与外在需求的吻合度,受到职业选择能力直接影响最显著的是自我职业锚与职业兴趣的定位准确度。

表6-4 时间管理能力对职业选择能力的标准化直接影响表
(Standardized Direct Effects)

	时间管理能力	职业选择能力
职业选择能力	0.551	0.000
V3	0.000	0.919
V4	0.000	0.690
V2	0.000	0.716
V7	0.876	0.000
V5	0.892	0.000
V8	0.833	0.000
V6	0.690	0.000
V1	0.686	0.000

大学生自我管理能力影响机制评价

（五）标准化间接影响的结果分析

如表6-5所示，时间管理能力间接影响了自我职业锚与职业兴趣的定位准确度（V3），标准化间接影响力为0.506；；对自我职业价值观成熟程度（V2）的标准化间接影响力为0.394；自我职业定位与外在需求的吻合度（V4），标准化间接影响力为0.380。而职业选择能力对所观测变量不具有间接影响力。

表6-5 时间管理能力对职业选择能力的标准化间接影响表
（Standardized Indirect Effects）

	时间管理能力	职业选择能力
职业选择能力	0.000	0.000
V3	0.506	0.000
V4	0.380	0.000
V2	0.394	0.000
V7	0.000	0.000
V5	0.000	0.000
V8	0.000	0.000
V6	0.000	0.000
V1	0.000	0.000

三、模型违反估计的检验

模型不能出现存在负的误差方差或者标准化系数不能过于接近1，否则违反估计。根据上述分析可知，模型的误差方差S.E在0.021至0.048之间，没有负数误差方差；标准化系数绝对值在0.551至0.919之间。模型无违反估计的现象。

四、模型拟合度的检验

（一）卡方检验

模型的卡方检验结果如下，模型具有良好的拟合度。

Chi-square = 3.034

Probability level = 0.924

(二) 模型与数据适合度的 CMIN 检验

完全适合数据的 CMIN 取值为 0。笔者检验了预设模型 (Default model)、饱和模型 (Saturated model) 和独立模型 (Independence model) 三种情况，其中，预设模型的 CMIN 取值为 143.034，饱和模型取值为 0，独立模型取值为 2768.121。根据 CMIN 取值，越接近于 0 的模型拟合越好，因此模型应为饱和模型，对数据适合度最佳。预设模型还可进一步修正。

(三) 模型拟合度的残差平方根检验

残差平方根检验 RMR (root mean square residual) 越接近于 0，表明模型的拟合度越好，通常采用 RMR < 0.05，此处饱和模型的取值为 0，预设模型的取值为 0.085，独立模型的取值为 0.929，饱和模型的拟合度较好，预设模型和独立模型的拟合度较差。GFI 越接近于 1 表明模型的拟合度越好，计算结果为预设模型的 GFI 取值为 0.946，接近 1，而饱和模型 GFI 等于 1，独立模型的 GFI 取值为 0.353，饱和模型和预设模型的拟合效果好，独立模型的拟合度较差。

(四) 模型的基准比较

相关统计指标有 NFI、RFI、IFI、TLI、CFI，其取值均在 0 至 1 之间，取值越大，拟合效果越好，当数据完全拟合时，上述相关统计指标取值为 1。本模型计算结果为在饱和模型下，NFI、IFI、CFI 取值为 1，数据可完全拟合，预设模型 NFI 取值为 0.948，RFI 取值为 0.924、IFI 为 0.955、TLI 为 0.933、CFI 为 0.955，预设模型具有较好的拟合度，而独立模型的五个指标取值为 0。

(五) 数据与模型的差异程度比较

FMIN 表示数据与模型的差异程度，FO 表示总体与模型的差异程度，LO90 表示总体差异值 90% 的置信区间的下限值，HI90 表示总体差异值的 90% 置信区间的上限值，FMIN 取值为 0，表示数据完全拟合。本模型计算结果为，饱和模型的 FMIN、FO、LO90、HI90 取值均为 0。预设模型的

FMIN、F0、LO90、HI90 取值分别为 0.239、0.207、0.150、0.277。独立模型的 FMIN、F0、LO90、HI90 取值分别为 4.621、4.574、4.292、4.869。饱和模型和预设模型的拟合度较好，独立模型的拟合度较差。

（六）模型的平均平方误差平方根检验

RMSEA 是平均平方误差平方根，当其小于 0.05 时，可以判断模型的拟合度好。大于 0.05 但小于 0.1 时，表示模型处于灰色地带，不满意但可以接受，当其大于 0.1 时，模型的拟合度差，需要调整模型。经计算，预设模型的平均平方误差平方根检验取值为 0.064，模型拟合度可以接受。

（七）模型复杂性处罚标准检验

对模型参数过多处罚的常用指标是 AIC、BCC、BIC、CAIC，这些指标用于判断多种模型中哪一个较优，取值小的模型较优，取值大时的处罚程度 AIC 较轻，CAIC 较重。经计算，预设模型的 AIC、BCC、BIC、CAIC 取值分别为：177.034、177.553、251.782、268.782。饱和模型的 AIC、BCC、BIC、CAIC 取值分别为：72.000、73.098、230.289、266.289。独立模型的 AIC、BCC、BIC、CAIC 取值分别为：2784.121、2784.365、2819.296、2827.296。结构方程模型预设模型可进一步修改。

五、模型的修正

该模型未通过残差平方根检验、基准比较和复杂性处罚标准的检验，应修正。

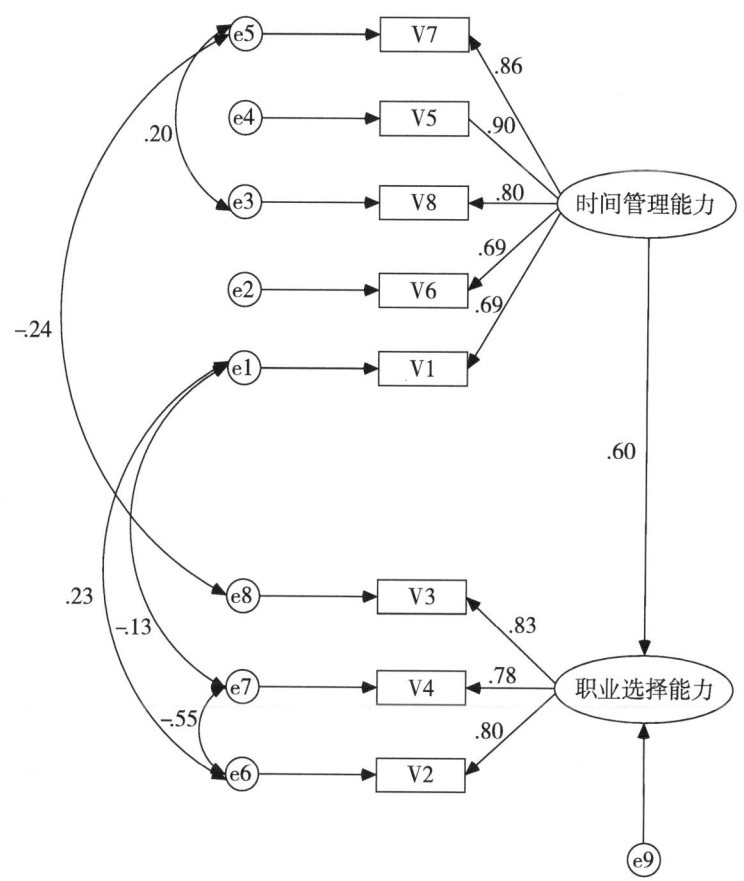

图 6-4 修正后的时间管理能力对职业选择能力影响的标准化路径系数图

计算结果表明，模型的误差变量 e6 与 e7、e5 与 e8、e3 与 e5、e1 与 e6 之间具有相关性，据此建立模型的误差变量相关关系，并命名相关系数分别为 C1、C2、C3、C4、C5 修正原有预设模型。修正后的标准化结构方程模型如图 6-4。

修正后模型的适配性我们采用残差平方根检验进行，修正后的 RMR 取值为 0.034，小于 0.05，GFI 取值为 0.987，接近于 1。修正后的预设模型拟合度好。

修正后的基准比较，其 NFI、RFI、IFI、TLI、CFI 取值应在 0 至 1 之间，取值越大，拟合效果越好，修正后的预设模型 NFI、RFI、IFI、TLI、CFI 取值分别为 0.988、0.977、0.993、0.987，模型拟合度好。

修正后模型平均平方误差平方根检验，计算结果为：预设模型平均平方误差平方根 RMSEA 取值为 0.046，LO90 取值为 0.025，HI90 取值为 0.068，均较为接近于 0。独立模型平均平方误差平方根 RMSEA 经过修正后的取值为 0.404，LO90 取值为 0.392，HI90 取值为 0.417。预设模型的拟合度好。

修正后的模型复杂性处罚的指标 AIC、BCC、BIC、CAIC 取值小的模型较优。修正后的预设模型的 AIC 为 76.096，BCC 为 76.767，BIC 为 172.829，CAIC 为 194.829。修正后的饱和模型的 AIC 为 72.000，BCC 为 73.098，BIC 为 230.289，CAIC 为 266.289。修正后的独立模型的 AIC 为 2784.121，BCC 为 2784.365，BIC 为 2819.296，CAIC 为 2827.296。经比较。预设模型具有较好的拟合度。

第二节 时间管理能力对决策沟通学习能力影响的结构方程模型

一、模型的构建

（一）模型初始条件

外因潜在变量时间管理能力由五个观察变量综合反映其特质，分别是自我长处挖掘能力（V1）、自我时间管理目标明确程度（V5）、自我时间管理观念主动程度（V6）、自我时间管理条理性（V7）、自我时间管理行动连续性（V8）。

内因潜在变量决策沟通学习能力这一潜在变量由六个观察变量综合反映其特质，分别是自我学习效率提升的针对性（V12）、决策的行动能力（V13）、决策的思维能力（V14）、沟通中的信息处理能力（V15）、沟通中的倾听能力（V16）、沟通中的诉说能力（V17）。内因潜在变量决策沟通学习能力受到外因潜在变量时间管理能力的影响。

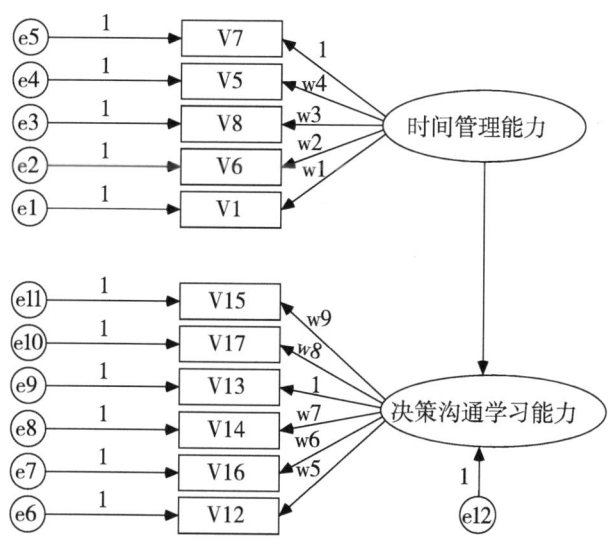

图6-5 时间管理能力对决策沟通学习能力影响的标准化路径系数图

如图中箭头所示,我们设内因潜在变量间的因果关系的回归系数为1,残差为e12。上述每个观察变量的误差变量分别用e1、e2……e11表示。W1,W2……W9为各个观察变量的因素负荷量。

(二) 模型的输出参数设置

要求输出模型的卡方检验,自由度检验和假设检验中的P值。在误差项中,采用极大似然法拟合样本数据参数估计量。输出结果中,显示最小化历史、标准估计值、复相关平方值、模型的修正指标、模型的间接影响、直接影响和总影响。

参数名称设置:在AMOS Graphic中,要求显示结构方程模型协方差、回归系数,输出量显示在途径图变量的上方。

(三) 模型测算结果

未标准化下时间管理能力对决策沟通学习能力影响的模型测算结果如图6-6所示:

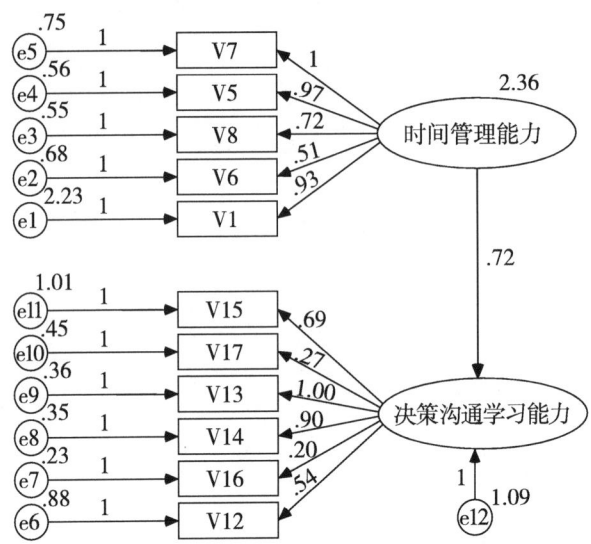

图 6-6　时间管理能力对决策沟通学习能力影响的未标准化路径系数图

预先设置潜在变量对观察变量自我时间管理条理性（V7）的影响力度为 1，从上图可知，时间管理能力显著影响了观察变量自我时间管理目标明确程度（V5），因素负荷量为 0.97；时间管理能力较为明显地影响了观察变量自我时间管理行动连续性（V8），因素负荷量为 0.72；时间管理能力对观察变量自我时间管理观念主动程度（V6）具有一定的影响力，因素负荷量为 0.51，时间管理能力对自我长处挖掘能力（V1）具有显著影响，因素负荷量为 0.93。

设置潜在变量决策沟通学习能力对观察变量决策的行动能力（V13）的影响力度为 1。潜在变量决策沟通学习能力对决策思维能力（V14）的影响程度很显著，因素负荷量为 0.90；沟通中的信息处理能力（V15）也显著受到决策沟通学习能力的影响，因素负荷量为 0.69；沟通中的诉说能力（V17）受到决策沟通学习能力的影响，因素负荷量为 0.27；沟通中的倾听能力（V16）受到决策沟通学习能力的影响最小，因素负荷量为 0.20；决策沟通学习能力对自我学习效率提升的针对性（V12）具有影响，因素负荷量为 0.54。外因潜在变量时间管理能力对内因潜在变量决策沟通学习能力影响的因果关系成立，其因素负荷量为 0.72。

据此，构造大学生自我管理能力的时间管理能力对决策沟通学习能力的 SEM 结构方程模型为：

第六章 时间管理能力对相关因素作用的影响机制

时间管理条理性 = 1 * 时间管理能力 + 0.75
时间管理目标明确程度 = 0.97 * 时间管理能力 + 0.56
时间管理行动连续性 = 0.72 * 时间管理能力 + 0.55
时间管理观念主动程度 = 0.51 * 时间管理能力 + 0.68
自我长处挖掘能力 = 0.93 * 时间管理能力 + 2.23
决策的行动能力 = 1 * 决策沟通学习能力 + 0.36
决策的思维能力 = 0.90 * 决策沟通学习能力 + 0.35
沟通中的信息处理能力 = 0.69 * 决策沟通学习能力 + 1.01
沟通中的诉说能力 = 0.27 * 决策沟通学习能力 + 0.45
沟通中的倾听能力 = 0.20 * 决策沟通学习能力 + 0.23
自我学习效率提升的针对性 = 0.54 * 决策沟通学习能力 + 0.88
决策沟通学习能力 = 0.72 * 时间管理能力 + 1.09

上述分析表明，大学生时间管理能力每提高1个单位，带来学生时间管理条理性提升1个单位；时间管理目标明确程度提升0.97个单位；时间管理行动连续性提升0.72个单位；时间管理观念主动程度提升0.51个单位；自我长处挖掘能力提升0.93个单位。

大学生时间管理能力每提高1个单位，将带来决策沟通学习能力0.72个单位的提升。而决策沟通学习能力提升1个单位，将带来观测变量决策行动能力提升1个单位。即时间管理能力每提升1个单位，将带来决策行动能力提升0.72个单位，决策的思维能力可提升0.65个单位，沟通中的信息处理能力可提升0.5个单位，沟通中的诉说能力可提升0.19个单位，沟通中的倾听能力可提升0.144个单位，自我学习效率提升的针对性提升0.389个单位。

标准化下的时间管理能力对决策沟通学习能力影响的模型测算结果如图6-7所示：

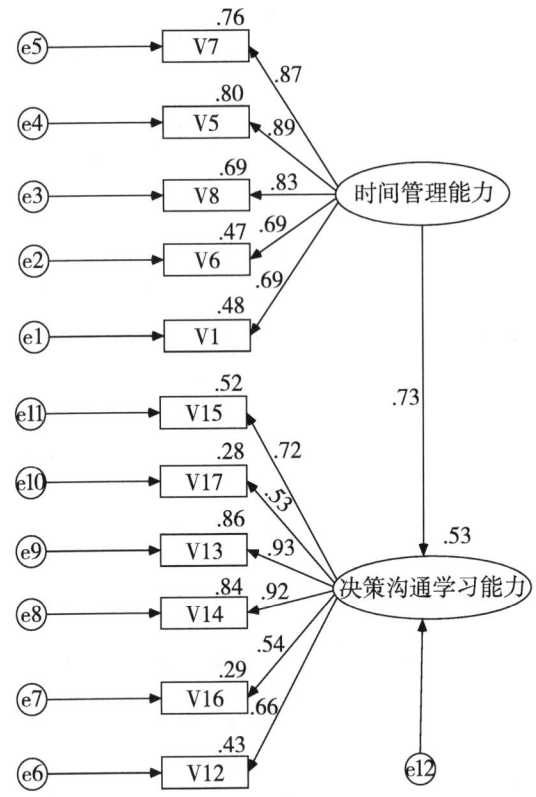

图6-7 时间管理能力对决策沟通学习能力影响的标准化路径系数图

二、模型影响机制分析

(一) 未标准化回归结果分析

表6-6中的Estimates为未标准化回归系数，其取值可比较各因素的相对影响力大小。

表6-6 时间管理能力对决策沟通学习能力影响的未标准化回归系数表
(Regression Weights)

			Estimate	S. E.	C. R.	P	Label
决策沟通学习能力	←	时间管理能力	0.716	0.037	19.309	***	W10
V1	←	时间管理能力	0.934	0.048	19.631	***	W1
V6	←	时间管理能力	0.509	0.026	19.406	***	W2

第六章 时间管理能力对相关因素作用的影响机制

续表

			Estimate	S. E.	C. R.	P	Label
V8	←	时间管理能力	0.717	0.027	26.161	***	W3
V5	←	时间管理能力	0.969	0.033	29.720	***	W4
V7	←	时间管理能力	1.000				
V12	←	决策沟通学习能力	0.540	0.028	19.298	***	W5
V16	←	决策沟通学习能力	0.202	0.014	14.577	***	W6
V14	←	决策沟通学习能力	0.900	0.024	37.006	***	W7
V13	←	决策沟通学习能力	1.000				
V17	←	决策沟通学习能力	0.273	0.019	14.177	***	W8
V15	←	决策沟通学习能力	0.688	.031	22.356	***	W9

时间管理能力对决策沟通学习能力具有显著影响，$p<0.001$，回归方程系数为 0.716；时间管理能力对观察变量影响力大小排序为：对自我时间管理条理性（V7）的影响、对自我时间管理目标明确程度（V5）的影响、对自我长处挖掘能力（V1）的影响、对自我时间管理行动连续性（V8）的影响、对时间管理观念主动程度（V6）的影响。决策沟通学习能力对观察变量影响力大小排序为：决策的行动能力（V13）、决策的思维能力（V14）、沟通的信息处理能力（V15）、沟通中的倾听能力（V16）、沟通中的诉说能力（V17）、自我学习效率提升（V12）的针对性。

（二）标准化回归结果分析

表 6-7 中，Estimates 是经标准化处理后的因素负荷量，用于解释标准化后各因素间的相对影响力大小。其中时间管理能力对自我时间管理目标明确程度（V5）的影响力最大；决策沟通学习能力对决策的行动能力（V13）影响力最大。

表6-7 时间管理能力对决策沟通学习能力影响的标准化回归系数表

			Estimate
决策沟通学习能力	←	时间管理能力	0.726
V1	←	时间管理能力	0.693
V6	←	时间管理能力	0.688
V8	←	时间管理能力	0.831
V5	←	时间管理能力	0.894
V7	←	时间管理能力	0.872
V12	←	决策沟通学习能力	0.657
V16	←	决策沟通学习能力	0.538
V14	←	决策沟通学习能力	0.918
V13	←	决策沟通学习能力	0.930
V17	←	决策沟通学习能力	0.527
V15	←	决策沟通学习能力	0.720

（三）标准化总影响的结果分析

如表6-8所示，时间管理能力对决策沟通学习能力的总影响显著，达到0.726；对沟通的信息处理能力（V15）的影响程度为0.522，要小于决策沟通学习能力对沟通的信息处理能力的影响程度0.72；时间管理能力对沟通中的诉说能力（V17）的影响程度为0.382，要小于决策沟通学习能力对诉说能力的影响程度0.527；时间管理能力对决策的行动能力（V13）的影响程度为0.675，要小于决策沟通学习能力对决策的行动能力的影响程度0.930；时间管理能力对决策思维能力（V14）的影响程度为0.667，小于决策沟通学习能力对决策思维能力的影响程度0.918；时间管理能力对沟通中的倾听能力（V16）的总影响为0.391，小于决策沟通学习能力对倾听能力的总影响0.538；时间管理能力对自我学习效率提升（V12）的总影响为0.477，小于决策沟通学习能力对自我学习效率提升的总影响0.657。仅受到时间管理能力的影响而不受到决策沟通学习能力影响的是自我长处挖掘能力、自我时间管理目标明确程度、时间管理观念主动程度、自我时间管理条理性、自我时间管理行动连续性这五个观察变量，其中受到时间管理能力总影响最大的是自我时间管理目标明确程度这一观察变量。

表6-8 时间管理能力对决策沟通学习能力的标准化总影响表
(Standardized Total Effects)

	时间管理能力	决策沟通学习能力
决策沟通学习能力	0.726	0.000
V15	0.522	0.720
V17	0.382	0.527
V13	0.675	0.930
V14	0.667	0.918
V16	0.391	0.538
V12	0.477	0.657
V7	0.872	0.000
V5	0.894	0.000
V8	0.831	0.000
V6	0.688	0.000
V1	0.693	0.000

(四) 标准化直接影响的结果分析

如表6-9所示，在标准化直接影响中，时间管理能力影响自我长处挖掘能力、自我时间管理目标明确程度、时间管理观念主动程度、自我时间管理条理性、自我时间管理行动连续性这五个观察变量。

表6-9 时间管理能力对决策沟通学习能力影响的标准化直接影响表
(Standardized Direct Effects)

	时间管理能力	决策沟通学习能力
决策沟通学习能力	0.726	0.000
V15	0.000	0.720
V17	0.000	0.527
V13	0.000	0.930
V14	0.000	0.918

续表

	时间管理能力	决策沟通学习能力
V16	0.000	0.538
V12	0.000	0.657
V7	0.872	0.000
V5	0.894	0.000
V8	0.831	0.000
V6	0.688	0.000
V1	0.693	0.000

受到时间管理能力影响最显著的是自我时间管理目标明确程度；而决策沟通学习能力则影响沟通的信息处理能力、沟通中的诉说能力、决策的行动能力、决策的思维能力、沟通中的倾听能力、自我学习效率提升的针对性，受到决策沟通学习能力直接影响最显著的是决策的行动能力。

（五）标准化间接影响的结果分析

时间管理能力间接影响了决策的行动能力（V13），力度为0.675；间接影响决策思维能力（V14），力度为0.667；间接影响沟通的信息处理能力（V15），力度为0.522；间接影响自我学习效率提升（V12），力度为0.477，间接影响沟通中的倾听能力（V16），力度0.391；间接影响沟通中的诉说能力（V17），力度为0.382。而决策沟通学习能力对所观测变量不具有间接影响力（见表6-10）。

表6-10 时间管理能力对决策沟通学习能力影响的标准化间接影响表
（Standardized Indirect Effects）

	时间管理能力	决策沟通学习能力
决策沟通学习能力	0.000	0.000
V15	0.522	0.000
V17	0.382	0.000
V13	0.675	0.000
V14	0.667	0.000

续表

	时间管理能力	决策沟通学习能力
V16	0.391	0.000
V12	0.477	0.000
V7	0.000	0.000
V5	0.000	0.000
V8	0.000	0.000
V6	0.000	0.000
V1	0.000	0.000

三、模型违反估计的检验

变量的测量质量可以通过误差方差和标准化系数来确定。如果存在负的复查方差或者标准化系数不能过于接近1（通常以标准化系数小于等于 0.95 为门槛）。根据上述分析可知，模型的误差方差在 0.14 至 0.48 之间，没有负数误差方差；模型的标准化系数绝对值在 0.527 至 0.930 之间。模型无违反估计之现象。

四、模型拟合度的检验

（一）卡方检验

模型的卡方检验结果如下，模型具有良好的拟合度。

Chi-square = 1.961

Probability level = 0.944

（二）模型与数据适合度的 CMIN 检验

完全适合数据的 CMIN 取值为 0。笔者检验了预设模型（Default model）、饱和模型（Saturated model）和独立模型（Independence model）三种情况，其中，预设模型的 CMIN 取值为 742.610，饱和模型取值为 0，独立模型取值为 4747.341。根据 CMIN 取值，越接近于 0 的模型拟合越好，因此模型应为饱和模型，对数据适合度最佳。预设模型还可进一步修正。

（三）模型拟合度的残差平方根检验

残差平方根检验 RMR（root mean square residual）越接近于 0，表明模

型的拟合度越好，通常采用 RMR < 0.05，此处饱和模型的取值为 0，预设模型的取值为 0.104，独立模型的取值为 1.040，饱和模型的拟合度好，预设模型、独立模型的拟合度较差。GFI 越接近于 1 表明模型的拟合度越好，计算结果为预设模型的 GFI 取值为 0.796，接近 1 而饱和模型 GFI 等于 1，独立模型的 GFI 取值为 0.272，预设模型的拟合效果较好，独立模型的拟合度较差。

（四）模型的基准比较

相关统计指标有 NFI、RFI、IFI、TLI、CFI，其取值均在 0 至 1 之间，取值越大，拟合效果越好，当数据完全拟合时，上述相关统计指标取值为 1。本模型计算结果为在饱和模型下，NFI、IFI、CFI 取值为 1，数据可完全拟合，预设模型 NFI 取值为 0.844，RFI 取值为 0.800、IFI 为 0.851、TLI 为 0.809、CFI 为 0.851，预设模型具有较好的拟合度，而独立模型的五个指标取值均为 0。

（五）数据与模型的差异程度比教

FMIN 表示数据与模型的差异程度，F0 表示总体与模型的差异程度，LO90 表示总体差异值 90% 的置信区间的下限值，HI90 表示总体差异值的 90% 置信区间的上限值，FMIN 取值为 0，表示数据完全拟合。本模型计算结果为，饱和模型的 FMIN、F0、LO90、HI90 取值分别为 0。预设模型的 FMIN、F0、LO90、HI90 取值分别为 1.240、1.168、1.027、1.322。独立模型的 FMIN、F0、LO90、HI90 取值分别为 7.925、7.834、7.462、8.217。饱和模型的拟合度好，预设模型应修正。

（六）模型的平均平方误差平方根检验

RMSEA 是平均平方误差平方根，当其小于 0.05 时，可以判断模型的拟合度好。大于 0.05 但小于 0.1 时，表示模型处于灰色地带，不满意但可以接受，当其大于 0.1 时，模型的拟合度差，需要调整模型。经计算，预设模型的平均平方误差平方根检验取值为 0.165，需要修正。

（七）模型复杂性处罚检验

对模型的复杂性，即参数过多的处罚，常用的指标是 AIC、BCC、BIC、CAIC，这些指标用于判断多种模型中哪一个较优，取值小的模型较优，取值大时的处罚程度 AIC 较轻，CAIC 较重。经计算，预设模型的 AIC、BCC、BIC、CAIC 取值分别为：788.610、789.550、889.739、

912.739。饱和模型的 AIC、BCC、BIC、CAIC 取值分别为：132.000、134.698、422.197、488.197。独立模型的 AIC、BCC、BIC、CAIC 取值分别为：4769.341、4769.791、4817.708、4828.708。结构方程预设模型模型可进一步修正。

五、模型的修正

该模型没有通过平均平方误差平方根检验和模型复杂性处罚检验。计算结果表明，模型的误差变量 e10 与 e11、e8 与 e11、e7 与 e11、e7 与 e10、e9 与 e1、e4 与 e11、e3 与 e7、e3 与 e5、e2 与 e8、e1 与 e7 之间具有相关性，据此建立模型的误差变量相关关系，并命名相关系数分别为 C1、C2、C3、C4、C5、C6、C7、C8、C9、C10 修正原有预设模型。修正后的标准化结构方程模型如图 6-8。

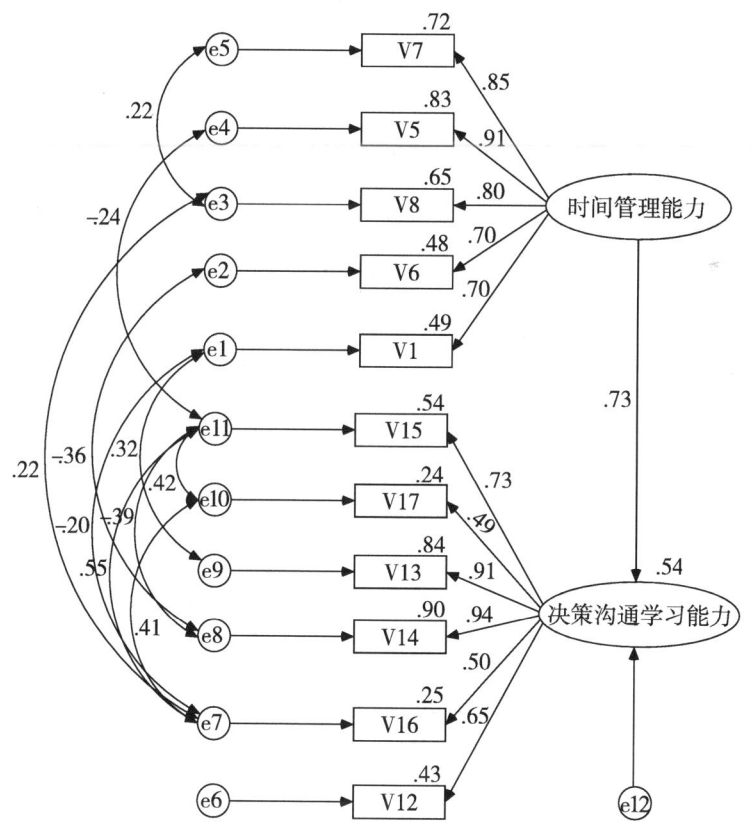

图 6-8 修正后的时间管理能力对决策沟通学习能力影响的标准化路径系数图

修正后模型的适配性我们采用平均平方误差平方根检验进行，计算结果为：预设模型平均平方误差平方根 RMSEA 经过修正后的取值为 0.067，LO90 取值为 0.055，HI90 取值为 0.080，均较为接近于 0。独立模型平均平方误差平方根 RMSEA 经过修正后的取值为 0.377，LO90 取值为 0.368，HI90 取值为 0.387。修正后预设模型的时间管理能力对积极行动因子的 RMSEA 为 0.067，修正后的模型拟合度可以接受。

修正后的模型复杂性处罚的指标 AIC、BCC、BIC、CAIC 取值小的模型较优。修正后的预设模型的 AIC 为 187.969，BCC 为 189.318，BIC 为 333.067，CAIC 为 366.067。修正后的饱和模型的 AIC 为 132.000，BCC 为 134.698，BIC 为 422.197，CAIC 为 488.197。修正后的独立模型的 AIC 为 4769.341，BCC 为 4769.791，BIC 为 4817.708，CAIC 为 4828.708。经比较，综合考虑四个指标，修正后预设模型优于饱和模型。

本章小结

本章探讨时间管理能力对相关因子的影响机制，得到如下主要结论。

时间管理能力作为外因潜在变量，对内因潜在变量职业选择能力和决策沟通学习能力具有明显的影响力。

标准化下时间管理能力对内因潜在变量的影响力由大到小依次是：决策沟通学习能力、职业选择能力。

标准化下时间管理能力对各个观察变量的影响力由大到小依次为：自我时间管理目标明确程度、自我时间管理条理性、自我时间管理行动连续性、我长处挖掘能力、自我时间管理观念主动程度。

时间管理能力对职业选择能力的间接影响力由大到小依次为：自我职业锚与职业兴趣的定位准确度、自我职业价值观成熟程度、自我职业定位与外在需求吻合度。

时间管理能力对决策沟通学习能力的间接影响力体现在：对决策行动能力的影响；对决策思维能力的影响；对沟通的信息处理能力的影响；对自我学习效率提升的影响；对沟通中的倾听能力的影响；对沟通中的诉说能力的影响。

时间管理能力较为显著地影响着决策沟通学习能力中的决策行动能力和决策思维能力。但对沟通中的信息处理能力、自我职业锚与职业兴趣定位准确度、自我学习效率提升的针对性、沟通中的倾听能力、沟通中的诉说能力、自我职业价值观成熟程度、自我职业定位与外在需求的吻合度的影响力较弱。

影响机制分析反映出当代大学生在时间管理上的如下问题：一是时间管理观念强，且大多将时间管理与果断的决策行动联系在一起。二是时间管理尚不能有效地与个人的职业选择和沟通能力的提高联系在一起，当代大学生在如何计划时间的使用上较为短视，以当期采取果断行动为主，较少针对长期发展未雨绸缪；时间投入上，单向管理多于双向互动，往往仅仅针对自己的时间进行管理，较为封闭，较少在与他人的互动中投入时间。

第七章 职业选择能力对相关因素作用的影响机制

本章应用结构方程模型,分析大学生的职业选择能力作为外因潜在变量,对其内因潜在变量的决策沟通学习能力所产生的具体影响。

第一节 职业选择能力对决策沟通学习能力影响的结构方程模型模型

一、模型的构建

职业选择能力这一潜在变量由三个观察变量综合反映,分别为大学生自我职业价值观成熟程度(V2)、自我职业锚与职业兴趣的定位准确度(V3)、自我职业定位与外在需求的吻合度(V4)。

决策沟通学习能力这一潜在变量由六个观察变量综合反映,分别是自我学习效率提升的针对性(V12)、决策的行动能力(V13)、决策的思维能力(V14)、沟通中的信息处理能力(V15)、沟通中的倾听能力(V16)、沟通中的诉说能力(V17)。

如图7-1所示,职业选择能力为外因潜在变量,它由三个观察变量表示;决策沟通学习能力为内因潜在变量,它由六个观察变量表示。设内因潜在变量间的因果关系的结构模型方程式回归系数为1,残差为e10。上述每个观察变量的误差变量用e1、e2……e9表示。W1,W2……W7为各个观察变量的因素负荷量。

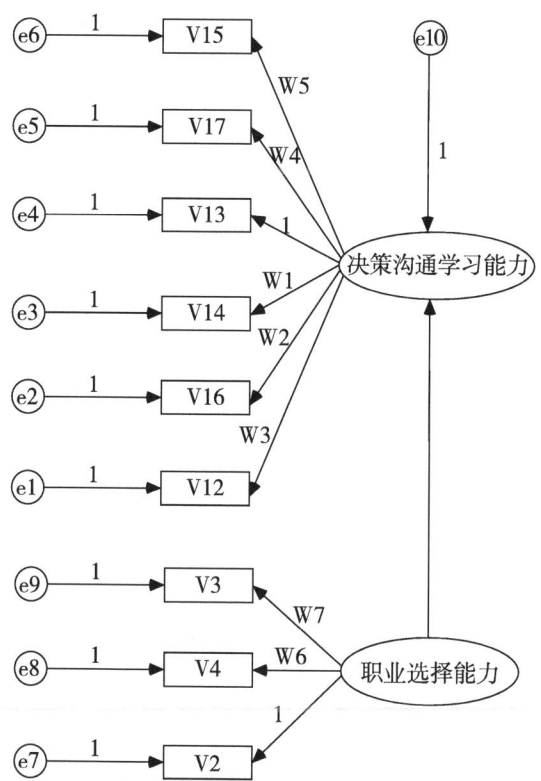

图 7-1 职业选择能力对决策沟通学习能力影响的结构方程模型图

二、模型的输出参数设置

要求输出模型的卡方检验,自由度检验和假设检验中的 P 值。在误差项目中,采用极大似然法拟合样本数据的参数估计量。在输出结果中,显示最小化历史、标准估计值、模型的修正指标、模型的间接影响、直接影响和总影响。

参数名称设置:在 AMOS Graphic 中,要求显示结构方程回归系数,使路径图上呈现的输出量显示在变量的上方。

三、模型测算结果

未标准化下的职业选择能力对决策沟通学习能力影响的路径系数图如图 7-2 所示:

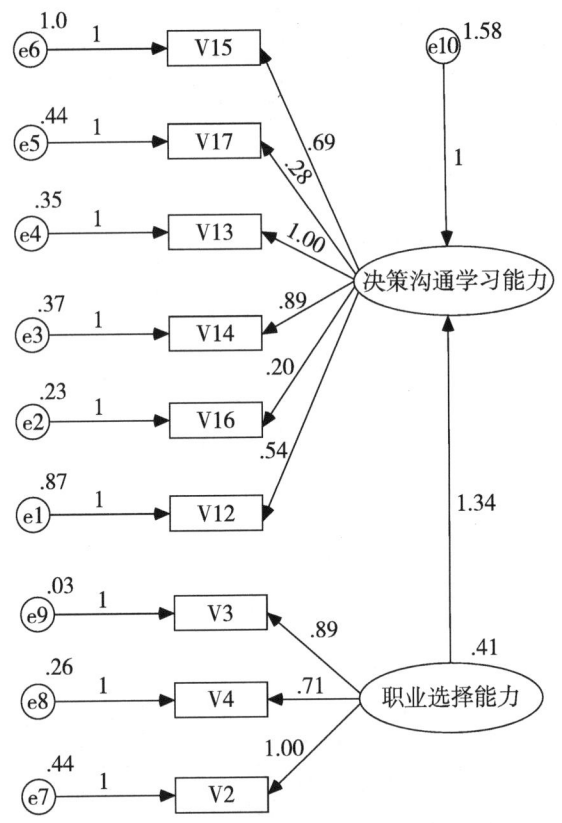

图 7-2 职业选择能力对决策沟通学习能力影响的未标准化路径系数图

据此,构造大学生职业选择能力对决策沟通学习能力影响的结构方程为:

沟通中的信息处理能力 = 0.69 * 决策沟通学习能力 + 1.01

沟通中的诉说能力 = 0.28 * 决策沟通学习能力 + 0.44

决策的行动能力 = 1 * 决策沟通学习能力 + 0.35

决策的思维能力 = 0.89 * 决策沟通学习能力 + 0.37

沟通中的倾听能力 = 0.20 * 决策沟通学习能力 + 0.23

自我学习效率提升的针对性 = 0.54 * 决策沟通学习能力 + 0.87

自我职业锚与职业兴趣的定位准确度 = 0.89 * 职业选择能力 + 0.03

自我职业定位与市场需求的吻合度 = 0.71 * 职业选择能力 + 0.26

大学生自我职业价值观成熟程度 = 1 * 职业选择能力 + 0.44

决策沟通学习能力对职业选择能力影响的结构方程模型为:

决策沟通学习能力 = 1.34 * 职业选择能力 + 1.58

上述分析表明，大学生自我管理能力中的职业选择能力对决策沟通学习能力的 SEM 方程模型分析表明，职业选择能力每改善 1 个单位，可带来学生决策沟通学习能力显著提高，可提升 1.34 个单位。其中沟通中的信息处理能力可提升 0.9246 个单位，沟通中的诉说能力可提升 0.3752 个单位，决策的行动能力可提升 1.34 个单位，决策的思维能力可提升 1.1926 个单位，沟通中的倾听能力可提升 0.268 个单位，自我学习效率提升的针对性将提高 0.7236 个单位。

标准化下职业选择能力对决策沟通学习能力影响的路径系数图如图 7-3：

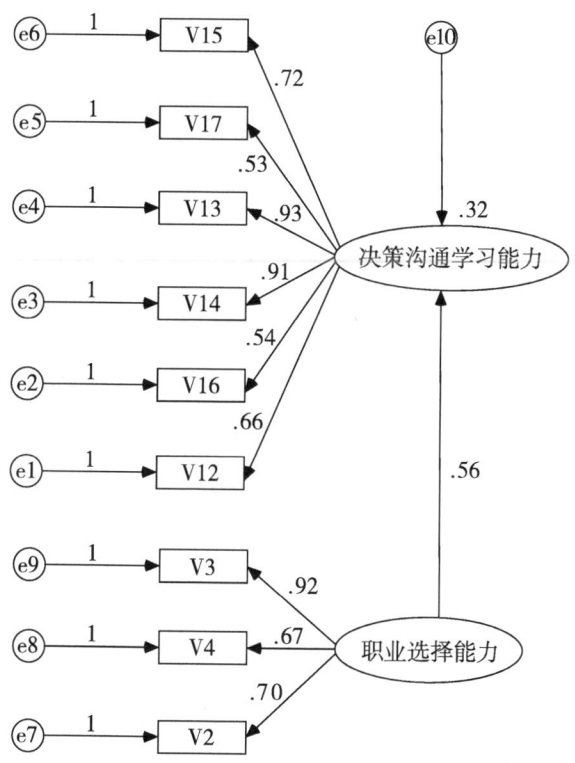

图 7-3　职业选择能力对决策沟通学习能力影响的标准化路径系数图

标准化下的结构方程中，职业选择能力对其观察变量的影响力大小由强到弱依次是：影响职业锚与职业兴趣的定位准确度（V3），影响显著，因素负荷量为 0.92；影响大学生自我职业价值观成熟程度（V2），影响显著，因素负荷量为 0.67；影响职业定位与外在需求的吻合度（V4），影响显著，因素负荷量为 0.70。

决策沟通学习能力对其观察变量的影响力由强到弱依次是：决策的行动能力（V13），因素负荷量为 0.93；决策的思维能力（V14），因素负荷量为 0.91；沟通中的信息处理能力（V15），因素负荷量为 0.72；自我学习效率提升的针对性（V12），因素负荷量为 0.66；沟通中的倾听能力（V16），因素负荷量为 0.54；沟通中的诉说能力（V17），因素负荷量为 0.53。

标准化下的外因潜在变量职业选择能力对内因潜在变量决策沟通学习能力影响的因果关系成立，其因素负荷量为 0.56。

第二节 模型的影响机制分析

一、未标准化回归结果分析

表 7-1 中，Estimates 为未标准化回归系数表，其取值可比较各因素相对影响力大小。从表可得，职业选择能力对决策沟通学习能力存在显著影响，回归方程系数为 1.341；决策沟通学习能力对各观察变量的影响强度依次为：决策的行动能力（V13）、决策思维能力（V14）、沟通中的信息处理能力（V15）、自我学习效率提升的针对性（V12）、沟通中的诉说能力（V17）、沟通中的倾听能力（V16）。

而未标准化下，职业选择能力对观察变量的影响大小依次是：大学生自我职业价值观成熟程度（V2）、职业锚与职业兴趣的定位准确度（V3）、职业定位与外在需求的吻合度（V4）。

表 7-1 职业选择能力对决策沟通学习能力影响的未标准化回归系数表
(Regression Weights)

			Estimate	S. E.	C. R.	P	Label
决策沟通学习能力	←	职业选择能力	1.341	0.107	12.509	***	par_8
V13	←	决策沟通学习能力	1.000				
V17	←	决策沟通学习能力	0.275	0.019	14.363	***	W4
V15	←	决策沟通学习能力	0.687	0.031	22.335	***	W5
V2	←	职业选择能力	1.00				

第七章 职业选择能力对相关因素作用的影响机制

续表

			Estimate	S. E.	C. R.	P	Label
V4	←	职业选择能力	0.712	0.046	15.414	***	W6
V3	←	职业选择能力	0.891	0.051	17.550	***	W7
V14	←	决策沟通学习能力	0.892	0.025	35.762	***	W1
V16	←	决策沟通学习能力	0.203	0.014	14.672	***	W2
V12	←	决策沟通学习能力	0.544	0.028	19.571	***	W3

二、标准化回归结果分析

如表7-2所示,在标准化回归系数中,职业选择能力对决策沟通学习能力有较大影响,标准化的回归系数为0.563。

决策沟通学习能力对其观察变量的影响力由强到弱依次是:对决策行动能力(V13)的影响;对决策思维能力(V14)的影响;对沟通中的信息处理能力(V15)的影响;对自我学习效率提升的针对性(V12)的影响;对沟通中的倾听能力(V16)的影响;对沟通中的诉说能力(V17)的影响。

职业选择能力对其观察变量的影响力由强到弱依次为:对职业锚与职业兴趣的定位准确度(V3)的影响;对大学生自我职业价值观成熟程度(V2)的影响;对职业定位与外在需求的吻合度(V4)的影响。

表7-2 职业选择能力对决策沟通学习能力影响的标准化回归系数表
(Standardized Regression Weights)

			Estimate
决策沟通学习能力	←	职业选择能力	0.563
V13	←	决策沟通学习能力	0.932
V17	←	决策沟通学习能力	0.533
V15	←	决策沟通学习能力	0.721
V2	←	职业选择能力	0.695

续表

			Estimate
V4	←	职业选择能力	0.665
V3	←	职业选择能力	0.922
V14	←	决策沟通学习能力	0.912
V16	←	决策沟通学习能力	0.542
V12	←	决策沟通学习能力	0.664

三、标准化总影响的结果分析

表7-3显示，职业选择能力对参与分析的所有观察变量均有影响，它对决策沟通学习能力的标准化总影响为0.563。职业选择能力对各个观察变量的影响力由大到小依次是：职业锚与职业兴趣的定位准确度（V3），影响系数为0.922；大学生自我职业价值观成熟程度（V2），影响系数为0.695；自我职业定位与外在需求的吻合度（V4），影响系数为0.665；决策的行动能力（V13），影响系数为0.524；决策思维能力（V14），影响系数为0.513；沟通中的信息处理能力（V15），影响系数为0.406；自我学习效率提升的针对性（V12），影响系数为0.374；沟通中的倾听能力（V16），影响系数为0.305；沟通中的诉说能力（V17），影响系数为0.300。而决策沟通学习能力仅影响积极行动方面的观察变量，对职业选择能力的观察变量无影响。

表7-3 职业选择能力对决策沟通学习能力影响的标准化总影响表
(Standardized Total Effects)

	职业选择能力	决策沟通学习能力
决策沟通学习能力	0.563	0.000
V3	0.922	0.000
V4	0.665	0.000
V2	0.695	0.000
V15	0.406	0.721
V17	0.300	0.533

第七章　职业选择能力对相关因素作用的影响机制

续表

	职业选择能力	决策沟通学习能力
V13	0.524	0.932
V14	0.513	0.912
V16	0.305	0.542
V12	0.374	0.664

四、标准化直接影响的结果分析

如表7-4所示，标准化直接影响中，职业选择能力影响最显著的观察变量是职业锚与职业兴趣的定位准确度，直接影响系数为0.922；决策沟通学习能力影响最显著的是决策的行动能力，直接影响系数为0.932。

表7-4　职业选择能力对决策沟通学习能力影响的标准化直接影响表
(Standardized Direct Effects)

	职业选择能力	决策沟通学习能力
决策沟通学习能力	0.563	0.000
V3	0.922	0.000
V4	0.665	0.000
V2	0.695	0.000
V15	0.000	0.721
V17	0.000	0.533
V13	0.000	0.932
V14	0.000	0.912
V16	0.000	0.542
V12	0.000	0.664

五、标准化间接影响的结果分析

如表7-5所示，职业选择能力对决策沟通学习能力的各个观察变量的标准化间接影响强度由大到小依次是：决策的行动能力（V13）、决策的思维能力（V14）、沟通中的信息处理能力（V15）、自我学习效率提升的针对性（V12）、沟通中的倾听能力（V16）、沟通中的诉说能力（V17）。决策沟通学习能力对所有观察变量均无间接影响。

表7-5 职业选择能力对决策沟通学习能力影响的标准化间接影响表
(Standardized Indirect Effects)

	职业选择能力	决策沟通学习能力
决策沟通学习能力	0.000	0.000
V3	0.000	0.000
V4	0.000	0.000
V2	0.000	0.000
V15	0.406	0.000
V17	0.300	0.000
V13	0.524	0.000
V14	0.513	0.000
V16	0.305	0.000
V12	0.374	0.000

第三节　模型的检验

一、模型违反估计的检验

变量的测量质量可以通过误差方差和标准化系数来确定。如果存在负的误差方差（S.E<0）或者标准化系数过于接近1（通常以标准化系数小于等于0.95为门槛），则模型违反估计。根据上述分析可知，模型的误差方差S.E在0.014至0.107之间，没有负数误差方差；模型的标准化系数绝对值在0.533至0.932之间。模型无违反估计之现象。

二、模型拟合度的检验

（一）卡方检验

模型的卡方检验结果如下，模型具有良好的拟合度。

第七章 职业选择能力对相关因素作用的影响机制

Chi-square = 1.8

Probability level = 0.935

（二）模型与数据适合度的 CMIN 检验

完全适合数据的 CMIN 取值为 0。笔者检验了预设模型（Default model）、饱和模型（Saturated model）和独立模型（Independence model）三种情况，其中，预设模型的 CMIN 取值为 661.761，饱和模型取值为 0，独立模型取值为 3369.783。根据 CMIN 取值，越接近于 0 的模型拟合越好，因此模型应为饱和模型，预设模型还可进一步修正。

（三）模型拟合度的残差平方根检验

残差平方根检验 RMR（root mean square residual）越接近于 0，表明模型的拟合度越好，通常采用 RMR < 0.05，此处饱和模型的取值为 0，预设模型的取值为 0.008，独立模型的取值为 0.616，预设模型的拟合度好，独立模型的拟合度较差。GFI 越接近于 1 表明模型的拟合度越好，计算结果为预设模型的 GFI 取值为 0.800，较为接近 1，饱和模型 GFI 等于 1，独立模型的 GFI 取值为 0.351，饱和模型和预设模型的拟合效果好，独立模型的拟合度较差。

（四）模型的基准比较

相关统计指标有 NFI、RFI、IFI、TLI、CFI，其取值均在 0 至 1 之间，取值越大，拟合效果越好，当数据完全拟合时，上述相关统计指标取值为 1。本模型计算结果为在饱和模型下，NFI、IFI、CFI 取值为 1，数据可完全拟合，预设模型 NFI 取值为 0.804，RFI 取值为 0.728、IFI 为 0.810、TLI 为 0.736、CFI 为 0.809，预设模型具有较好的拟合度，而独立模型的五个指标取值为 0。

（五）数据与模型的差异程度

FMIN 表示数据与模型的差异程度，FO 表示总体与模型的差异程度，LO90 表示总体差异值 90% 的置信区间的下限值，HI90 表示总体差异值的 90% 置信区间的上限值，FMIN 取值为 0，表示数据完全拟合。本模型计算结果为，饱和模型的 FMIN、FO、LO90、HI90 取值均为 0。预设模型的 FMIN、FO、LO90、HI90 取值分别为 0.065、0.061、0.058、0.068。独立模型的 FMIN、FO、LO90、HI90 取值分别为 5.626、5.566、5.254、

5.890。饱和模型和预设模型的拟合度较好,独立模型的拟合度较差。

(六) 模型的平均平方误差平方根检验

RMSEA 是平均平方误差平方根,当其小于 0.05 时,可以判断模型的拟合度好。大于 0.05 但小于 0.1 时,表示模型处于灰色地带,不满意但可以接受,当其大于 0.1 时,模型的拟合度差,需要调整模型。经计算,预设模型的平均平方误差平方根检验取值为 0.022,模型拟合度好。

(七) 模型复杂性处罚检验

对模型的复杂性,即参数过多的处罚,常用的指标是 AIC、BCC、BIC、CAIC,这些指标用于判断多种模型中哪一个较优,取值小的模型较优,取值大时的处罚程度 AIC 较轻,CAIC 较重。经计算,预设模型的 AIC、BCC、BIC、CAIC 取值分别为:99.761、90.406、283.303、202.303。饱和模型的 AIC、BCC、BIC、CAIC 取值分别为:90.000、91.528、287.862、332.862。独立模型的 AIC、BCC、BIC、CAIC 取值分别为:3387.783、3388.088、3427.355、3436.355。综合考虑四个指标取值,结构方程模型应为预设模型。

本章小结

本章探讨职业选择能力对决策沟通学习能力的影响机制,主要结论是:

职业选择能力为外因潜在变量,对内因潜在变量决策沟通学习能力具有明显的影响力。

标准化下,职业选择能力对决策沟通学习能力有较大影响,标准化的回归系数为 0.563。标准化下,职业选择能力对各个观察变量影响力由大到小依次为:职业锚与职业兴趣的定位准确度、大学生自我职业价值观成熟程度、职业定位与外在需求的吻合度。

职业选择能力对决策沟通学习能力的各个观察变量间接影响力由大到小依次为:决策的行动能力、决策的思维能力、沟通中的信息处理能力、自我学习效率提升的针对性、沟通中的倾听能力、沟通中的诉说能力。

职业选择能力较为显著地影响着职业锚与职业兴趣的定位准确度、影响大学生自我职业价值观成熟程度、影响职业定位与外在需求的吻合度;

但对决策沟通学习能力中的决策行动能力、决策思维能力、沟通中的信息处理能力、自我学习效率提升的针对性、倾听能力、诉说能力影响力较弱。

影响机制反映出当代大学生的职业选择能力与日常自我管理的思维和行为能力在一定程度上是分离的,两者联系并不紧密;相当多的大学生并不完全根据走出校园后的职业兴趣、职业定位来完善、调整在校期间日常自我管理各个方面的思维和行为。当代大学生在校期间日常自我管理各个方面的思维和行为有一定的主观随意性,对求业、择业的预先准备不足,日常自我管理仍有较大改善余地。

第八章　多因素交互下的大学生自我管理能力影响机制

本章用定量分析方法，重点探究大学生自我管理能力中时间管理能力、规划控制能力、时间管理能力、职业选择能力、决策沟通学习能力、自我激励能力与客观环境因子等多种因素交互作用的总影响机制。

第一节　模型的构建

一、模型初始条件

结合上述各章分析，构造多因素交互下的大学生自我管理能力影响机制结构方程模型。设客观环境因子是潜在变量自我激励能力、时间管理能力、决策沟通学习能力、职业选择能力、规划控制能力的外因潜在变量，客观环境因子由四个观察变量反映，分别是大学生对未来的客观成就预期（V18）、家庭对大学生成长的支持（V21）、校园对大学生自我管理能力的引导（V20）、社会对大学生自我管理能力的影响（V22）。

自我激励能力是时间管理能力、决策沟通学习能力、职业选择能力、规划控制能力的外因潜在变量，自我激励能力由两个观察变量"以终为始能力"（V10）、"主观成就预期"（V19）的综合特质反映。

规划控制能力是时间管理能力、决策沟通学习能力、职业选择能力的外因潜在变量。规划控制能力由两个观察变量的综合特质反映，分别是大学生个体具备积极主动的内在控制中心（V9）、大学生个体在多角色下的要事处理能力（V11）。

时间管理能力是职业选择能力、决策沟通学习能力的外因潜在变量。

时间管理能力由五个观察变量综合反映其特质,分别是自我长处挖掘能力(V1)、自我时间管理目标明确程度(V5)、自我时间管理观念主动程度(V6)、自我时间管理条理性(V7)、自我时间管理行动连续性(V8)。

职业选择能力是决策沟通学习能力的外因潜在变量。职业选择能力由三个观察变量综合反映,分别为大学生自我职业价值观成熟程度(V2)、自我职业锚与职业兴趣的定位准确度(V3)、自我职业定位与外在需求的吻合度(V4)。

决策沟通学习能力为内因潜在变量,由六个观察变量综合反映,分别是自我学习效率提升的针对性(V12)、决策的行动能力(V13)、决策思维能力(V14)、沟通中的信息处理能力(V15)、沟通中倾听能力(V16)、沟通中诉说能力(V17)。

设潜在变量与其残差间的回归系数均为1,残差分别用e3、e8、e12、e18、e21、e28表示。各观察变量的误差变量分别用e1、e2……e27表示(见图8-1)。

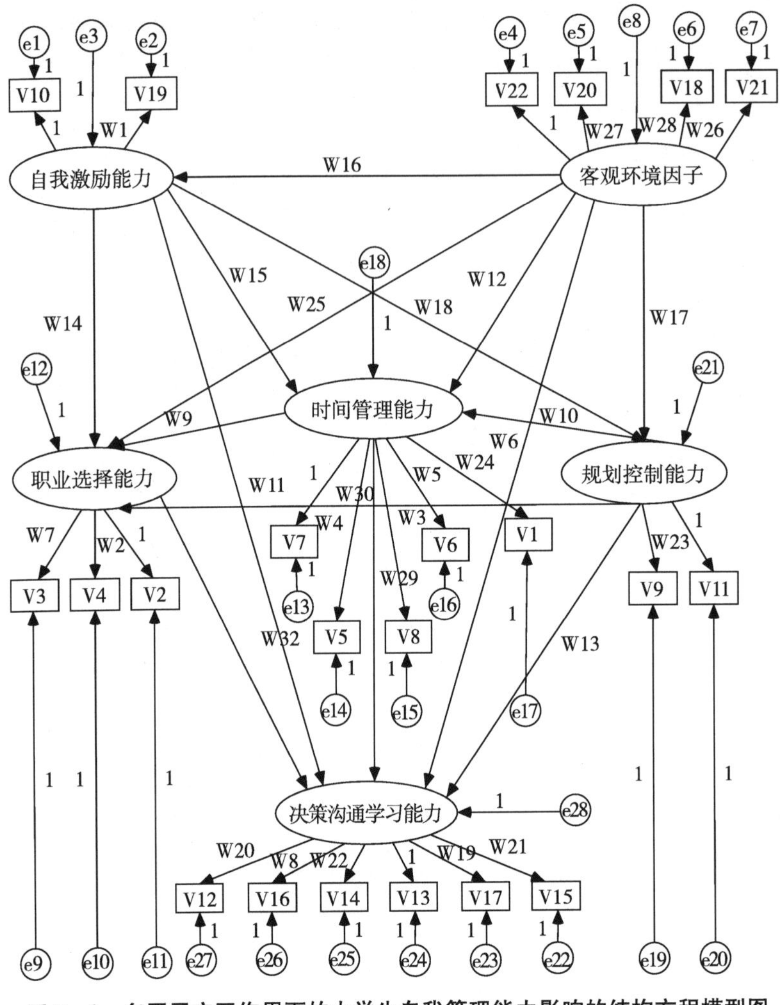

大学生自我管理能力影响机制评价

图 8-1　多因子交互作用下的大学生自我管理能力影响的结构方程模型图

二、模型的输出参数设置

要求输出模型的卡方检验（Chi Square）、自由度（Degrees of freedom）检验和假设检验中的 P 值。在误差项目中，采用极大似然法（Maximum Likelihood，ML）拟合样本数据的参数估计量。在输出结果中，显示最小化历史（Minimization History）、标准估计值（standardized estimates）、模型的修正指标（modification indices）、模型的间接影响、直接影响和总影响（Indirect，direct&total effects）。在 AMOS Graphic 中，要求显示结构方程模型回归系数，使路径图上呈现的输出量显示在变量的上方。

第八章 多因素交互下的大学生自我管理能力影响机制

三、模型测算结果

(一) 未标准化下多因子影响机制结构方程模型测算结果

未标准化下多因子交互下的大学生自我管理能力影响机制结构方程模型测算结果如图 8-2 所示:

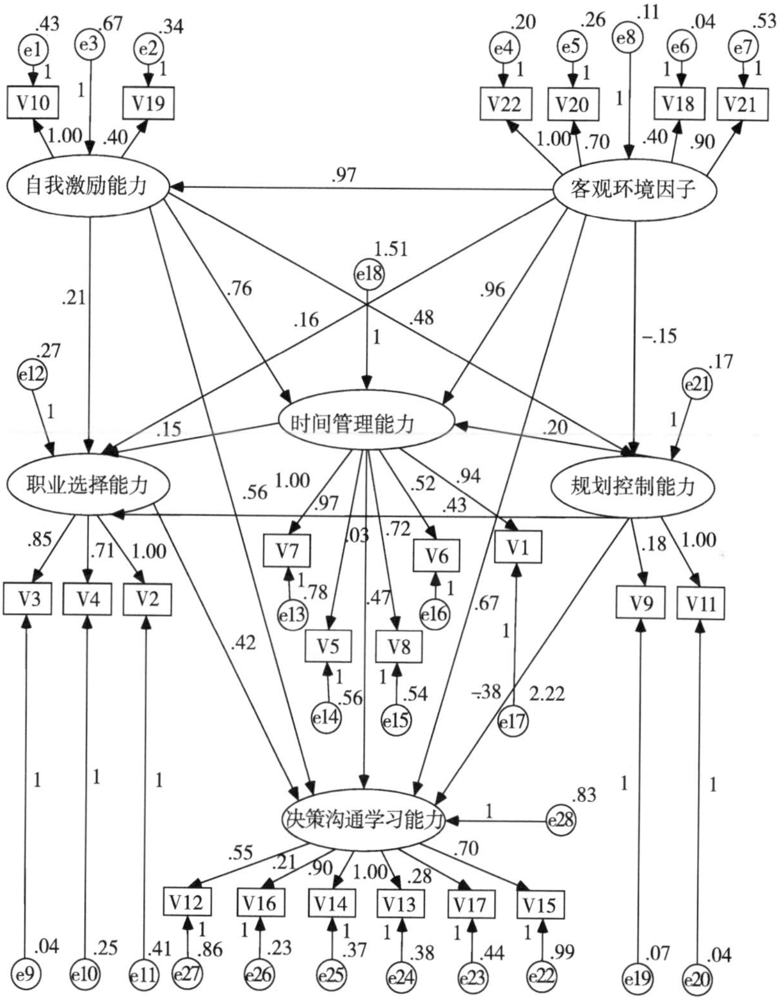

图 8-2 多因子交互作用下的大学生自我管理能力影响的未标准化路径系数图

未标准化下,多因素交互下的大学生自我管理能力影响机制为:

客观环境因子由强到弱依次影响着自我激励能力、时间管理能力、决策沟通学习能力、职业选择能力和规划控制能力。对大学生的自我激励能力影响显著。

自我激励能力的影响力由强到弱依次为：大学生时间管理能力、规划控制能力、职业选择能力和决策沟通学习能力。

规划控制能力的影响力由强到弱依次为：影响职业选择能力、影响决策沟通学习能力。时间管理能力影响职业选择能力。

大学生职业选择能力和决策沟通学习能力主要受自我激励能力的影响。

（二）标准化下多因子影响机制结构方程模型测算结果

标准化下的多因素交互下的大学生自我管理能力影响机制结构方程模型测算结果如图8-3所示：

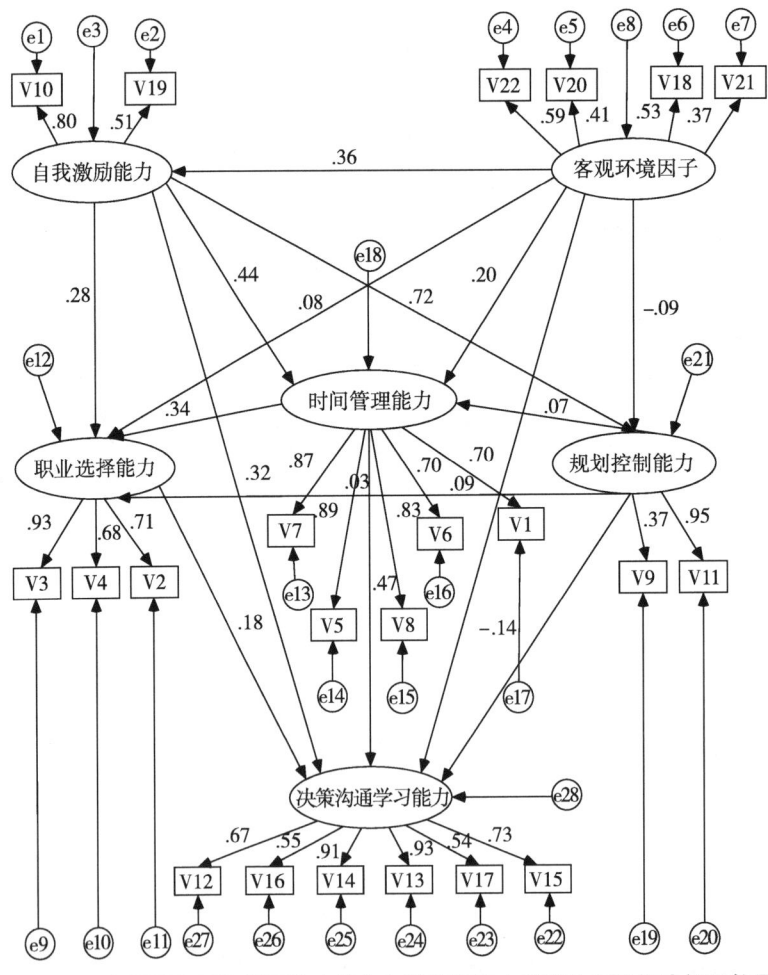

图8-3 多因子交互作用下的大学生自我管理能力影响的标准化路径系数图

第八章 多因素交互下的大学生自我管理能力影响机制

标准化下,多因素交互下的大学生自我管理能力影响机制为:

客观环境因子由强到弱依次影响着自我激励能力、时间管理能力、决策沟通学习能力、职业选择能力和规划控制能力;客观环境因子与学生的规划控制能力呈现反向变动;客观环境因子显著地影响了大学生的自我激励能力。

自我激励能力的影响力由强到弱依次为大学生规划控制能力、时间管理能力、决策沟通学习能力和职业选择能力。

规划控制能力影响力由强到弱依次为:时间管理能力、职业选择能力、决策沟通学习能力。

时间管理能力影响力由强到弱依次为:决策沟通学习能力和职业选择能力。大学生职业选择能力影响决策沟通学习能力。

规划控制能力受自我激励能力和客观环境因子的双重影响,但主要是自我激励能力的影响;时间管理能力主要受自我激励能力的影响,其次是受客观环境因子的影响;第三是受规划控制能力对时间管理的影响。职业选择能力主要受时间管理能力影响,其次是受自我激励能力影响,再次是受客观环境因子影响,职业选择能力受规划控制能力的影响较弱;决策沟通学习能力主要受到时间管理能力的影响,其次是受自我激励能力影响,再次是受职业选择能力的影响,决策沟通学习能力受客观环境影响较弱,规划控制能力强的学生,其决策沟通学习能力较弱。

第二节 模型的影响机制分析

一、未标准化回归结果分析

如表 8-1 所示,Estimates 为未标准化回归系数,通过其取值我们可以比较各因素的相对影响力大小。从表可得,客观环境因子是影响大学生主观激励程度的重要因素,大学生面临的社会、学校、家庭环境对其主观成就需要具有显著影响。客观环境因子和自我激励能力是影响大学生时间管理能力的重要因素。自我激励能力对大学生的规划控制能力和决策沟通学习能力具有显著影响。时间管理能力显著影响着大学生的职业选择能力。

表8-1 多因素交互影响下大学生自我管理能力影响的未标准化回归系数表
(Regression Weights)

			Estimate	S. E.	C. R.	P	Label
自我激励能力	←	客观环境因子	0.972	0.197	4.931	***	W16
规划控制能力	←	客观环境因子	-0.154	0.109	-1.412	.158	W17
规划控制能力	←	自我激励能力	0.480	0.051	9.326	***	W18
时间管理能力	←	客观环境因子	0.958	0.294	3.262	.001	W12
时间管理能力	←	自我激励能力	0.762	0.181	4.211	***	W15
时间管理能力	←	规划控制能力	0.197	0.211	0.931	.352	W10
职业选择能力	←	自我激励能力	0.206	0.073	2.824	.005	W14
职业选择能力	←	客观环境因子	0.156	0.118	1.322	.186	W25
职业选择能力	←	时间管理能力	0.147	0.024	6.095	***	W9
职业选择能力	←	规划控制能力	0.033	0.079	0.414	.679	W30
决策沟通学习能力	←	时间管理能力	0.468	0.046	10.123	***	W29
决策沟通学习能力	←	自我激励能力	0.557	0.161	3.457	***	W11
决策沟通学习能力	←	职业选择能力	0.423	0.099	4.254	***	W32
决策沟通学习能力	←	规划控制能力	-0.375	0.184	-2.045	.041	W13
决策沟通学习能力	←	客观环境因子	0.428	0.222	1.925	.054	W24
V19	←	自我激励能力	0.398	0.038	10.461	***	W1
V10	←	自我激励能力	1.000				
V4	←	职业选择能力	0.706	0.045	15.656	***	W2
V11	←	规划控制能力	1.000				
V9	←	规划控制能力	0.181	0.031	5.847	***	W23
V21	←	客观环境因子	0.900	0.151	5.978	***	W26
V22	←	客观环境因子	1.000				
V20	←	客观环境因子	0.705	0.111	6.363	***	W27
V18	←	客观环境因子	0.396	0.056	7.127	***	W28
V8	←	时间管理能力	0.722	0.028	25.947	***	W3
V5	←	时间管理能力	0.975	0.033	29.406	***	W4
V7	←	时间管理能力	1.000				
V6	←	时间管理能力	0.518	0.026	19.650	***	W5

续表

			Estimate	S.E.	C.R.	P	Label
V1	←	时间管理能力	0.943	0.048	19.625	***	W6
V13	←	决策沟通学习能力	1.000				
V15	←	决策沟通学习能力	0.697	0.031	22.649	***	W21
V17	←	决策沟通学习能力	0.280	0.019	14.559	***	W19
V16	←	决策沟通学习能力	0.207	0.014	14.861	***	W8
V12	←	决策沟通学习能力	0.551	0.028	19.758	***	W20
V14	←	决策沟通学习能力	0.897	0.025	36.152	***	W22
V2	←	职业选择能力	1.000				
V3	←	职业选择能力	0.846	0.046	18.407	***	W7

二、标准化回归结果分析

如表8-2所示，Estimate为标准化回归系数，通过其取值我们可以比较各因素的相对影响力大小。从表可得，客观环境因子是影响大学生主观激励程度的重要因素。自我激励能力是影响大学生规划控制能力的最重要因素。时间管理能力受自我激励能力和客观环境因子的双重影响，但以自我激励能力的影响为主。职业选择能力主要受时间管理能力的影响。自我激励能力通过其观察变量以终为始能力（V10）和大学生主观成就预期（V19）表现其影响力。规划控制能力通过多角色下的要事处理能力（V11）和大学生的内在控制中心（V9）表现其影响力。客观环境因子主要通过社会对大学生自我管理能力的影响（V22）和大学生对未来的客观成就预期（V18）两个观察变量表现其影响力。时间管理能力主要通过时间管理目标明确程度（V5）、时间管理条理性（V7）、间管理行动连续性（V8）表现其影响力。决策沟通学习能力主要通过决策的行动能力、决策的思维能力以及沟通中的信息处理能力（V15）表现其影响力。

表8-2 多因素交互影响下大学生自我管理能力影响的标准化回归系数表

			Estimate
自我激励能力	←	客观环境因子	0.360
规划控制能力	←	客观环境因子	-0.086
规划控制能力	←	自我激励能力	0.723
时间管理能力	←	客观环境因子	0.204
时间管理能力	←	自我激励能力	0.437
时间管理能力	←	规划控制能力	0.075
职业选择能力	←	自我激励能力	0.276
职业选择能力	←	客观环境因子	0.077
职业选择能力	←	时间管理能力	0.344
职业选择能力	←	规划控制能力	0.029
决策沟通学习能力	←	时间管理能力	0.473
决策沟通学习能力	←	自我激励能力	0.323
决策沟通学习能力	←	职业选择能力	0.183
决策沟通学习能力	←	规划控制能力	-0.145
决策沟通学习能力	←	客观环境因子	0.092
V19	←	自我激励能力	0.512
V10	←	自我激励能力	0.802
V11	←	规划控制能力	0.942
V9	←	规划控制能力	0.372
V21	←	客观环境因子	0.373
V22	←	客观环境因子	0.591
V20	←	客观环境因子	0.411
V18	←	客观环境因子	0.528
V8	←	时间管理能力	0.831
V5	←	时间管理能力	0.894
V7	←	时间管理能力	0.866
V6	←	时间管理能力	0.696

续表

			Estimate
V1	←	时间管理能力	0.695
V13	←	决策沟通学习能力	0.926
V15	←	决策沟通学习能力	0.727
V17	←	决策沟通学习能力	0.538
V16	←	决策沟通学习能力	0.547
V12	←	决策沟通学习能力	0.669
V14	←	决策沟通学习能力	0.911
V4	←	职业选择能力	0.676
V2	←	职业选择能力	0.713
V3	←	职业选择能力	0.934

三、标准化总影响的结果分析

（一）潜在变量之间的相互影响机制

客观环境因子对其余五个潜在变量均有影响，对决策沟通学习能力的总影响系数为 0.417，最显著；自我激励能力对规划控制能力的总影响系数为 0.723，最显著；规划控制能力对决策沟通学习能力的影响最为显著但呈现负向变动，规划控制能力强的大学生应变能力较弱；时间管理能力对决策沟通学习能力的影响系数为 0.536，最为显著；职业选择能力对决策沟通学习能力的影响为 0.183。

客观环境因子是导致大学生自我激励能力提高的主要原因，而自我激励能力对大学生的规划控制能力、时间管理能力、职业选择能力、决策沟通学习能力具有显著的影响力；大学生决策沟通学习能力的提高主要动因：第一重要的是主观激励因素，第二重要的是大学生的时间管理能力。

规划控制能力与决策沟通学习能力间是负相关关系，这表明一定程度上大学生的计划能力与实际实践能力脱节，导致计划能力越强实际行动能力反而越弱。

（二）潜在变量对观察变量的影响机制

潜在变量对观察变量的影响机制如下（见表 8-3）。

客观环境因子的影响力最突出体现在观察变量"社会对大学生自我管理能力的影响"（V22）上；第二突出体现在"大学生对未来的客观成就预期"（V18）上。对其余观察变量中的决策行动能力（V13）有一定的影响。

自我激励能力影响力最突出的体现在观察变量"以终为始能力"（V10）上，且显著影响规划控制能力的观察变量"个体在多角色下的要事处理能力"（V11）。

规划控制能力最突出体现在其观察变量"个体在多角色下的要事处理能力"（V11）上；并对"个体积极主动的内在控制中心"（V9）具有一定影响；规划控制能力与决策沟通学习能力的各观察变量"自我学习效率提升的针对性"（V12）、"决策的行动能力"（V13）、"决策的思维能力"（V14）、"沟通中的信息处理能力"（V15）、"沟通中的倾听能力"（V16）、"沟通中的诉说能力"（V17）呈负向影响。

时间管理能力对其观察变量时间管理目标明确程度（V5）影响最为显著；其次是对其观察变量时间管理条理性（V7）、时间管理行动连续性（V8）的影响；对其余观察变量中的自我长处挖掘能力（V1）和自我时间管理观念主动程度（V6）有较为显著的影响。

职业选择能力对其观察变量职业锚与职业兴趣的定位准确度（V3）影响最显著；其次是对职业价值观成熟程度（V2）的影响；对决策的行动能力有一定影响。

决策沟通学习能力通过决策的行动能力（V13）、决策的思维能力（V14）表现。

表8-3 多因素交互影响下大学生自我管理能力结构方程模型标准化总影响表

	客观环境因子	自我激励能力	规划控制能力	时间管理能力	职业选择能力	决策沟通学习能力
自我激励能力	0.360	0.000	0.000	0.000	0.000	0.000
规划控制能力	0.174	0.723	0.000	0.000	0.000	0.000
时间管理能力	0.374	0.491	0.075	0.000	0.000	0.000
职业选择能力	0.311	0.466	0.055	0.344	0.000	0.000
决策沟通学习能力	0.417	0.537	-0.099	0.536	0.183	0.000

续表

	客观环境因子	自我激励能力	规划控制能力	时间管理能力	职业选择能力	决策沟通学习能力
V7	0.324	0.426	0.065	0.866	0.000	0.000
V5	0.335	0.439	0.067	0.894	0.000	0.000
V8	0.311	0.409	0.062	0.831	0.000	0.000
V21	0.373	0.000	0.000	0.000	0.000	0.000
V13	0.386	0.497	-0.092	0.497	0.170	0.926
V20	0.411	0.000	0.000	0.000	0.000	0.000
V12	0.279	0.359	-0.066	0.358	0.122	0.669
V16	0.228	0.293	-0.054	0.293	0.100	0.547
V18	0.528	0.000	0.000	0.000	0.000	0.000
V17	0.225	0.289	-0.053	0.289	0.099	0.538
V15	0.303	0.390	-0.072	0.390	0.133	0.727
V14	0.380	0.489	-0.090	0.489	0.167	0.911
V1	0.260	0.342	0.052	0.695	0.000	0.000
V6	0.261	0.342	0.052	0.696	0.000	0.000
V3	0.290	0.436	0.051	0.321	0.934	0.000
V2	0.221	0.332	0.039	0.245	0.713	0.000
V11	0.166	0.688	0.942	0.000	0.000	0.000
V9	0.065	0.269	0.372	0.000	0.000	0.000
V4	0.210	0.315	0.037	0.233	0.676	0.000
V22	0.591	0.000	0.000	0.000	0.000	0.000
V10	0.289	0.802	0.000	0.000	0.000	0.000
V19	0.184	0.512	0.000	0.000	0.000	0.000

四、标准化直接影响的结果分析

标准化直接影响的结果分析如下（见表8-4）。

客观环境因子的直接影响力大小依次为：自我激励能力、时间管理能力、决策沟通学习能力、职业选择能力；客观环境因子与规划控制能力呈负向影响。

自我激励能力直接影响力大小依次为：规划控制能力、时间管理能力、决策沟通学习能力、职业选择能力。

规划控制能力的直接影响力大小依次为：时间管理能力、职业选择能力；规划控制能力对决策沟通学习能力有负向的影响力。

时间管理能力的直接影响力大小依次为：决策沟通学习能力、职业选择能力。职业选择能力对决策沟通学习能力具有直接影响。

表8-4 多因素交互影响下大学生自我管理能力结构方程模型标准化直接影响表

	客观环境因子	自我激励能力	规划控制能力	时间管理能力	职业选择能力	决策沟通学习能力
自我激励能力	0.360	0.000	0.000	0.000	0.000	0.000
规划控制能力	-0.086	0.723	0.000	0.000	0.000	0.000
时间管理能力	0.204	0.437	0.075	0.000	0.000	0.000
职业选择能力	0.077	0.276	0.029	0.344	0.000	0.000
决策沟通学习能力	0.092	0.323	-0.145	0.473	0.183	0.000
V7	0.000	0.000	0.000	0.866	0.000	0.000
V5	0.000	0.000	0.000	0.894	0.000	0.000
V8	0.000	0.000	0.000	0.831	0.000	0.000
V21	0.373	0.000	0.000	0.000	0.000	0.000
V13	0.000	0.000	0.000	0.000	0.000	0.926
V20	0.411	0.000	0.000	0.000	0.000	0.000
V12	0.000	0.000	0.000	0.000	0.000	0.669
V16	0.000	0.000	0.000	0.000	0.000	0.547
V18	0.528	0.000	0.000	0.000	0.000	0.000
V17	0.000	0.000	0.000	0.000	0.000	0.538
V15	0.000	0.000	0.000	0.000	0.000	0.727

第八章　多因素交互下的大学生自我管理能力影响机制

续表

	客观环境因子	自我激励能力	规划控制能力	时间管理能力	职业选择能力	决策沟通学习能力
V14	0.000	0.000	0.000	0.000	0.000	0.911
V1	0.000	0.000	0.000	0.695	0.000	0.000
V6	0.000	0.000	0.000	0.696	0.000	0.000
V3	0.000	0.000	0.000	0.000	0.934	0.000
V2	0.000	0.000	0.000	0.000	0.713	0.000
V11	0.000	0.000	0.942	0.000	0.000	0.000
V9	0.000	0.000	0.372	0.000	0.000	0.000
V4	0.000	0.000	0.000	0.676	0.000	0.000
V22	0.591	0.000	0.000	0.000	0.000	0.000
V10	0.000	0.802	0.000	0.000	0.000	0.000
V19	0.000	0.512	0.000	0.000	0.000	0.000

自我激励能力所受到的直接影响力来自于客观环境因子；规划控制能力所受的直接影响力主要来自于自我激励能力；时间管理能力所受的直接影响力主要来自于自我激励能力；职业选择能力所受的直接影响力主要来自于时间管理能力，其次为自我激励能力；决策沟通学习能力所受的直接影响力主要来自于时间管理能力，其次为自我激励能力，再次为职业选择能力。

五、标准化间接影响的结果分析

如表8-5所示，规划控制能力、时间管理能力、职业选择能力、决策沟通学习能力所受间接影响主要为客观环境因子。

表8-5　多因素交互影响下大学生自我管理能力结构方程模型的标准化间接影响表

	客观环境因子	自我激励能力	规划控制能力	时间管理能力	职业选择能力	决策沟通学习能力
自我激励能力	0.000	0.000	0.000	0.000	0.000	0.000
规划控制能力	0.260	0.000	0.000	0.000	0.000	0.000
时间管理能力	0.171	0.054	0.000	0.000	0.000	0.000

续表

	客观环境因子	自我激励能力	规划控制能力	时间管理能力	职业选择能力	决策沟通学习能力
职业选择能力	0.233	0.190	0.026	0.000	0.000	0.000
决策沟通学习能力	0.325	0.213	0.045	0.063	0.000	0.000
V7	0.324	0.426	0.065	0.000	0.000	0.000
V5	0.335	0.439	0.067	0.000	0.000	0.000
V8	0.311	0.409	0.062	0.000	0.000	0.000
V21	0.000	0.000	0.000	0.000	0.000	0.000
V13	0.386	0.497	−0.092	0.497	0.170	0.000
V20	0.000	0.000	0.000	0.000	0.000	0.000
V12	0.279	0.359	−0.066	0.358	0.122	0.000
V16	0.228	0.293	−0.054	0.293	0.100	0.000
V18	0.000	0.000	0.000	0.000	0.000	0.000
V17	0.225	0.289	−0.053	0.289	0.099	0.000
V15	0.303	0.390	−0.072	0.390	0.133	0.000
V14	0.380	0.489	−0.090	0.489	0.167	0.000
V1	0.260	0.342	0.052	0.000	0.000	0.000
V6	0.261	0.342	0.052	0.000	0.000	0.000
V3	0.290	0.436	0.051	0.321	0.000	0.000
V2	0.221	0.332	0.039	0.245	0.000	0.000
V11	0.166	0.688	0.000	0.000	0.000	0.000
V9	0.065	0.269	0.000	0.000	0.000	0.000
V4	0.210	0.315	0.037	0.233	0.000	0.000
V22	0.000	0.000	0.000	0.000	0.000	0.000
V10	0.289	0.000	0.000	0.000	0.000	0.000
V19	0.184	0.000	0.000	0.000	0.000	0.000

自我激励能力对职业选择能力和决策沟通学习能力具有较大的间接影响力。

客观环境因子间接影响力大小依次为：决策沟通学习能力、规划控制能力、职业选择能力、时间管理能力；主要表现在观察变量决策的行动能力（V13）上。

自我激励能力间接影响力大小依次为：决策沟通学习能力、职业选择能力、时间管理能力；间接影响力主要表现在多角色下的要事处理能力（V11）上。

规划控制能力间接影响力大小依次为：决策沟通学习能力、职业选择能力；间接影响力主要表现在时间管理目标明确程度（V5）上。

时间管理能力对决策沟通学习能力具有间接影响力，间接影响力主要表现在决策行动能力（V13）和决策思维能力（V14）上。

职业选择能力的间接影响力主要表现在决策行动能力（V13）上。

第三节 模型的检验与修正

一、模型违反估计的检验

如果存在负的误差方差（S.E<0）或者标准化系数过于接近1（通常以标准化系数小于等于0.95为门槛），则模型违反估计。根据上述分析可知，模型的误差方差S.E在0.014至0.294之间，没有负数误差方差；模型的标准化系数绝对值在0.077至0.942之间。模型无违反估计之现象。

二、模型拟合度的检验

（一）卡方检验

模型的卡方检验结果如下，模型具有良好的拟合度。

Chi-square = 1.5

Probability level = 0.905

（二）模型与数据适合度的CMIN检验

完全适合数据的CMIN取值为0。笔者检验了预设模型（Default model)、饱和模型（Saturated model）和独立模型（Independence model）三种情况，其中，预设模型的 CMIN 取值为 162.128，饱和模型取值为 0，独立模型取值为 7509.592。根据 CMIN 取值，越接近于 0 的模型拟合越好，因此模型应为饱和模型，预设模型还可进一步修正。

（三）模型拟合度的残差平方根检验

残差平方根检验 RMR（root mean square residual）越接近于 0，表明模型的拟合度越好，通常采用 RMR < 0.05，此处饱和模型的取值为 0，预设模型的取值为 0.081，独立模型的取值为 0.580，饱和模型的拟合度较好，预设模型和独立模型的拟合度较差。GFI 越接近于 1 表明模型的拟合度越好，计算结果为预设模型的 GFI 取值为 0.774，接近 1 而饱和模型 GFI 等于 1，独立模型的 GFI 取值为 0.280，预设模型的拟合效果较好，独立模型的拟合度较差。

（四）模型的基准比较

相关统计指标有 NFI、RFI、IFI、TLI、CFI，其取值均在 0 至 1 之间，取值越大，拟合效果越好，当数据完全拟合时，上述相关统计指标取值为 1。本模型计算结果为在饱和模型下，NFI、IFI、CFI 取值为 1，数据可完全拟合，预设模型 NFI 取值为 0.765，RFI 取值为 0.721、IFI 为 0.786、TLI 为 0.743、CFI 为 0.785，预设模型具有较好的拟合度，而独立模型的五个指标取值为 0。

（五）数据与模型的差异程度比较

FMIN 表示数据与模型的差异程度，FO 表示总体与模型的差异程度，LO90 表示总体差异值 90% 的置信区间的下限值，HI90 表示总体差异值的 90% 置信区间的上限值，FMIN 取值为 0，表示数据完全拟合。本模型计算结果为，饱和模型的 FMIN、FO、LO90、HI90 取值为 0。预设模型的 FMIN、FO、LO90、HI90 取值分别为 2.942、2.618、2.400、2.848。独立模型的 FMIN、FO、LO90、HI90 取值分别为 12.537、12.151、11.684、12.629。饱和模型拟合度较好，预设模型和独立模型的拟合度较差。

（六）模型的平均平方误差平方根检验

RMSEA 是平均平方误差平方根，当其小于 0.05 时，可以判断模型的拟合度好。大于 0.05 但小于 0.1 时，表示模型处于灰色地带，不满意但可以接受，当其大于 0.1 时，模型的拟合度差，需要调整模型。经计算，预设模型的平均平方误差平方根检验取值为 0.116，预设模型需要修正。

（七）模型复杂性处罚检验

对模型的复杂性，即参数过多的处罚，常用的指标是 AIC、BCC、BIC、CAIC，这些指标用于判断多种模型中哪一个较优，取值小的模型较优，取值大时的处罚程度 AIC 较轻，CAIC 较重。经计算，预设模型的 AIC、BCC、BIC、CAIC 取值分别为：1880.128、1884.840、2139.547、2198.547。饱和模型的 AIC、BCC、BIC、CAIC 取值分别为：506.000、526.205、1618.423、1871.423。独立模型的 AIC、BCC、BIC、CAIC 取值分别为：7553.592、7555.349、7650.325、7672.325。结构方程模型应为饱和模型，预设模型应进一步修改。

三、模型的修正

计算结果表明，模型的误差变量 e11 与 e22、e26 与 e22、e26 与 e23、e25 与 e22、e25 与 e24、e23 与 e22 之间具有相关性，据此建立模型的误差变量相关关系，并命名相关系数分别为 C1、C2、C3、C4、C5、C6 修正原有预设模型。修正后的标准化结构方程模型图如图 8-4 所示。

修正后模型的适配性我们采用平均平方误差平方根检验进行，计算结果为：预设模型平均平方误差平方根 RMSEA 经过修正后的取值为 0.090，LO90 取值为 0.085，HI90 取值为 0.095，均较为接近于 0。独立模型平均平方误差平方根 RMSEA 经过修正后的取值为 0.229，LO90 取值为 0.225，HI90 取值为 0.234。修正后预设模型的 RMSEA 为 0.090，大于 0.05 但小于 0.1，模型可以接受。

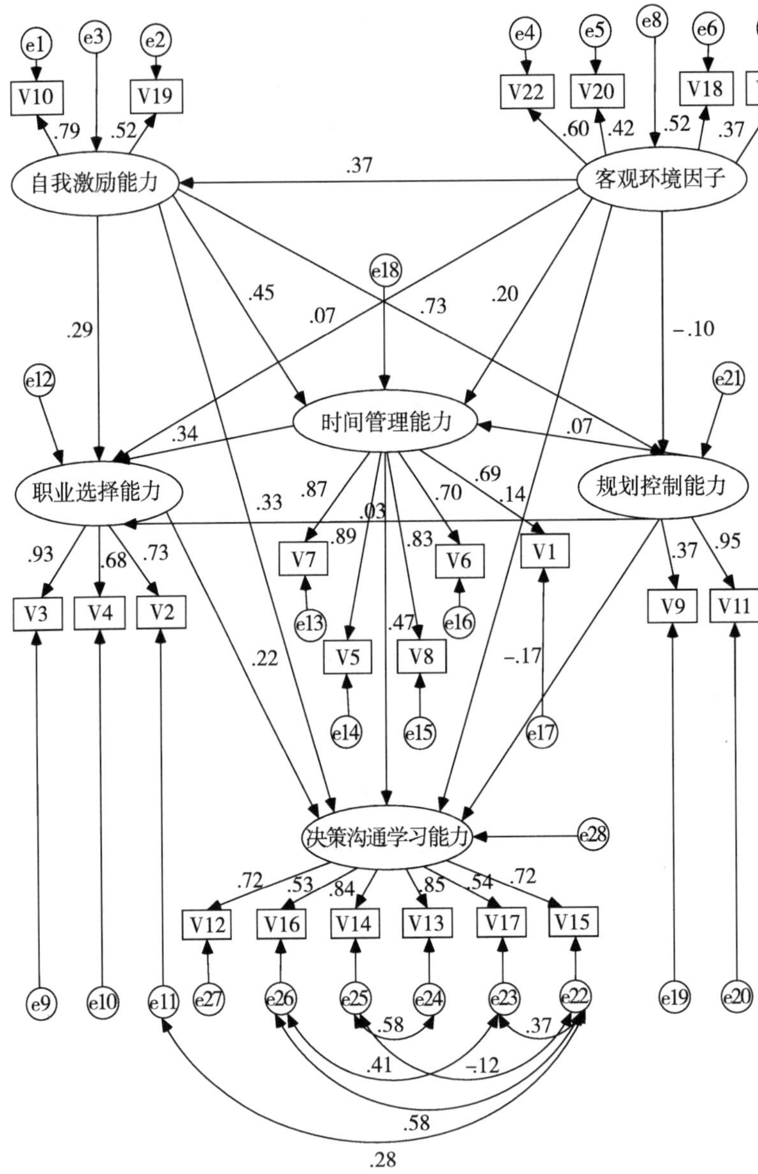

大学生自我管理能力影响机制评价

图 8-4 修正后的多因子交互作用下的大学生自我管理能力影响的标准化路径系数图

本章小结

本章进行多因子交互作用下的标准化总影响分析，结论如下：

客观环境因子对决策沟通学习能力的总影响最为显著；自我激励能力

对规划控制能力的影响最为显著；规划控制能力对决策沟通学习能力的总影响呈现负向变动，规划控制能力强的大学生其决策沟通学习能力较弱；时间管理能力对决策沟通学习能力的总影响最为显著；职业选择能力对决策沟通学习能力有一定影响。

多因子交互作用下的总影响机制为：客观环境因子的影响最突出体现在大学生的自我管理能力上；自我激励能力的影响最突出体现在以终为始能力上；规划控制能力突出体现在个体在多角色下的要事处理能力上；时间管理能力体现在时间管理目标明确程度上；职业选择能力影响体现在对职业锚与职业兴趣定位的准确度上。

自我激励能力所受的直接影响力主要来自于客观环境因子；规划控制能力所受的直接影响力主要来自于自我激励能力；时间管理能力所受的直接影响力主要来自于自我激励能力；职业选择能力所受直接影响力主要来自于时间管理能力，其次为自我激励能力；决策沟通学习能力所受的直接影响力主要来自于时间管理能力，其次为自我激励能力，再次为职业选择能力。

自我激励能力的改善是大学生提高时间管理能力、规划控制能力和决策沟通学习能力的关键，应着重训练大学生的以终为始能力。

客观环境是规划控制能力、时间管理能力、职业选择能力、决策沟通学习能力所受的间接影响的主要来源，客观环境因子对决策沟通学习能力的间接影响力主要表现在决策的行动能力上；自我激励能力对职业选择能力和决策沟通学习能力有较大的间接影响力，自我激励能力对决策沟通学习能力的间接影响力主要表现在多角色下的要事处理能力上；规划控制能力对决策沟通学习能力的间接影响力主要表现在时间管理目标明确程度上；时间管理能力对决策沟通学习能力的间接影响力主要表现在决策行动能力和决策思维能力上；职业选择能力的间接影响力主要表现在决策行动能力上。

第九章 大学生自我管理能力评价与培养建议

本章将大学生自我管理能力因子影响机制分析中的 AMOS 结构方程模型的标准化回归路径系数应用于层次分析法的定性判别指标改造，定性判别指标与定量的标准化回归路径系数相结合，重点从大学生长期职业发展、短期在校阶段能力发展以及兼顾长短期自我管理能力发展三个视角进行大学生自我管理能力的综合评价。并以此为基础提出提高大学生自我管理能力的对策建议。

第一节 大学生自我管理能力评价的递阶层次模型

大学生自我管理能力评价的关键在于评价总目标的选择，大学生自我管理能力的培养和强化是一种从较短期间内的大学校园培养过渡到长期职业生涯中自觉培养以及终身自主实践的过程。因此评估的总目标是学生是否能在大学阶段将短期在校阶段的培养与长期甚至终身的自我管理、自我发展结合起来，使校园内所获得的自我管理能力能够与长期职业发展和终身成长较好地衔接起来。为此，笔者拓展了既有理论研究视角，从大学生自我管理能力的短期在校阶段发展、长期发展以及兼顾长短期自我管理能力发展三个视角多维地对大学生自我管理能力进行评价。

评估总目标层（A 层）可进一步分解为三个子目标：第一，长期自我管理能力发展（B1 层）；第二，短期在校阶段自我管理能力发展（B2 层）；第三，长短期兼顾的自我管理能力发展（B3 层）。我们把这三个子目标作为总体评估目标下的第一层准则层。

第二章因子分析结果表明，大学生自我管理能力有六个影响因子——自我激励能力、客观环境因子、职业选择能力、时间管理能力、规划控制能力、决策沟通学习能力，是对子目标的进一步分解，将 6 个影响因子作为第二层准则层（C 层），6 个影响因子分别为 C1、C2、C3、C4、C5、C6。

6 个影响因子通过 22 个问卷指标来测度，22 个指标是对 6 个影响因子的细化和分解，我们把它作为第三层次的准则层（D 层）。

最后，我们选择待评价的方案层（E 层），将被调查的 600 名学生的自我管理能力问卷指标的取值进行统计分析，相关统计指标形成 11 组分组统计值，为待评价方案。11 组分组统计值分别为：第一组，600 名学生各指标问卷得分的平均数；第二组，600 名学生各指标问卷得分的众数；第三组，600 名学生各指标问卷得分中 85% 学生的问卷得分；第四组，600 名学生各指标问卷得分中 60% 学生的问卷得分；第五组，600 名学生各指标问卷得分中 50% 学生的问卷得分；第六组，600 名学生各指标问卷得分中 40% 学生的问卷得分；第七组，600 名学生各指标问卷得分的最大值；第八组，600 名学生各指标问卷得分的最小值；第九组，600 名学生各指标问卷得分的中位数；第十组，600 名学生自我管理能力合格应达标准（按各指标满分 60% 取值）；第十一组，600 名学生自我管理能力优良应达标准（按各指标满分 85% 取值）。

这 11 组统计数据作为 11 个待评价方案层。

据此建立包括总目标层、三层准则层和方案层的五层次递阶层次模型，对上述 11 组方案进行评价，用于定量评估被调查大学生自我管理能力（见图 9-1）。

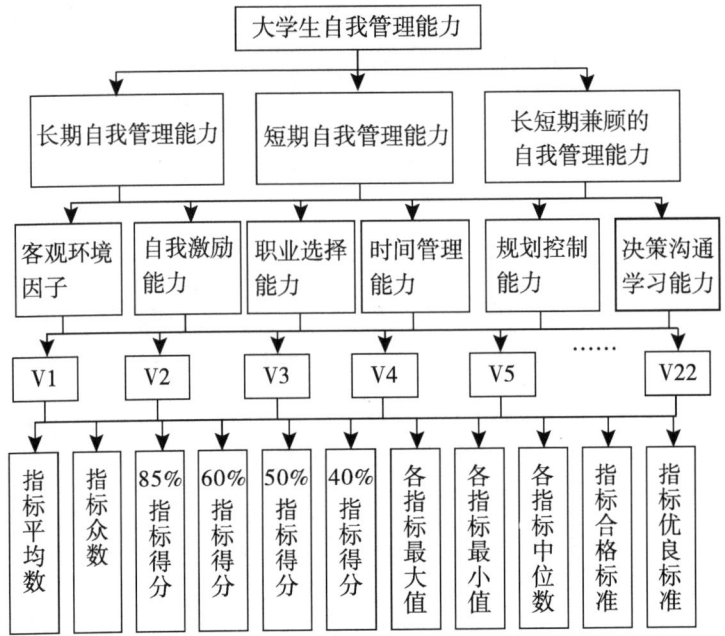

图 9-1　多视角多因子影响下的大学生自我管理能力评价的递阶层次模型

第二节　大学生自我管理能力递阶层次模型比较判别矩阵构建

比较判别矩阵是描述相对于上一层次要素，本层次相关要素之间的相对重要性的矩阵。以上一层要素为评价准则，两两比较而得。大学生自我管理能力递阶层次模型建立后，需将各层次要素作相对重要性的两两比较构建比较判别矩阵。

对两两比较的结果进行定量描述的工具是给出两个要素相对重要性的数量尺度，又称为判别尺度。判别尺度由专家打分，将各层要素的相对重要性进行量化。判别尺度用来在递阶层次模型中分配各个问卷指标的相对重要性权重。

本章对大学生自我管理能力评价判别尺度的选择，建立在层次分析法的判别尺度基础上，但不仅考虑各个指标相对重要性权重，还结合前述对自我管理能力六个影响因子的交互作用机制的定量测量。在分配各指标影响力权重时，既考虑各因素两两比较相对重要性大小，又考虑各因子交互

一、多维发展视角下的大学生自我管理能力比较判别矩阵的构建

(一) 大学生长期职业发展视角下自我管理能力比较判别矩阵构建

职业锚的研究表明,大学生不同职业锚的成因是个体所处的工作、生活环境,个体在不同的工作环境、社会氛围下形成不同的职业价值取向,职业价值取向与个人外在环境以及个人长处不断整合,形成稳定的职业价值观。在长期职业发展视角下,个体的客观环境因子以及个体的职业选择能力对基于长期职业发展的自我管理能力具有较大的重要性权重。设总目标层为 A,子目标层构建专家打分的比较判别矩阵如表 9-1 所示。

表 9-1 基于大学生长期职业发展的自我管理能力因素重要性的比较判别矩阵

A－B1	客观环境因子	自我激励能力	规划控制能力	时间管理能力	职业选择能力	决策沟通学习能力
客观环境因子	1.00	1.67	1.67	5.00	1.00	5.00
自我激励能力	0.60	1.00	1.00	3.00	0.60	3.00
规划控制能力	0.60	1.00	1.00	3.00	0.60	3.00
时间管理能力	0.20	0.33	0.33	1.00	0.20	1.00
职业选择能力	1.00	1.67	1.67	5.00	1.00	5.00
决策沟通学习能力	0.20	0.33	0.33	1.00	0.20	1.00

(二) 基于大学生短期在校阶段自我管理能力培养的比较判别矩阵构建

短期在校阶段自我管理能力的培养首先从塑造学生时间管理意识和决策沟通学习能力入手,时间管理和决策沟通学习能力具有相对于其他因子较高的重要性权重;其次,职业选择能力和客观环境因子对大学生在校阶段的表现具有持续的影响;在客观环境要求和主观职业选择能力的影响下,大学生自我激励能力和积极计划因子对学生在校阶段的日常行为具有调整和约束的作用。专家打分的比较判别矩阵如表 9-2 所示:

表9-2 基于大学生短期在校阶段自我管理能力培养的因素重要性的比较判别矩阵

A-B2	客观环境因子	自我激励能力	规划控制能力	时间管理能力	职业选择能力	决策沟通学习能力
客观环境因子	1.00	3.00	3.00	0.60	1.00	0.60
自我激励能力	0.33	1.00	1.00	0.20	0.33	0.20
规划控制能力	0.33	1.00	1.00	0.20	0.33	0.20
时间管理能力	1.67	5.00	5.00	1.00	1.67	1.00
职业选择能力	1.00	3.00	3.00	0.60	1.00	0.60
决策沟通学习能力	1.67	5.00	5.00	1.00	1.67	1.00

(三) 兼顾大学生长期、短期能力培养的自我管理能力比较判别矩阵构建

兼顾大学生长期职业发展与短期在校阶段能力培养的双重目标,即兼顾职业选择能力、客观环境因子、时间管理能力、决策沟通学习能力的重要性,对这四个因子设置较高的重要性权重。专家打分的比较判别矩阵如表9-3所示:

表9-3 长短期兼顾视角下的大学生自我管理能力因素重要性的比较判别矩阵

A-B3	客观环境因子	自我激励能力	规划控制能力	时间管理能力	职业选择能力	决策沟通学习能力
客观环境因子	1	5	5	1	1	1
自我激励能力	0.2	1	1	0.2	0.2	0.2
规划控制能力	0.2	1	1	0.2	0.2	0.2
时间管理能力	1	5	5	1	1	1
职业选择能力	1	5	5	1	1	1
决策沟通学习能力	1	5	5	1	1	1

二、大学生自我管理能力影响因子相对影响力的比较判别矩阵构建

将影响力两两比较相同的因子影响力判别尺度设定为1。自我管理能力因子标准化回归系数见表9-4,据此构造各因子相对影响力大小比较判别矩阵。

第九章 大学生自我管理能力评价与培养建议

表9-4 大学生自我管理能力影响因子标准化回归系数

	Estimate		Estimate		Estimate
自我激励能力 ← 客观环境因子	0.37	时间管理能力 ← 规划控制能力	0.07	决策沟通学习能力 ← 时间管理能力	0.47
规划控制能力 ← 客观环境因子	-0.09	职业选择能力 ← 自我激励能力	0.29	决策沟通学习能力 ← 自我激励能力	0.33
规划控制能力 ← 自我激励能力	0.73	职业选择能力 ← 客观环境因子	0.07	决策沟通学习能力 ← 职业选择能力	0.22
时间管理能力 ← 客观环境因子	0.20	职业选择能力 ← 时间管理能力	0.34	决策沟通学习能力 ← 规划控制能力	-0.17
时间管理能力 ← 自我激励能力	0.45	职业选择能力 ← 规划控制能力	0.03	决策沟通学习能力 ← 客观环境因子	0.14

在表9-4中,将第三层次的准则层（C层）的六个要素的相对影响力两两进行比较。设两两比较的初始影响力为1,Ci与Cj的影响力大小不同时,Cij的影响力大小通过标准化回归系数之比（Ci/Cj+1）确定,设定Cji的影响力大小为其对角线上的矩阵元素取值的倒数,Cji=1/（Ci/Cj+1）。例如,客观环境因子对其自身的影响力大小设定为1,客观环境因子对自我激励能力的标准化回归系数为0.37,客观环境因子对自我激励能力影响力大小为1.37；而其对角线上的元素自我激励能力对客观环境因子影响力大小为1除以1.37结果为0.73。依次,构造第三层次准则层的六个要素的比较判别矩阵如表9-5所示。

表 9-5 大学生自我管理能力影响因子的比较判别矩阵

	客观环境因子	自我激励能力	规划控制能力	时间管理能力	职业选择能力	决策沟通学习能力
客观环境因子	1.00	0.73	1.10	0.84	0.93	0.88
自我激励能力	1.37	1.00	0.58	0.69	0.78	0.75
规划控制能力	0.91	1.73	1.00	0.94	0.97	1.20
时间管理能力	1.20	1.45	1.07	1.00	0.75	0.68
职业选择能力	1.07	1.29	1.03	1.34	1.00	0.82
决策沟通学习能力	1.14	1.33	0.83	1.47	1.22	1.00

三、问卷指标对自我管理能力影响因子的比较判别矩阵构建

将第四层的准则层（D 层）的 22 个指标相对于 6 个影响因子的相对影响力大小两两进行比较。分别构造 C 层与 D 层之间的比较判别矩阵：客观环境因子（C1）下的准则层（D）层比较判别矩阵设为 C1-D；自我激励能力（C2）下的准则层（D）比较判别矩阵设为 C2-D；规划控制能力（C3）下的准则层（D）比较判别矩阵设为 C3-D；时间管理能力（C4）下的准则层（D）比较判别矩阵设为 C4-D；职业选择能力（C5）下的准则层（D）比较判别矩阵设为 C5-D；决策沟通学习能力（C6）下的准则层（D）比较判别矩阵设为 C6-D。

设两两比较的初始影响力为 1，两两比较，D_i 与 D_j 的影响力大小不同时，D_{ij} 的影响力大小通过标准化回归系数之比（D_i/D_j+1）确定，设定 D_{ji} 的影响力大小为其对角线上的矩阵元素取值的倒数，$D_{ji}=1/(D_i/D_j+1)$。

（一）客观环境因子（C1）下的准则层（D）比较判别矩阵

C1-D 的比较判别矩阵，显示了将观察变量的标准化路径系数转化为比较判别矩阵尺度的过程。客观环境因子这一潜在变量通过观察变量 V18、V20、V21、V22 表现，而对其余的观察变量无影响。故在比较判别矩阵构建中，我们将其余 18 个观察变量两两比较的初始值设为 1，而 V18、V20、V21、V22 的相互影响力大小，通过两两比较标准化回归系数相除的比值，相除的比值（以下多处比值都指标准化回归系数相除的比值），大于 1 时，通过标准化回归系数之比 $D_{ij}=(D_i/D_j+1)$ 确定；比值小于 1 时用 $D_{ji}=$

第九章 大学生自我管理能力评价与培养建议

$1/(D_i/D_j+1)$ 确定（见表9-6）。

表9-6 客观环境因子下的准则层的比较判别矩阵

C1-D	V1	Vi	V18	V19	V20	V21	V22
V1	1	…	1	1	1	1	1
Vi	…	…	…	…	…	…	…
V18	1	…	1	1	0.56	0.58	0.47
V19	1	…	1	1	1	1	1
V20	1	…	1.80	1	1	0.53	0.41
V21	1	…	1.71	1	1.89	1	0.38
V22	1	…	2.15	1	2.43	2.61	1

（二）自我激励能力（C2）下的准则层（D）比较判别矩阵

C2-D的比较判别矩阵，显示了将观察变量的标准化路径系数转化为比较判别矩阵尺度的过程。自我激励能力这一潜在变量通过观察变量V10、V19表现出来，而对其余的观察变量无影响。因此在比较判别矩阵构建中，我们将其余20个观察变量两两比较的初始值设为1，而V10、V19的相互影响力大小，通过两两比较标准化回归系数的比值来确定：比值大于1时，通过标准化回归系数之比 $D_{ij}=(D_i/D_j+1)$ 确定；比值小于1时用 $D_{ji}=1/(D_i/D_j+1)$ 确定（见表9-7）。

表9-7 自我激励能力下的准则层的比较判别矩阵

C2-D	V1	Vi	V10	V18	V19	Vj	V22
V1	1	…	1	1	1	…	1
Vi	…	…	…	…	…	…	…
V10	1	…	1	1	2.53	…	1
V18	1	…	1	1	1	…	1
V19	1	…	0.39	1	1	…	1
Vj	…	…	…	…	…	…	…
V22	1	…	1	1	1	…	1

（三）规划控制能力（C3）与准则层（D）的比较判别矩阵

C3-D的比较判别矩阵中，规划控制能力这一潜在变量通过观察变量V9、V11表现出来，而对其余的观察变量无影响。因此在比较判别矩阵构建中，我们将其余20个观察变量两两比较的初始值设为1，而V9、V11的

大学生自我管理能力影响机制评价

相互影响力大小,通过两两比较标准化回归系数的比值来确定:比值大于1时,通过标准化回归系数之比 Dij =(Di/Dj + 1)确定;比值小于1时用 Dji = 1/(Di/Dj + 1)确定(见表9 – 8)。

表9 – 8 规划控制能力下的准则层的比较判别矩阵

C3 – D	V1	Vi	V9	V10	V11	Vj	V22
V1	1	…	1	1	1	…	1
Vi	1	…	1	1	1	…	1
V9	1	…	1	1	0.28	…	1
V10	1	…	1	1	1	…	1
V11	1	…	3.54	1	1	…	1
Vj	…	…	…	…	…	…	…
V22	1	…	1	1	1	…	1

(四)时间管理能力(C4)与准则层(D)的比较判别矩阵

C4 – D 的比较判别矩阵中,时间管理能力通过观察变量 V1、V5、V6、V7、V8 表现出来,而对其余的观察变量无影响。因此在比较判别矩阵构建中,我们将其余观察变量两两比较的初始值设为1,而 V1、V5、V6、V7、V8 的相互影响力大小,通过两两比较标准化回归系数的比值来确定:比值大于1时,通过标准化回归系数之比 Dij =(Di/Dj + 1)确定;比值小于1时用 Dji = 1/(Di/Dj + 1)确定(见表9 – 9)。

表9 – 9 时间管理能力下的准则层的比较判别矩阵

C4 – D	V1	Vi	V5	V6	V7	V8	Vj	V22
V1	1	…	0.44	0.50	0.44	0.45	…	1
Vi	…	…	…	…	…	…	…	…
V5	2.29	…	1	2.28	2.03	2.07	…	1
V6	2.01	…	0.44	1	0.45	0.46	…	1
V7	2.25	…	0.49	2.24	1	2.04	…	1
V8	2.20	…	0.48	2.19	0.49	1	…	1
Vi	…	…	…	…	…	…	…	…
V22	1	…	1	1	1	1	…	1

(五)职业选择能力(C5)与准则层(D)的比较判别矩阵

职业选择能力通过观察变量 V2、V3、V4 表现,而对其余的观察变量无影响。故在比较判别矩阵构建中,将其余观察变量两两比较的初始值设为 1,而 V2、V3、V4,通过两两比较标准化回归系数的比值来确定:比值大于 1 时,通过标准化回归系数之比 Dij =(Di/Dj + 1)确定;比值小于 1 时用 Dji = 1/(Di/Dj + 1)确定(见表 9 – 10)。

表 9 – 10 职业选择能力下的准则层的比较判别矩阵

C5 – D	V1	V2	V3	V4	Vi	V22
V1	1	1	1	1	…	1
V2	1	1	0.44	2.07	…	1
V3	1	2.27	1	2.36	…	1
V4	1	0.48	0.42	1	…	1
Vi	…	…	…	…	…	…
V22	1	1	1	1	…	1

(六)决策沟通学习能力(C6)与准则层(D)的比较判别矩阵

决策沟通学习能力通过观察变量 V12、V13、V14、V15、V16、V17 表现出来,而对其余的观察变量无影响。在比较判别矩阵构建中,将其余观察变量两两比较的初始值设为 1,而 V12、V13、V14、V15、V16、V17 的相互影响力大小,通过两两比较标准化回归系数的比值来确定:比值大于 1 时,通过标准化回归系数之比 Dij =(Di/Dj + 1)确定;比值小于 1 时用 Dji = 1/(Di/Dj + 1)确定(见表 9 – 11)。

表 9 – 11 决策沟通学习能力下的准则层的比较判别矩阵

C6 – D	V1	Vi	V12	V13	V14	V15	V16	V17	Vj	V22
V1	1	…	1	1	1	1	1	1	…	1
Vi	1	…	1	1	1	…	1	1	…	…
V12	1	…	1	0.46	0.46	0.50	2.35	2.34	…	1
V13	1	…	2.19	1	2.01	2.18	2.61	2.59	…	1
V14	1	…	2.18	0.50	1	2.16	2.59	2.57	…	1
V15	1	…	2.01	0.46	0.46	1	2.37	2.35	…	1
V16	1	…	0.42	0.38	0.39	0.42	1	0.50	…	1
V17	1	…	0.43	0.39	0.39	0.42	2.01	1	…	1
Vj	…	…	…	…	…	…	…	…	…	…
V22	1	…	1	1	1	1	1	1	…	1

四、大学生自我管理能力递阶层次模型的方案层界定与取值

(一) 大学生自我管理能力递阶层次模型的方案层界定

将被调查的 600 名大学生的自我管理能力 22 个问卷指标的 11 组分类取值进行统计分析，形成 11 个待评价方案。11 组分类取值方法分别为：

大学生自我管理能力各指标问卷得分的平均数，通过统计 600 份问卷指标取值的平均值得出。600 名学生各指标问卷得分的众数，通过统计各指标取值中出现次数最多的数值得出（受访学生各指标取值中占比例最多的那个数）。

各指标问卷得分中 85% 学生的问卷得分：将所有统计数据按数值大小，从小到大排列，取其中处于 85% 的位置的数据。用于测量大学生自我管理能力的各个观察指标取值按数据实际值达到优良的水平。

各指标问卷得分中 60% 学生的问卷得分：将所有统计数据按数值大小，从小到大排列，取其中处于 60% 的位置的数据。用于测量大学生自我管理能力的各个观察指标取值按数据实际值达到合格的水平。

各指标问卷得分中 50% 学生的问卷得分：将所有统计数据按数值大小，从小到大排列，取其中处于 50% 的位置的数据。用于测量大学生自我管理能力的各个观察指标取值按数据实际值的中间水平。

各指标问卷得分中 40% 学生的问卷得分：将所有统计数据按数值大小，从小到大排列，取其中处于 40% 的位置的数据。用于测量大学生自我管理能力的各个观察指标取值按数据实际值的较低水平。

各指标问卷得分的最大值；被调查大学生自我管理能力的数据的最小取值。

各指标问卷得分的中位数：把所有被调查的大学生自我管理能力的数据按照由小到大的顺序排列，取由小到大排列后的第 300 个数和第 301 个数的算术平均值即中位数。用于衡量大学生自我管理能力的集中趋势。

各指标问卷得分合格应达标准：按各指标满分的 60% 取值，作为比较、衡量大学生自我管理能力实际取值的较低基准。

各指标问卷得分优良应达标准：按各指标满分的 85% 取值，作为比较、衡量大学生自我管理能力实际取值的较高基准。

这 11 组统计数据作为 11 个待评价的方案层，建立包括总目标层、三

第九章 大学生自我管理能力评价与培养建议

个准则层和方案层的五层次的递阶层次模型,对上述 11 组方案进行优选评价,实质即定量测度被调查大学生自我管理能力水平。

(二) 大学生自我管理能力递阶层次模型的方案层取值

根据前述大学生自我管理能力的多分组方案的界定,对被调查学生的数据进行统计分析,得出方案层取值如下表,后文将在目标层和准则层下讨论方案层的层次总排序,以确定大学生自我管理能力层次总排序取值,衡量大学生自我管理能力的客观水平(见表 9 - 12)。

表 9 - 12 被调查大学生自我管理能力方案层取值

平均数	众数	数据60%取值	数据85%取值	数据50%取值	数据40%取值	最大值	最小值	中位数	合格标准	优良标准
5	6	6	7	5	4	9	1	6	5.40	8
2	2	2	4	2	2	4	1	4	2.40	3
2	2	2	3	2	2	3	1	3	1.80	3
2	3	3	3	2	2	3	1	3	1.80	3
5	6	6	7	6	5	8	1	5	4.80	7
4	5	5	5	5	4	6	1	5	3.60	5
5	6	6	7	6	6	9	1	6	5.40	8
4	5	4	5	4	4	5	1	5	3.00	4
2	2	2	2	2	2	2	1	2	1.20	2
4	3	4	5	3	3	6	1	5	3.60	5
2	2	3	3	2	2	3	1	2	1.80	3
3	2	3	5	3	2	5	1	4	3.00	4
5	6	6	7	6	5	9	1	6	6.00	9
4	5	5	6	5	4	8	1	6	4.80	7
5	6	6	7	6	6	8	2	6	4.80	7
3	3	3	3	3	3	3	1	3	1.80	3
3	3	3	4	3	3	4	1	4	2.40	3
2	2	2	2	2	2	2	1	2	1.20	2
2	3	3	3	2	2	3	1	3	1.80	3
2	2	3	3	2	2	3	1	2	1.80	3
2	2	2	3	2	2	4	1	2	2.40	3
4	4	4	4	4	4	4	1	4	2.40	3

第三节 大学生自我管理能力递阶层次模型的层次单排序

层次单排序用来确定本层要素相对于上一层要素的重要性排序权值。层次分析法中,比较判别矩阵的特征向量用来度量各个要素的相对重要性，通过计算比较判别矩阵的特征向量 W 和最大特征值 λmax 来确定大学生自我管理能力三个准则层 B 层、C 层和 D 层要素的相对重要性排序。

一、侧重于长期发展视角的大学生自我管理能力层次模型单排序

在大学生自我管理能力因子影响机制的比较判别矩阵中，引入长期发展视角下对客观环境因子、自我激励能力、规划控制能力、时间管理能力、职业选择能力、决策沟通学习能力六因素相对重要性进行判断的自我管理能力因素相对重要性的比较判别矩阵，并进行归一化处理得出如下层次单排序结果（见表 9 – 13）：

表 9 – 13 侧重长期发展视角的大学生自我管理能力层次单排序

	客观环境因子	自我激励能力	规划控制能力	时间管理能力	职业选择能力	决策沟通学习能力	层次单排序
客观环境因子	0.26	0.17	0.32	0.23	0.28	0.27	0.25
自我激励能力	0.21	0.14	0.10	0.11	0.14	0.14	0.14
规划控制能力	0.14	0.25	0.17	0.15	0.17	0.22	0.18
时间管理能力	0.06	0.07	0.06	0.05	0.04	0.04	0.06
职业选择能力	0.27	0.31	0.30	0.37	0.30	0.26	0.30
决策沟通学习能力	0.06	0.06	0.05	0.08	0.07	0.06	0.06

侧重于长期发展视角下的大学生自我管理能力层次单排序结果显示，最大特征值 λmax = 6.1。职业选择能力是长期职业发展目标下相对重要性最高的因子，其次是客观环境因子。相对重要性排序依次为：职业选择能力、客观环境因子、规划控制能力、主观激励能力、时间管理能力和决策沟通学习能力。

二、侧重于短期发展视角的大学生自我管理能力层次模型单排序

大学生自我管理能力因子影响机制的比较判别矩阵中，引入短期发展视角下对客观环境因子、自我激励能力、规划控制能力、时间管理能力、

职业选择能力、决策沟通学习能力六因素相对重要性进行判断的大学生自我管理能力因素相对重要性的比较判别矩阵,并进行归一化处理得出如下层次单排序结果(见表9-14):

表9-14 侧重短期发展视角的大学生自我管理能力层次单排序

	客观环境因子	自我激励能力	规划控制能力	时间管理能力	职业选择能力	决策沟通学习能力	层次单排序
客观环境因子	0.15	0.10	0.19	0.12	0.16	0.17	0.15
主观激励因子	0.07	0.04	0.03	0.03	0.04	0.05	0.05
积极计划能力	0.04	0.08	0.06	0.05	0.06	0.08	0.06
时间管理能力	0.30	0.32	0.31	0.24	0.21	0.22	0.27
职业选择能力	0.16	0.17	0.18	0.20	0.17	0.16	0.17
积极行动能力	0.28	0.29	0.24	0.36	0.35	0.32	0.31

侧重于短期在校阶段自我管理能力发展视角下,大学生自我管理能力六因子排序结果显示,最大特征值 $\lambda_{max} = 6.1$。决策沟通学习能力是相对重要性最高的因子,其次是时间管理能力。相对重要性排序依次是:决策沟通学习能力、时间管理能力、职业选择能力、客观环境因子、规划控制能力、自我激励能力。

三、兼顾长短期自我管理能力发展的层次模型单排序

大学生自我管理能力因子影响机制的比较判别矩阵中,引入兼顾长短期发展视角下对客观环境因子等六因素相对重要性进行判别的自我管理能力因素相对重要性的比较判别矩阵,并进行归一化处理,得到如下层次单排序结果,如表9-15所示。

兼顾长短期自我管理能力发展的视角下,大学生自我管理能力的六个因子排序结果显示,最大特征值 $\lambda_{max} = 6.1$。兼顾长短期发展的视角下,决策沟通学习能力是相对重要性最高的因子,其次是职业选择能力。因子相对重要性排序依次为:决策沟通学习能力、职业选择能力、时间管理能力、客观环境因子、规划控制能力、自我激励能力。

表9-15 兼顾长短期发展视角的大学生自我管理能力层次单排序

	客观环境因子	自我激励能力	规划控制能力	时间管理能力	职业选择能力	决策沟通学习能力	层次单排序
客观环境因子	0.21	0.14	0.25	0.17	0.22	0.23	0.20
主观激励因子	0.06	0.04	0.03	0.03	0.04	0.04	0.04
积极计划能力	0.04	0.06	0.05	0.04	0.05	0.06	0.05
时间管理能力	0.25	0.27	0.25	0.20	0.18	0.18	0.22
职业选择能力	0.22	0.24	0.24	0.27	0.24	0.22	0.24
积极行动能力	0.23	0.25	0.19	0.30	0.29	0.26	0.25

四、各影响因子对观察变量的层次单排序

客观环境因子通过观察变量 V18、V20、V21、V22 表现出来；自我激励能力的影响力通过对观察变量 V10、V19 的标准化回归系数表现出来；规划控制能力的影响力通过对观察变量 V9、V11 的标准化回归系数表现出来；时间管理能力的影响力通过对 V1、V5、V6、V7、V8 的标准化回归系数表现出来；职业选择能力的影响力通过对观察变量 V2、V3、V4 的标准化回归系数表现出来；决策沟通学习能力通过对观察变量 V12、V13、V14、V15、V16、V17 的标准化回归系数表现出来。因此在比较判别矩阵构建中，我们对相关因子无影响的观察变量两两比较的初始值设为1，而具有影响力的相互影响力大小，通过两两比较标准化回归系数的比值，比值大于1时，通过标准化回归系数之比 $D_{ij} = (D_i/D_j + 1)$；比值小于1时用 $D_{ji} = 1/(D_i/D_j + 1)$ 确定。由此得到基于标准化回归系数的六个影响因子对22个观察变量的层次单排序。

（一）客观环境因子对所有观察变量的层次单排序

考虑客观环境因子的影响力下，相关观察变量排序结果显示，最大特征值 $\lambda_{max} = 22.14$。

相对重要性最高的因子是社会对大学生自我管理能力的影响（V22），其次是家庭对大学生成长的支持（V21）（见表9-16）。

表9－16 客观环境因子对所有观察变量的层次单排序

V1	V2	V3	V4	V5	V6	V7	V8
0.045	0.045	0.045	0.045	0.045	0.045	0.045	0.045
V9	V10	V11	V12	V13	V14	V15	V16
0.045	0.045	0.045	0.045	0.045	0.045	0.045	0.045
V17	V18	V19	V20	V21	V22		
0.045	0.042	0.045	0.044	0.047	0.053		

（二）自我激励能力对观察变量的层次单排序

考虑主观激励因子的影响力下，相关观察变量排序结果显示，最大特征值 $\lambda max = 22.04$。相对重要性最高的因子是"以终为始能力"（V10），它表明当代大学生重视将最终职业目标作为计划大学生活的出发点（见表9－17）。

表9－17 自我激励能力对所有观察变量的层次单排序

V1	V2	V3	V4	V5	V6	V7	V8
0.045	0.045	0.045	0.045	0.045	0.045	0.045	0.045
V9	V10	V11	V12	V13	V14	V15	V16
0.045	0.048	0.045	0.045	0.045	0.045	0.045	0.045
V17	V18	V19	V20	V21	V22		
0.045	0.045	0.044	0.045	0.045	0.045		

（三）规划控制能力对观察变量的层次单排序

规划控制能力的影响下，相关观察变量层次单排序结果显示，最大特征值 $\lambda max = 22.07$。因子相对重要性最高的是大学生在多角色下的要事处理能力（V11）。结果表明当代大学生能意识到不同角色下的重要事件并妥善安排时间率先解决最重要的事（见表9－18）。

表9-18 规划控制能力对所有观察变量的层次单排序

V1	V2	V3	V4	V5	V6	V7	V8
0.045	0.045	0.045	0.045	0.045	0.045	0.045	0.045
V9	V10	V11	V12	V13	V14	V15	V16
0.044	0.045	0.050	0.045	0.045	0.045	0.045	0.045
V17	V18	V19	V20	V21	V22		
0.045	0.045	0.045	0.045	0.045	0.045		

(四) 时间管理能力对观察变量的层次单排序

考虑时间管理能力的影响,相关观察变量层次单排序结果如表9-19所示:

表9-19 时间管理能力对所有观察变量的层次单排序

V1	V2	V3	V4	V5	V6	V7	V8
0.041	0.045	0.045	0.045	0.054	0.043	0.050	0.047
V9	V10	V11	V12	V13	V14	V15	V16
0.045	0.045	0.045	0.045	0.045	0.045	0.045	0.045
V17	V18	V19	V20	V21	V22		
0.045	0.045	0.045	0.045	0.045	0.045		

最大特征值 $\lambda\max = 22.23$。因子相对重要性最高的是自我时间管理目标明确程度(V5),其次是时间管理条理性(V7)。结果表明当代大学生具有较强的设定时间管理的具体目标,并针对自我发展目标明辨事情的轻重缓急。

(五) 职业选择能力对观察变量的层次单排序

考虑职业选择能力的影响,相关观察变量层次单排序结果显示,最大特征值 $\lambda\max = 22.08$。

如表9-20所示,因子相对重要性最高的是自我职业锚与职业兴趣的定位准确度(V3),其次是大学生自我职业价值观成熟程度(V2)。结果表明当代大学生较能明确自己的职业锚类型和职业兴趣类型,普遍较为重视从事与自己的职业兴趣相符的工作,而不仅仅是重视职业本身;较为明确自我核心职业价值观,重视选择与自己的职业价值观相符的职业。

表 9-20　职业选择能力对所有观察变量的层次单排序

V1	V2	V3	V4	V5	V6	V7	V8
0.045	0.046	0.050	0.043	0.045	0.045	0.045	0.045
V9	V10	V11	V12	V13	V14	V15	V16
0.045	0.045	0.045	0.045	0.045	0.045	0.045	0.045
V17	V18	V19	V20	V21	V22		
0.045	0.045	0.045	0.045	0.045	0.045		

（六）决策沟通学习能力对观察变量的层次单排序

考虑决策沟通学习能力的影响，相关观察变量层次单排序结果显示，最大特征值 λmax = 22.39。

因子相对重要性最高的是决策的行动能力（V13）、决策思维能力（V14）、沟通中的信息处理能力（V15）。结果表明当代大学生在做决策时能够有效地提出问题，搜集信息，分析问题，与他人进行智力互补并制订具体的决策行动方案，必要时考虑决策行动中的妥协和让步；能够较好地综合逻辑思考决策与直觉做选择两种决策方式；较为擅长在沟通中与他们进行语音语调、肢体等非言语交流的配合；较为擅长充分调动眼耳鼻舌口接受信息、组织信息和传递信息；较为擅长通过沟通与对方达成共识（见表 9-21）。

表 9-21　决策沟通学习能力对所有观察变量的层次单排序

V1	V2	V3	V4	V5	V6	V7	V8
0.045	0.045	0.045	0.045	0.045	0.045	0.045	0.045
V9	V10	V11	V12	V13	V14	V15	V16
0.045	0.045	0.045	0.046	0.057	0.053	0.049	0.039
V17	V18	V19	V20	V21	V22		
0.041	0.045	0.045	0.045	0.045	0.045		

第四节　大学生自我管理能力递阶层次模型的层次总排序

大学生自我管理能力递阶层次模型的层次总排序用来确定方案层——被调查的600名学生的自我管理能力问卷指标的11组分类统计值——相对于目标层的相对重要性排序权值，最终得到11组分类指标在各个准则层之下的优劣比较结果，用来确定大学生自我管理能力在不同研究视角下的总体优劣水平。

一、侧重于长期发展视角的大学生自我管理能力层次模型总排序

如表 9-22 所示,考虑总目标层、准则层与第一、第二、第三准则层后的层次模型总排序,表明在侧重于长期职业发展的视角下,问卷指标相对于总目标的相对重要性。

表 9-22　长期发展视角下的大学生自我管理能力问卷指标的层次模型总排序

	客观环境因子 0.255	自我激励能力 0.141	规划控制能力 0.185	时间管理能力 0.056	职业选择能力 0.300	决策沟通学习能力 0.064	层次总排序权值
	层次单排序	层次单排序	层次单排序	层次单排序	层次单排序	层次单排序	
V1	0.045	0.045	0.045	0.041	0.045	0.045	0.045
V2	0.045	0.045	0.045	0.045	0.046	0.045	0.045
V3	0.045	0.045	0.045	0.045	0.050	0.045	0.047
V4	0.045	0.045	0.045	0.045	0.043	0.045	0.045
V5	0.045	0.045	0.045	0.054	0.045	0.045	0.046
V6	0.045	0.045	0.045	0.043	0.045	0.045	0.045
V7	0.045	0.045	0.045	0.050	0.045	0.045	0.046
V8	0.045	0.045	0.045	0.047	0.045	0.045	0.045
V9	0.045	0.045	0.044	0.045	0.045	0.045	0.045
V10	0.045	0.048	0.045	0.045	0.045	0.045	0.045
V11	0.045	0.045	0.050	0.045	0.045	0.045	0.046
V12	0.045	0.045	0.045	0.045	0.045	0.046	0.045
V13	0.045	0.045	0.045	0.045	0.045	0.057	0.046
V14	0.045	0.045	0.045	0.045	0.045	0.053	0.046
V15	0.045	0.045	0.045	0.045	0.045	0.049	0.045
V16	0.045	0.045	0.045	0.045	0.045	0.039	0.045
V17	0.045	0.045	0.045	0.045	0.045	0.041	0.045
V18	0.042	0.045	0.045	0.045	0.045	0.045	0.044
V19	0.045	0.044	0.045	0.045	0.045	0.045	0.045
V20	0.044	0.045	0.045	0.045	0.045	0.045	0.045
V21	0.047	0.045	0.045	0.045	0.045	0.045	0.046
V22	0.053	0.045	0.045	0.045	0.045	0.045	0.047

第九章 大学生自我管理能力评价与培养建议

其中自我职业锚与职业兴趣的定位准确度（V3）、社会对大学生自我管理能力的影响（V22）具有相对于其他问卷指标最为重要的影响力，影响力为0.047；时间管理目标明确程度（V5）、时间管理条理性（V7）、"以终为始能力"（V10）、大学生个体在多角色下的要事处理能力（V11）、决策的行动能力（V13）、决策思维能力（V14）、家庭对大学生成长的支持（V21）相对于其他指标具有较为重要的影响力，影响力为0.046。

根据被调查大学生自我管理能力的数据统计分析的方案层取值，侧重于大学生长期职业发展目标下的方案层相对于目标层的总排序如下（见表9-23）：

表9-23 长期发展视角下的大学生自我管理能力方案层总排序

平均数	众数	数据60%的取值	数据85%的取值	数据50%的取值	数据40%的取值
3.404	3.639	3.787	4.444	3.532	3.215
最大值	最小值	中位数	自我管理能力合格应达标准	自我管理能力优良应达标准	
5.066	1.036	4.004	3.058	4.333	

结果表明，本次调查的大学生自我管理能力总体处于合格标准上的中等偏低水平，与优良水平还有较大差距；但被调查学生中自我管理能力优良者的实际取值水平超过优良应达到的标准，大学生个体的自我管理能力发展水平差异显著。

调查数据平均数的层次总排序结果显示，大学生的平均自我管理能力总排序取值为3.404，比合格应达标准高出11.32%，但比优良应达标准低21.42%，处于中等偏低水平。大多数的大学生自我管理能力取值集中于3.639，比合格应达标准高出18.99%，但比优良应达标准低16.01%，大多数的大学生自我管理能力处于中等偏高水平。按取值由小到大排列调查数据，其取值的60%为3.787，比合格应达标准高23.84%，但比优良应达标准低12.60%，数据60%的取值处于中等偏高水平；调查数据取值的85%为4.444，高于自我管理能力优良标准2.56%，这表明被调查的大学生中，自我管理能力排名前15%的学生的各个观察指标取值超过了优良的标准。在调查数据从小到大排列中，处于50%这一中间值的是3.532，即有一半学生的自我管理能力高于3.532，另一半的学生自我管理能力低

大学生自我管理能力影响机制评价

于3.532，比合格应达标准高出15.5%，但比优良标准低18.49%，处于中等偏低水平。处于较低的40%水平的学生比合格标准高出5.13%。大学生自我管理能力最大值和最小值的高低落差显著，最大值比数据50%的取值高出43.43%，最小值仅为数据50%取值的29.33%；最大值超过优良应达标准的16.92%，而最小值仅为合格应达标准的33.88%。被调查大学生自我管理能力的中位数为4.004，处于中高水平。

二、侧重于短期发展视角的大学生自我管理能力层次模型总排序

如下考虑总目标层、准则层与第一、第二、第三准则层后的层次模型总排序，表明侧重于短期在校阶段发展视角下，问卷指标相对于总目标相对重要性排序。其中决策的行动能力（V13）具有相对于其他问卷指标最为重要的影响力，相对于总目标的重要性权值为0.049；第二位重要的是决策思维能力（V14），相对于总目标的重要性权值为0.048；第三位重要的是自我时间管理目标明确程度（V5），相对重要性权值为0.047（见表9-24）。

表9-24 短期发展视角下的大学生自我管理能力问卷指标的层次模型总排序

	客观环境因子	自我激励能力	规划控制能力	时间管理能力	职业选择能力	决策沟通学习能力	层次总排序权值
	0.148	0.045	0.060	0.267	0.173	0.308	
	层次单排序	层次单排序	层次单排序	层次单排序	层次单排序	层次单排序	
V1	0.045	0.045	0.045	0.041	0.045	0.045	0.044
V2	0.045	0.045	0.045	0.045	0.046	0.045	0.045
V3	0.045	0.045	0.045	0.045	0.050	0.045	0.046
V4	0.045	0.045	0.045	0.045	0.043	0.045	0.045
V5	0.045	0.045	0.045	0.054	0.045	0.045	0.047
V6	0.045	0.045	0.045	0.043	0.045	0.045	0.045
V7	0.045	0.045	0.045	0.050	0.045	0.045	0.046
V8	0.045	0.045	0.045	0.047	0.045	0.045	0.046
V9	0.045	0.045	0.044	0.045	0.045	0.045	0.045
V10	0.045	0.048	0.045	0.045	0.045	0.045	0.045
V11	0.045	0.045	0.050	0.045	0.045	0.045	0.045
V12	0.045	0.045	0.045	0.045	0.045	0.046	0.045

第九章　大学生自我管理能力评价与培养建议

续表

	客观环境因子	自我激励能力	规划控制能力	时间管理能力	职业选择能力	决策沟通学习能力	层次总排序权值
	0.148	0.045	0.060	0.267	0.173	0.308	
	层次单排序	层次单排序	层次单排序	层次单排序	层次单排序	层次单排序	
V13	0.045	0.045	0.045	0.045	0.045	0.057	0.049
V14	0.045	0.045	0.045	0.045	0.045	0.053	0.048
V15	0.045	0.045	0.045	0.045	0.045	0.049	0.046
V16	0.045	0.045	0.045	0.045	0.045	0.039	0.043
V17	0.045	0.045	0.045	0.045	0.045	0.041	0.044
V18	0.042	0.045	0.045	0.045	0.045	0.045	0.045
V19	0.045	0.044	0.045	0.045	0.045	0.045	0.045
V20	0.044	0.045	0.045	0.045	0.045	0.045	0.045
V21	0.047	0.045	0.045	0.045	0.045	0.045	0.045
V22	0.053	0.045	0.045	0.045	0.045	0.045	0.046

根据被调查大学生自我管理能力的数据统计分析的方案层取值，侧重于大学生短期职业发展目标下的方案层相对于目标层的总排序如下表9-25所示。

表中数据表明，从侧重于短期在校阶段的视角来衡量本次调查的大学生自我管理能力，其总体处于合格标准之上的中等偏低水平，但与优良水平还有较大差距，但被调查学生中自我管理能力优良者的实际取值水平超过优良应达到的标准，大学生个体的自我管理能力发展水平差异显著。

表9-25　短期发展视角下的大学生自我管理能力方案层总排序

平均数	众数	数据60%的取值	数据85%的取值	数据50%的取值	数据40%的取值
3.420	3.658	3.804	4.465	3.551	3.230
最大值	最小值	中位数	自我管理能力合格应达标准	自我管理能力优良应达标准	
5.097	1.037	4.019	3.079	4.361	

调查数据平均数的层次总排序结果显示，大学生的平均自我管理能力总排序取值为 3.420，比合格应达标准高出 11.80%，但比优良应达标准低 21.59%，处于中等偏低水平。大多数大学生自我管理能力取值集中于 3.658，比合格应达标准高出 18.83%，但比优良应达标准低 16.12%，大多数的大学生自我管理能力处于中等偏高水平。按取值由小到大排列调查数据，其取值的 60% 为 3.804，比合格应达标准高 23.57%，但比优良应达标准低 12.78%，数据 60% 的取值处于中等偏高水平；调查数据取值的 85% 为 4.465，高于自我管理能力优良标准 2.38%，这表明被调查大学生中，自我管理能力排名前 15% 的学生的各个观察指标取值超过了达到优良的标准。在调查数据从小到大排列中，处于 50% 的这一中间值是 3.551，即有一半学生的自我管理能力高于 3.551，另一半的学生自我管理能力低于 3.551，比合格应达标准高出 15.34%，但比优良标准低 18.58%，处于中等偏低水平。处于较低的 40% 水平的学生比合格标准高出 4.93%。大学生自我管理能力最大值和最小值的高低落差显著，最大值比数据 50% 的取值高出 43.54%，最小值仅为数据 50% 取值的 29.21%；最大值约为优良应达标准的 116.88%，而最小值约为合格应达标准的 33.68%。被调查大学生自我管理能力的中位数为 4.019，处于中高水平。

三、兼顾长短期自我管理能力发展的层次模型总排序

如表 9-26 所示，考虑总目标层、准则层与第一、第二、第三准则层后的层次模型总排序，它表明在兼顾长短期发展的视角下，问卷指标相对于总目标相对重要性排序。其中决策的行动能力（V13）具有相对于其他问卷指标最为重要的影响力，相对于总目标的重要性权值为 0.048；第二位重要的是决策思维能力（V14）、自我时间管理目标明确程度（V5）、社会对大学生自我管理能力的影响（V22），相对于总目标的重要性权值为 0.047；第三位重要的是自我职业锚与职业兴趣的定位准确度（V3）、自我时间管理条理性（V7）、沟通中的信息处理能力（V15），相对重要性权值为 0.046。

表9-26 兼顾长短期发展视角的大学生自我管理能力问卷指标的层次模型总排序

	客观环境因子	自我激励能力	规划控制能力	时间管理能力	职业选择能力	决策沟通学习能力	层次总排序权值
	0.203	0.037	0.049	0.220	0.237	0.254	
	层次单排序	层次单排序	层次单排序	层次单排序	层次单排序	层次单排序	
V1	0.045	0.045	0.045	0.041	0.045	0.045	0.044
V2	0.045	0.045	0.045	0.045	0.046	0.045	0.045
V3	0.045	0.045	0.045	0.045	0.050	0.045	0.046
V4	0.045	0.045	0.045	0.045	0.043	0.045	0.045
V5	0.045	0.045	0.045	0.054	0.045	0.045	0.047
V6	0.045	0.045	0.045	0.043	0.045	0.045	0.045
V7	0.045	0.045	0.045	0.050	0.045	0.045	0.046
V8	0.045	0.045	0.045	0.047	0.045	0.045	0.045
V9	0.045	0.045	0.044	0.045	0.045	0.045	0.045
V10	0.045	0.048	0.045	0.045	0.045	0.045	0.045
V11	0.045	0.045	0.050	0.045	0.045	0.045	0.045
V12	0.045	0.045	0.045	0.045	0.045	0.046	0.045
V13	0.045	0.045	0.045	0.045	0.045	0.057	0.048
V14	0.045	0.045	0.045	0.045	0.045	0.053	0.047
V15	0.045	0.045	0.045	0.045	0.045	0.049	0.046
V16	0.045	0.045	0.045	0.045	0.045	0.039	0.044
V17	0.045	0.045	0.045	0.045	0.045	0.041	0.044
V18	0.042	0.045	0.045	0.045	0.045	0.045	0.044
V19	0.045	0.044	0.045	0.045	0.045	0.045	0.045
V20	0.044	0.045	0.045	0.045	0.045	0.045	0.045
V21	0.047	0.045	0.045	0.045	0.045	0.045	0.045
V22	0.053	0.045	0.045	0.045	0.045	0.045	0.047

根据被调查大学生自我管理能力的数据统计分析的方案层取值，兼顾长期职业发展与短期在校阶段能力培养的目标，方案层相对于目标层的总排序如表9-27：

表9-27 兼顾长短期发展视角的大学生自我管理能力方案层总排序

平均数	众数	数据60%的取值	数据85%的取值	数据50%的取值	数据40%的取值
3.416	3.654	3.800	4.460	3.547	3.227
最大值	最小值	中位数	自我管理能力合格应达标准	自我管理能力优良应达标准	
5.090	1.037	4.016	3.074	4.355	

数据反映,兼顾长短期发展的视角来衡量本次调查的大学生自我管理能力,其总体处于合格标准之上的中等偏低水平,但与优良水平还有较大差距,但被调查学生中自我管理能力优良者实际取值水平超过优良应达标准,大学生个体自我管理能力发展水平差异显著。

调查数据平均数的层次总排序结果显示,大学生的平均自我管理能力总排序取值为3.416,比合格应达标准高出11.14%,但比优良应达标准低21.55%,处于中等偏低水平。大多数的大学生自我管理能力取值集中于3.654,比合格应达标准高出18.87%,但比优良应达标准低16.10%,大多数大学生自我管理能力处于中等偏高水平。按取值由小到大排列调查数据,其取值的60%为3.80,比合格应达标准高23.62%,但比优良应达标准低12.74%,数据60%的取值处于中等偏高水平;调查数据取值的85%的取值为4.460,高于自我管理能力优良标准2.41%,这表明被调查大学生中,自我管理能力排名前15%的学生的各个观察指标取值超过了优良的标准。在调查数据从小到大排列中,处于50%的这一中间值的是3.547,比合格应达标准高出15.38%,但比优良标准低18.56%,处于中等偏低水平。处于较低的40%水平的学生比合格标准高出4.98%。大学生自我管理能力最大值和最小值的高低落差显著,最大值比数据50%的取值高出43.51%,最小值仅为数据50%取值的29.24%;最大值超过优良应达标准的65.58%,而最小值仅为合格应达标准的23.81%。被调查大学生自我管理能力的中位数为4.016,处于中高水平。

第五节 大学生自我管理能力递阶层次模型的一致性检验

一、比较判别矩阵一致性检验的相关概念与检验步骤

比较判别矩阵是由元素相对重要性的两两比较得出的估计值,为了保

证两两比较的判别尺度的精确度,采用一致性检验对估计值进行检验,一致性检验用于判断判别矩阵元素两两比较的估计值是否存在逻辑矛盾,同时确定这种逻辑矛盾是可接受的还是不可接受的。只有通过一致性检验的比较判别矩阵才能被认为是有效的,否则就应该修正。

在 n×n 阶比较判别矩阵 A 中,当矩阵 A 的估计值逻辑完全一致时,$\lambda_{max} = n$,即最大特征值等于矩阵阶数;当矩阵 A 稍有不一致时,$\lambda_{max} > n$ 但同时 λ_{max} 取值接近于 n。矩阵 A 的不一致性越大,λ_{max} 与 n 的差别就越大。因此用 λ_{max} 与 n 的差来度量矩阵逻辑错误的程度。

设一致性指标为 CI,CI = ($\lambda_{max} - n$) / (n - 1);设平均随机一致性指标为 RI,它仅仅与比较判别矩阵的阶数有关。RI 的取值如表 9-28 所示,例如矩阵阶数为 6 时,RI 等于 1.25。

表 9-28 平均随机一致性指标随矩阵阶数变化的取值

矩阵阶数 n	1	2	3	4	5	6	7	8	9	10
RI	0	0	0.52	0.89	1.11	1.25	1.35	1.40	1.45	1.49

设随机一致性指标为 CR,CR = CI/RI,当 CR≤0.1 时,比较判别矩阵具有满意的一致性;当 CR>0.1 时,比较判别矩阵逻辑矛盾,需要修正。

按照上述界定,我们检验大学生自我管理能力的目标层、准则层的相关判别矩阵。根据我们前面已经求出的各矩阵的最大特征值 λ_{max} 求各个矩阵的一致性指标 CI,然后根据各矩阵的阶数求 RI,最后求出各个矩阵的一致性指标 CR,用来判断矩阵是否有需要修正的逻辑错误。

二、大学生自我管理能力的比较判别矩阵一致性检验的检验结果

(一) 目标层比较判别矩阵一致性检验结果

侧重大学生长期职业发展的自我管理能力因素重要性的比较判别矩阵检验结果如表 9-29 所示。最大特征值等于 6,说明矩阵具有满意的一致性。CI 取值为零、CR 取值为零,矩阵不需修改。

表9-29 侧重长期发展的自我管理能力因素重要性的比较判别矩阵一致性检验结果

	客观环境因子	自我激励能力	规划控制能力	时间管理能力	职业选择能力	决策沟通学习能力	一致性检验
客观环境因子	1.00	1.67	1.67	5.00	1.00	5.00	CI=0 RI=1.25 λmax=6 CR=0
自我激励能力	0.60	1.00	1.00	3.00	0.60	3.00	
规划控制能力	0.60	1.00	1.00	3.00	0.60	3.00	
时间管理能力	0.20	0.33	0.33	1.00	0.20	1.00	
职业选择能力	1.00	1.67	1.67	5.00	1.00	5.00	
决策沟通学习能力	0.20	0.33	0.33	1.00	0.20	1.00	

侧重大学生短期在校阶段自我管理能力培养的比较判别矩阵的检验结果如表9-30所示。最大特征值等于6,说明矩阵具有满意的一致性。CI取值为零、CR取值为零,矩阵不需修改。

表9-30 侧重短期发展的自我管理能力因素重要性的比较判别矩阵一致性检验结果

	客观环境因子	自我激励能力	规划控制能力	时间管理能力	职业选择能力	决策沟通学习能力	一致性检验
客观环境因子	1	3	3	0.6	1	0.6	CI=0 RI=1.25 λmax=6 CR=0
自我激励能力	0.333333	1	1	0.2	0.333333	0.2	
规划控制能力	0.333333	1	1	0.2	0.333333	0.2	
时间管理能力	1.666667	5	5	1	1.666667	1	
职业选择能力	1	3	3	0.6	1	0.6	
决策沟通学习能力	1.666667	5	5	1	1.666667	1	

兼顾大学生长期职业发展和短期在校阶段能力培养的自我管理能力比较判别矩阵的检验结果如表9-31所示。最大特征值等于6,说明矩阵具有满意的一致性。CI取值为零、CR取值为零,矩阵不需修改。

表9-31　兼顾长短期发展的自我管理能力因素重要性的比较判别矩阵一致性检验结果

	客观环境因子	自我激励能力	规划控制能力	时间管理能力	职业选择能力	决策沟通学习能力	一致性检验
客观环境因子	1	5	5	1	1	1	CI = 0 RI = 1.25 λmax = 6 CR = 0
自我激励能力	0.2	1	1	0.2	0.2	0.2	
规划控制能力	0.2	1	1	0.2	0.2	0.2	
时间管理能力	1	5	5	1	1	1	
职业选择能力	1	5	5	1	1	1	
决策沟通学习能力	1	5	5	1	1	1	

（二）准则层比较判别矩阵一致性检验结果

大学生自我管理能力影响因子的比较判别矩阵的检验结果如表9-32所示。最大特征值为6.10，CR取值为0.016，CR取值小于0.1，符合一致性检验，矩阵具有较为满意的逻辑一致性。

表9-32　大学生自我管理能力影响因子的比较判别矩阵检验结果

	客观环境因子	自我激励能力	规划控制能力	时间管理能力	职业选择能力	决策沟通学习能力	一致性检验
客观环境因子	1.00	0.73	1.10	0.84	0.93	0.88	CI = 0.02 RI = 1.25 λmax = 6.10 CR = 0.016
自我激励能力	1.37	1.00	0.58	0.69	0.78	0.75	
规划控制能力	0.91	1.73	1.00	0.94	0.97	1.20	
时间管理能力	1.20	1.45	1.07	1.00	0.75	0.68	
职业选择能力	1.07	1.29	1.03	1.34	1.00	0.82	
决策沟通学习能力	1.14	1.33	0.83	1.47	1.22	1.00	

客观环境因子的准则层比较判别矩阵的检验结果如表9-33所示。最大特征值为22.135，与判别矩阵的阶数22阶接近，在平均随机一致性指标上我们采用10阶矩阵的平均随机一致性指标取值1.49，CR取值为0.004，因为CR取值小于0.1，满足逻辑一致性，矩阵不需要修改。22阶矩阵的平均随机一致性指标实际取值随矩阵阶数增大而增大，故实际取值大于1.49时，一致性检验的CR取值会更小，矩阵具有满意的一致性。其余影响因子的比较判别矩阵一致性检验结果见表9-33，CR均小于0.1，均通过检验。

表9-33　六个影响因子的比较判别矩阵一致性检验结果

客观环境因子对观察变量的比较判别矩阵一致性检验	自我激励能力对观察变量的比较判别矩阵一致性检验	规划控制能力对观察变量的比较判别矩阵一致性检验	时间管理能力对观察变量的比较判别矩阵一致性检验	职业选择能力对观察变量的比较判别矩阵一致性检验	决策沟通学习能力对观察变量比较判别矩阵一致性检验
CI=0.006 RI=1.49 λmax=22.135 CR=0.004	CI=0.002 RI=1.49 λmax=22.038 CR=0.001	CI=0.004 RI=1.49 λmax=22.075 CR=0.002	CI=0.011 RI=1.49 λmax=22.23 CR=0.007	CI=0.004 RI=1.49 λmax=22.082 CR=0.003	CI=0.018 RI=1.49 λmax=22.386 CR=0.012

（三）层次单排序的比较判别矩阵一致性检验结果

兼顾影响力与重要性的三种视角下的比较判别矩阵一致性检验结果如表9-34所示，最大特征值均接近于矩阵阶数，CR均小于0.1，矩阵通过检验，不需修改。

表9-34　长期、短期、长短兼顾视角下的比较判别矩阵一致性检验结果

侧重长期职业发展层次单排序比较判别矩阵一致性检验	侧重短期在校发展层次单排序比较判别矩阵一致性检验	兼顾长短期发展层次单排序比较判别矩阵一致性检验
CI=0.02 RI=1.49 λmax=6.099 CR=0.016	CI=0.02 RI=1.49 λmax=6.099 CR=0.016	CI=0.02 RI=1.49 λmax=6.099 CR=0.016

第六节 结论与建议

一、大学生自我管理能力总体评价

（一）评价结果排序

大学生自我管理能力调查评价结果表明，长期、长短期兼顾、短期的大学生自我管理能力存在明显差异。

长期发展视角下的被调查大学生自我管理能力总排序值最大，评价结果最优；对大学生长期自我管理能力的发展具有重要影响的因素是职业选择能力和客观环境因子。

兼顾长短期发展视角的自我管理能力总排序值居中；对兼顾长短期自我管理能力的发展具重要影响的因素是决策沟通学习能力、职业选择能力。

短期大学生自我管理能力总排序值相对最低；对大学生短期在校阶段自我管理能力的发展具有重要影响的因素是决策沟通学习能力和时间管理能力。

高校教育在培养学生的自我管理能力方面侧重学生长期职业发展，长短期自我管理能力衔接和大学生在校阶段的能力培养及行为训练亟需加强。

（二）大学生自我管理能力中较强的方面

评价结果表明，当代大学生自我管理能力中较强的能力是：能够分析自我职业兴趣确定职业锚和职业定位；能首先确立最终职业目标，将最终职业目标作为日常行动的起点；目标明确地管理时间、日常时间安排能够根据最终职业目标分清事情的轻重缓急；在日常行动中有多角色的意识，并能在多个角色下分别处理最重要的事情；决策行动能力和决策思维能力较强；沟通中信息处理能力较强。社会和家庭对大学生自我管理能力的提高发挥了较重要的作用。

（三）大学生自我管理能力中薄弱的方面

当代大学生自我管理能力中较为薄弱的能力主要表现在如下方面。

职业选择能力。其中，职业价值观不成熟且职业定位不稳定。不太明确自己的优势与无法改善的劣势，在自我职业发展方向上不能有效规避劣势；职业定位主要考虑自我兴趣，与所学专业、学历水平、市场用人需求的结合不紧密。

时间管理能力。其中，一是自我长处挖掘能力不足，不能充分地总结实践中的经验教训，不能有效改善认知、方法、习惯上的不足，不能有效联系个人长处安排时间做最有价值的事情；二是时间管理观念较为被动，多数学生是在社会压力、家庭监督下被动安排时间，时间安排与使用不合理；三是时间管理连续性不足，不能持续分析日常时间如何被浪费，较欠缺根据浪费时间的原因改进时间利用的技巧，较欠缺纠正浪费时间习惯的行动。

规划控制能力。其中，主观上积极计划的观念较弱。较为缺乏积极主动的内在控制中心，面对外界环境中的刺激，不能有选择地回应，往往是被动消极回应外界刺激。

沟通能力。其中，倾听的目的不明确、倾听方式不佳，较为缺乏运用以非言语反应开始倾听，然后以言语信息进行反馈的倾听方式。沟通中的诉说能力较弱，诉说中的非言语信息较少，诉说中易带有主观偏见或者有不符合事实的假设。

学习能力。其中，有针对性地改进学习效率的能力薄弱。自我学习效率提升的针对性不足，不明确自己的学习风格类型，不能针对自己学习风格类型安排学习进度，对学习任务的反馈评估能力较差，不能有效提出学习任务的改进和补救办法。

自我激励能力。其中，主观成就预期较差，较欠缺主动设想如何兼顾多方面角色的平衡；较欠缺主动设想怎样为社会和他人做出贡献；较欠缺对未来人生获得幸福感、满足感的主观预期。

客观环境因子中，校园对大学生自我管理能力的影响力不显著，有必要在高校教育中加强对大学生自我管理能力的培养和引导。

二、大学生自我管理能力培养建议

综合上述调查分析的结论，有的放矢地培养、提高当代大学生的自我管理能力已是当务之急。笔者认为当下应有针对性地提升大学生的自我认知能力、职业选择能力、时间管理能力等关键方面的自我管理能力，使其适应在校阶段学习、毕业阶段择业就业以及长期发展，这几种关键自我管理能力的提高必将有助于大学生把上述三阶段的发展有效衔接起来，避免在校阶段学习实践盲目性、避免离开校园后理想和现实脱节、避免职业发展能力有限等问题。

（一）提高大学生的自我认知能力

自我认知即对自己的整体素质进行客观的分析与认识，这是自我管理的前提和起点。自我认知能力是明确自己的价值观和价值体系，明确自己的长处和不足，明确自己同客观世界关系的能力。大学生自我管理能力欠缺虽然表现在多个方面，但最根本的是自我认知能力不足。应用回馈分析法能有效提高大学生的自我认知能力，通过回馈分析有助于做到：第一，集中精力发挥你自身的优势；第二，努力增强你的优势；第三，发现在哪些方面存在井底之蛙的傲慢倾向……克服傲慢倾向，并努力学习能够使我们充分发挥的技巧和知识（彼得·德鲁克著，2009：180—181）。大学生们只有不断增强自我认知能力，才能扬长避短，对自己的想法、期望、行为及人格特征做出合乎实际的正确判断与评估；才能正确认识自己，实事求是地评价自己；才能建立明确且恰当的人生与自我管理的定位和目标，保持持续的自我激励动力；才能在正确的目标导向下有效地进行自我管理，实现自己的全面发展和人生价值。

（二）提高大学生的职业选择能力

职业选择实质上是一种人生选择。职业选择能力，具体包括自我剖析能力、提升自我职业价值观成熟程度的能力、找准自我职业锚与职业兴趣的能力、明确自我职业定位的能力、提高自我职业定位与外在需求吻合度的能力等。大学时期是职业生涯的准备和选择时期，提高职业选择能力对大学生人生的发展举足轻重。提高职业选择能力须从如下方面进行。

一是提高自我剖析能力。要能够客观准确地分析自己的价值观、人生观、世界观，分析自己的性格，分析自己的长处和不足，分析自己所掌握的知识、技能与潜能，分析自己所拥有的或能够调配的其他各种资源，分析社会与行业的人才需求等，真正认清自己想干什么、该干什么、适合干什么、能干什么，需要怎样的环境与条件才能干得最好等涉及职业选择的重大问题；二是提高职业方向定位能力。明确到底什么对自己最重要，亦即"愿景"，找准自己的"职业锚"，搞清楚自己的职业归属，使职业生涯有"镜子和尺子",用于看清自己的职业特质,指导中长期的的职业积累和发展;三是提高职业规划制订的能力。职业规划必须按照"可行性"(规划须立足于通过自身努力可实现的事实依据)、"适时性"(对规划的各项主要活动,何时做、怎样做、何时完成等都应有实施计划安排,并以此作为自我行动、检查、反省和调整、修订规划的依据)、"适应性"(规划应有一定的弹性,既保证规划的有效性,又能适当变通)、"连续性"(规划要确保人生每个职业阶段是持续连贯的)等基本要求,参考个人因素、组织因素、社会因素慎重地制订。正确地选择适合自身因素与潜能且符合社会需求的、可行的职业目标及其发展路线,并从各个方面脚踏实地地为之努力。

(三) 提高大学生的时间管理能力

时间是世界上万事万物存在的方式,是一切自我管理活动得以进行的前提,大学生的时间管理能力是决定其自我管理成效最关键的基本能力。时间"以每小时 60 分钟的速度向未来靠近。你不可能管理时间,但你可以改变做事方式"(霍姆斯,2003)。提高时间管理能力,旨在最大限度地减少时间的浪费,最科学地分配并最充分地利用时间,最合理地压缩时间流程使时间价值最大化。必须做到:

第一,时间管理——"以终为始"。时间管理就是"做正确的事"和"正确地做事"(赵曙明、杜鹏程,2009)。大学生应紧紧围绕自我管理的最终目标、阶段性目标管理时间,完成达成目标所需要的活动。

第二,时间安排——"要事第一"。有待完成的工作总是多于用现有的资源所能做的事情,你必须分清轻重缓急,否则很可能一事无成。

第三,有效利用时间——德鲁克说,有效利用时间要做三件事:第一件事,记录自己的时间。第二件事,管理时间。一是,发现在哪些方面花费的时间是产生了生产力的;二是,在哪些方面花费了不必要的时间;最后,在哪些方面浪费了时间。第三件事,集中时间。就是集中时间做该做的事情。从记录、管理到集中,把这三个方面结合在一起,可以将时间运用得恰到好处(詹文明,2009)。

第四,掌握时间管理步骤——第一步是诊断时间。首先,要找出什么事根本不必做,然后取消这些工作;然后,找出不必亲自做的事情,交给别人做(不影响效果)。之后,找出时间浪费因素。第二步是消除浪费时间的因素；针对找出的时间浪费因素进行改善。第三步是统一安排可自由支配的时间：将零碎的时间集中起来成为整块的时间（彼得·德鲁克著，2009：192—197）。

要帮助大学生努力做到以下各点：测定完成每件事所需的时间；调查时间到底浪费在哪儿；研究有效利用时间的计划；寻求节约时间的捷径（罗峻才，2006）。如此，方可达到最高效率地利用时间，切实提高大学生的时间管理能力。

综上分析，大学生们有针对性地主动培养自己的自我认知能力、职业选择能力、时间管理能力等自我管理关键能力，确定人生目标，培养自强的心态，掌握前进的策略，锻造敏锐的眼光，扩张开放的胸怀，学会展现自我，创造融洽的环境（安东，2005），坚持不懈地进行自我管理，就一定能全面提升自我管理能力，扬起自我管理的风帆，走向人生成功。

参考文献

[1] BAUMEISTERRF, HEATHERTONTF, TICEDM. Losing Control—How and Why People Fail at Self-regulation [M]. Academic Press, 1994, 1 (61): 67.

[2] EDWIN ALOCKE, GARY PLATHAM. A Theory of Goal Setting & Task Performance [M]. Englewood Cliffs, NJ: Prentice-Hall, Inc. 1984: 56 -59.

[3] CHARLES CMANZ, HENRY PSIMS, Jr. Self-management as a Substitute for Leadership: A Social Theory Perspective [J]. Adacemy of Management Review, 1980, Vol S, No 3: 363.

[4] KARDY P. Mechanisms of Self-regulation: a Systems View [J], Annu. Rev. Psycho 1993: 44: 25.

[5] KREMAN A. M, BLOCK J. The Roots of Ego Control in Young Adulthood: Links with Parenting in Early Childhood [J]. Journal of Personally and Social Psychology. 1998, 75 (4): 1067.

[6] MADERLINT HAVACKIEWIC. Proximal Versus Distal Goal Setting and Intrinsic Motivation [J].
Jourl of Personality and Social Psychology, 1984, (41): 918-928.

[7] ROB STICKLAND. Career Self-Management—Can We Live Without It [J]. European Journal of Work and Organizational Psychology, 1996, 5 (4): 583-596.

[8] W. THOMAS PORTER, JR. Time and Self-management [J]. The Journal of Accountancy, June, 1978: 58-66.

[9] 阿格尼丝·赫勒. 日常生活 [M]. 重庆: 重庆出版社, 1990: 10.

[10] 阿尔温·托夫勒. 第三次浪潮 [M]. 北京：生活·读书·新知三联书店，1983：6.

[11] 爱德华兹·吉·奥基夫. 自我管理与 ABC 方法 [M] // 邹志超. 大学生自我管理量表的修订及区域性常模的建立 [D]. 湖南师范大学，2007.

[12] 埃德加·施恩. 职业的有效管理 [M]. 北京：生活·读书·新知三联书店，1992：176-275.

[13] 安东. 自我管理九步走 [M]. 北京：中国发展出版社，2005：前言 2-3.

[14] 班杜拉. 自我效能：控制的实施 [M]. 上海：华东师范大学出版社，2003.

[15] 保罗·朗格让. 终身教育导论 [M]. 北京：华夏出版社，1988：45.

[16] 彼得·德鲁克. 德鲁克管理思想精要 [M]. 北京：机械工业出版社，2009：7.

[17] 彼得·德鲁克. 个人的管理 [M]. 上海：上海财经大学出版社，2003：43.

[18] 彼得·德鲁克. 有效的管理者 [M]. 北京：求是出版社，1985：4.

[19] 彼得·德鲁克. 顶级经理人的 5 维管理 [M]. 哈尔滨：黑龙江人民出版社，2004：27，30-31.

[20] 彼得·杜拉克. 杜拉克论管理 [M]. 海口：海南出版社，2000：11.

[21] 彼得·德鲁克. 知识管理 [M]. 北京：中国人民大学出版社，1999：3.

[22] 彼得·德鲁克. 21 世纪的管理挑战 [M]. 北京：生活读书新知三联书店，2000：159.

[23] 彼得·拉塞尔. 觉醒的地球 [M]. 北京：东方出版社，1991：94.

[24] 程文晋，付华. 管理视域内的自我教育论 [M]. 北京：中央编译出版社，2012：118.

[25] 道格·柯克帕特里克. 超越授权——自我管理时代的到来 [M]. 北京：中国发展出版社，2013：49-63.

[26] 蒂姆. 成功的自我管理 [M]. 天津：南开大学出版社，2003：4.

[27] 方卫渤，肖培. 管理自己 [M]. 北京：解放军出版社，1988：47.

[28] 弗洛伊德. 自我与本我 [M]. 上海：上海译文出版社，2011：193.

[29] 弗莱蒙特·E. 卡斯特，詹姆斯·E. 罗森茨韦克. 管理与组织：系统与权变的方法 [M]. 北京：中国社会科学出版社，2000：459.

[30] 高灯. 自我管理与发展智能 [M]. 北京：清华大学出版社，2007：328.

[31] 戈登. 自我管理与目标设定 [M]. 西安：西安交通大学出版社，2007：8.

[32] 郭海龙. 现代化与自我管理问题研究 [M]. 北京：中国社会科学出版社，2007：导言3.

[33] 韩凤娟. 大学生自组织管理 [M]. 北京：中国农业出版社，2012：2.

[34] 韩庆祥. 马克思人学思想研究 [M]. 郑州：河南人民出版社，1996：235 – 238.

[35] 霍姆斯. 时间与规划 [M]. 北京：清华大学出版社，2003：4.

[36] 蒋国勇. 大学生自主管理研究 [M]. 北京：华龄出版社，2007：5.

[37] 杰克迪希·帕瑞克. 管理者的自我管理 [M]. 上海：上海人民出版社，2004：31.

[38] 孔海燕. 职业能力决定因素及影响效果研究 [M]. 北京：经济科学出版社，2012：3.

[39] 孔祥勇. 管理心理学 [M]. 北京：高等教育出版社，2001：99.

[40] 李家龙. 自我管理要素与实现 [M]. 北京：机械工业出版社，2011：21.

[41] 李秀娟. 组织行为学 [M]. 北京：清华大学出版社，2008：6.

[42] 刘平青，等. 职业生涯与自我管理 [M]. 北京：清华大学出版社，2011：3.

[43] 刘珊. 卓有成效的自我管理 [M]. 北京：中国华侨出版社，2010：4.

[44] 刘冰，张欣平. 职业生涯管理 [M]. 济南：山东人民出版社，2004：88 – 90.

[45] 陆明. 管理中的心理学 [M]. 兰州：敦煌文艺出版社，2007：2.

[46] 罗锐韧，张作华. 经理的时间管理 [M]. 北京：中国物资出版社，1999：15.

[47] 罗宾斯. 管理学 [M]. 北京：中国人民大学出版社，1996：444.

[48] 罗峻才. 自我管理与积极人生 [M]. 北京：科学出版社，2006：21.

[49] 马斯洛. 动机和人格 [M]. 北京：华夏出版社，1987：114.

[50] 马金海，谈焕兴，冯重庆. 自我管理初探 [M]. 北京：解放军出版社，1987：55.

[51] 米兰尼·布朗. 实现个人的伟大之处 [M]. Newyork：William Morrow and Co. 1987：17.

[52] 尼古拉·别尔嘉耶夫. 人的奴役与自由 [M]. 贵阳：贵州人民出版社，1994：126.

[53] 欧文·拉兹洛. 管理的新思维——第三代管理思想 [M]. 北京：社会科学文献出版社，2001：3-4.

[54] 芮明杰. 管理学：现代的观点 [M]. 上海：上海人民出版社，1999：383-384.

[55] 扇谷正造，本明宽. 自我启发百科 [M]. 北京：中国经济出版社，1988：23.

[56] 上官子木. 反思中国人成才障碍 [M]. 北京：北京航空航天大学出版社，2008：121.

[57] 沈登学，孔勤. 职业生涯设计学 [M]. 成都：四川大学出版社，2003：2.

[58] 史蒂芬·柯维. 高效能人士的七个习惯 [M]. 北京：中国青年出版社，2007：89.

[59] 斯金纳. 科学与人类行为 [M]. 北京：华夏出版社，1989：238.

[60] 思元. 自我管理学 [M]. 杭州：浙江大学出版社，2008：1.

[61] 苏霍姆林斯基. 教育的艺术 [M]. 肖勇，译. 长沙：湖南教育出版社，1983：267.

[62] 唐伟等. 现代管理与人 [M]. 北京：北京师范大学出版社，1998：69.

[63] 王超. 卓越员工的自我管理 [M]. 北京：北京理工大学出版社，2012：1.

[64] 王德胜. 普通管理学 [M]. 北京：北京师范大学出版社，1993：20.

[65] W.E. 哈拉尔. 新资本主义 [M]. 北京：社会科学文献出版社，1999：49.

[66] 王学峰. 卓有成效的八大自我管理工具 [M]. 北京：机械工业出版社，2011：35.

[67] 王震林. 激发心灵的自我管理 [M]. 北京：机械工业出版社，2010：42，43－45.

[68] 威廉. 詹姆斯. 心理学原理 [M]. 北京：中国城市出版社，2010.

[69] 沃森，麦迪森. 高等院校自我学习管理 [M]. 南京：江苏教育出版社，2010：3－4.

[70] 徐宪江. 哈佛时间管理 [M]. 北京：中国法制出版社，2012：50.

[71] 亚伯拉罕·马斯洛，德博拉·C. 斯蒂劳斯，加里·海尔. 马斯洛论管理 [M]. 北京：机械工业出版社，2007.

[72] 严中华，蔡美德，彭文晋. 大学生自我管理技能开发 [M]. 广州：华南理工大学出版社，2000：2.

[73] 伊·谢·科恩. 自我论 [M]. 北京：生活·读书·新知三联书店，1986：159.

[74] 殷陆君. 人的现代化 [M]. 成都：四川人民出版社，1985：22－34.

[75] 约翰·弗拉维尔. 认知发展 [M]. 上海：华东师范大学出版社，2002：371－377.

[76] 詹文明. 德鲁克谈自我管理 [M]. 北京：东方出版社，2009：52－55.

[77] 赵曙明，杜鹏程. 德鲁克管理思想解读 [M]. 北京：机械工业出版社，2009：219.

[78] 赵自立，吴昊. 时间管理：把握最宝贵的财富 [M]. 北京：中国物资出版社，2004：10.

[79] 曾湘泉. "双转型"背景下的就业能力提升战略研究 [M]. 北京：中国人民大学出版社，2010：7.

[80] 朱永新，陶新华，倪祥保. 大学生与现代社会 [M]. 北京：高等教育出版社，2003：12，13－19，20－24.

[81] 朱合理. 大学生个体自我管理研究 [M]. 武汉：武汉大学出版社，2013：5.

[82] 鲍田原. 自我管理理念与团队精神建设 [J]. 山东教育学院学报，

2001 (6): 52-54.

[83] 崔景贵, 赵岚, 贾仕林. 当代大学生新世纪素质的自我完善 [J]. 黑龙江高教研究, 2000 (2): 61-63.

[84] 崔文子, 杨俊福. 浅议当代大学生的自我管理 [J]. 大连民族学院学报, 2005, 3 (7): 83-85.

[85] 郭海龙. 自我管理是人的现代化的实现机制 [J]. 青年政治学院学报, 2004, 3 (13): 74-79.

[86] 郭海龙. 自我管理是人本管理的必然归属 [J]. 中国劳动关系学院学报, 2005 (12): 71-74.

[87] 郭海龙. 管理哲学应重视对自我管理的研究 [J]. 学术论坛, 2006 (7): 26-29.

[88] 胡国平, 李平. 对加强大学生自我管理素质教育初探 [J]. 四川商业高等专科学校学报, 2001 (23): 52-54.

[89] 纪新华. 员工个人在职业生涯中的自我管理 [J]. 武汉理工大学学报: 社会科学版, 2003, 6 (16): 675-678.

[90] 李涛, 张宗健. 德鲁克管理思想的人本主义追求 [J]. 东南大学学报: 哲学社会科学版, 2002, 4 (5): 46-49.

[91] 黎鸿雁, 邵彩玲, 安涛. 大学生自我管理能力培养研究 [J]. 河北农业大学学报: 2008, 3 (10): 86.

[92] 刘志明. 德鲁克谈自我管理 [J]. 管理科学文摘, 2000: 58.

[93] 罗渝川, 邓雪梅. 国内外自我控制研究成果与发展趋势 [J]. 河北理工大学学报: 社会科学版, 2010, 10 (6): 5.

[94] 马秋丽. 论大学生的自我管理 [J]. 湖南科技学院学报: 2005, 6 (26): 233-235.

[95] 钱学森. 钱学森同志与本刊编辑部座谈科学、思维与文艺问题 [J]. 文艺研究: 1985 (1).

[96] 维之. 论人的自我意识在社会发展中的作用 [J]. 南京社会科学: 1996 (10): 34-41.

[97] 王风兰. 成功的领导者应善于引导职工进行自我管理 [J]. 齐齐哈尔师范学院学报, 1997 (2): 38.

[98] 王永明. 自我管理的生成维度 [J]. 学术论坛, 2008.31 (11): 6.

[99] 王益明, 金瑜. 自我管理研究评述 [J]. 心理科学, 2002, 25 (4): 453.

[100] 英烈, 吴荣才. 论思想政治教育的自我管理 [J]. 辽宁师范大学学报: 社科版, 1995 (3): 50-52.

[101] 应方淦. 彼得·德鲁克的教育思想 [J]. 成人教育, 2001, 4 (176): 5-6.

[102] 姚丹, 鲁晓静. 大学生自我控制能力研究综述 [J]. 辽宁教育行政学院学报, 2006 (9): 81.

[103] 于国庆. 大学生自我控制研究 [J]. 心理科学, 2005, 286 (6): 1338.

[104] 阳国亮. 论大学生成才教育与自我管理 [J]. 高教论坛, 2004 (1): 4-6.

[105] 张隆. 德鲁克的管理思想 [J]. 南开管理评论, 1993 (3): 7-80.

[106] 赵艺茵, 张国旺. 激励知识员工自我管理策略探讨 [J]. 河北企业, 2007 (3): 40-41.

[107] 贺小格. 大学生自我管理量表的编制 [D]. 中国优秀博硕士学位论文全文数据库, 湖南师范大学, 2004 (4).

[108] 蒙键堃. 论社会行为的自我管理 [D]. 中国优秀博硕士学位论文全文数据库, 广西师范大学, 2001 (4): 11-12.